卓越教师
教学主张丛书

厦门市卓越教师培育项目成果
西南大学教育学"双一流"学科建设实践成果
总主编 陈 珍 朱德全

"三化"教学

我的小学数学教学主张

黄莲花 著

西南大学出版社
国家一级出版社 全国百佳图书出版单位
·重庆·

图书在版编目(CIP)数据

"三化"教学：我的小学数学教学主张 / 黄莲花著.
重庆：西南大学出版社, 2024.8. -- (卓越教师教学主
张丛书). -- ISBN 978-7-5697-2607-7
Ⅰ.G623.502
中国国家版本馆CIP数据核字第2024K222L0号

"三化"教学：我的小学数学教学主张
"SANHUA"JIAOXUE: WO DE XIAOXUE SHUXUE JIAOXUE ZHUZHANG

黄莲花　著

责任编辑：蒋云琪
责任校对：朱春玲
特约校对：黄文昭
封面设计：闰江文化
版式设计：散点设计
排　　版：李　燕
出版发行：西南大学出版社（原西南师范大学出版社）
　　　　　地址：重庆市北碚区天生路2号
　　　　　邮编：400715
　　　　　市场营销部电话：023-68868624
印　　刷：重庆亘鑫印务有限公司
成品尺寸：170 mm × 240 mm
印　　张：19
字　　数：334千字
版　　次：2024年8月　第1版
印　　次：2024年8月　第1次印刷
书　　号：ISBN 978-7-5697-2607-7
定　　价：58.00元

编委会

总主编
陈 珍　朱德全

副总主编
洪 军　刘伟玲　庄小荣　潘世锋　罗生全　周文全

执行主编
范涌峰　魏登尖

编委（以姓氏笔画为序）
王天平　王正青　牛卫红　艾 兴　叶小波　朱德全
庄小荣　刘伟玲　陈 珍　陈 婷　范涌峰　罗生全
周文全　郑 鑫　赵 斌　侯玉娜　洪 军　唐华玲
　　　　　　　　　　　　韩仁友　潘世锋　魏登尖

总序

习近平总书记在2024年全国教育大会上指出,要实施教育家精神铸魂强师行动,加强师德师风建设,提高教师培养培训质量,培养造就新时代高水平教师队伍。《中共中央 国务院关于弘扬教育家精神加强新时代高素质专业化教师队伍建设的意见》指出,要加强中小学学科领军教师培训,培育一批引领基础教育学科教学改革的骨干。强化中小学名师名校长培养。

厦门市历来重视名师队伍的培育培养工作,根据教师专业成长规律,经二十年探索,逐步形成了"骨干教师—学科带头人—专家型教师—卓越教师"的金字塔式名师阶梯成长体系。自2021年起,厦门市教育局与西南大学开展战略合作,共同推进厦门教育高质量发展和教师队伍建设。"厦门市首期卓越教师培育项目"是由厦门市教育局与西南大学教育学部联合倾力打造的精品培训项目,也是厦门市迄今为止最高层次的教师培训项目。该项目旨在打造一支具有教育情怀、高尚师德,富有创新精神,具有鲜明教育教学思想和教学主张,在教育教学和教育科研上发挥领军作用的高层次教育人才队伍。项目以产出导向为理念,坚持任务驱动,通过个人自学、高端访学、课题研究、讲学辐射、挂钩帮扶、发表论文、出版专著、提炼教育思想、推广教学主张等方式优化培育过程。

三年琢磨,美玉渐成。通过三年的探索,围绕成为"有实践的思想者"这一核心目标,每一位卓越教师培育对象形成了特色鲜明、理念前沿的教学主张,并以教学主张为中心形成了一本专著,从而汇集成目前呈现在大家面前的"卓越教师教学主张丛书"。本丛书,既是"厦门市首期卓越教师培育项目"三年实施成果的沉淀,是每一位卓越教师培育对象思想的结晶,也是西南大学教育学"双一流"学科建设的实践成果。

仔细阅读本丛书,可以欣喜地看到,卓越教师培育对象们不仅能敏锐地捕捉到教育教学领域的难点、热点问题,揭示其中的本质规律,还能结合本地教学实际智慧地提出解决方案。总体来说,本丛书有以下三个方面的特点。

一是有较浓厚的学术气息。29位培育对象中有获得国家、省级基础教育教学成果奖的教师,有正高级教师,有省特级教师,但他们还在不断突破,追寻对教育教学本质的理解,追寻从实践到思想的蝶变,追寻高水平的专业表达。他们从实践中提炼出主张,再用主张引领实践,他们在书稿中融入了理论的阐释,学会了建构模型,并借助模型简洁地表述自己的教育教学思想,读起来不生涩也不单调。

二是有较强的系列探索味道。《义务教育课程方案(2022年版)》提出,应做好学段间的教育教学衔接。29位培育对象中,既有教育科研专职人员和学校的管理者,也有班主任、一线教师等,研究成果覆盖了小学、初中和高中的大部分学科,最终形成了29本培育对象教学主张的专著和1本全景式呈现卓越教师培育的经验和初步成效的论著。因此,本丛书既有基于教育者几十年教学实践的思想提炼,又有深入课堂的案例剖析,可以"用眼睛来读",作为教师专业发展的自读文选;也可以"用行动去做",作为教学范例直接进入课堂实践,在行动研究中孵化、创生;也适合专门研究者或管理人员参阅,从中窥探从小学到高中的教育教学重点与发展脉络。

三是有鲜明的课程育人特色。本丛书的撰写以学科课程为载体,以学科课程核心素养为目标,积极探索新时代背景下的育人方式变革,寻求育人最佳路径,以德施教,立德树人。因此,单看每本专著,已能感受到其中鲜明的课程育人特色,综合丛书来看,这一特色更加明显。

期盼厦门市首批卓越教师培育对象大力弘扬践行教育家精神,追求卓越的步伐永不停留,不断完善、应用和推广自己的教学主张和教学成果,为厦门教育做出更多更大的贡献。也期盼本丛书能为广大中小学教师深化教学改革提供参考,为教育学"双一流"学科服务教育实践提供借鉴。

是为序。

陈 珍
(中共厦门市委教育工委书记、厦门市教育局局长)

朱德全
(西南大学教育学部部长、西南大学教育学一流学科建设"首席责任专家"、国家重大人才工程特聘教授、国务院学位委员会学科评议组成员)

目录

第一章　小学数学"三化"教学提出的背景

第一节　小学数学课堂教学现状审视……………………………004
第二节　素养导向下的小学数学教学新要求……………………018
第三节　"三化"教学的发展历程…………………………………025

第二章　小学数学"三化"教学的理论框架

第一节　小学数学"三化"教学的理论基础………………………045
第二节　小学数学"三化"教学的内涵阐释………………………057
第三节　小学数学"三化"教学的教学环节………………………080

第三章　小学数学"三化"教学之现实问题数学化

第一节　多重情境……………………………………………………090
第二节　现实抽象……………………………………………………097
第三节　案例分析……………………………………………………113

第四章　小学数学"三化"教学之数学内部结构化

第一节　化繁为简……………………………………………………123
第二节　多元表征……………………………………………………137
第三节　推理论证……………………………………………………152

第四节　符号演绎 ··· 163
　　第五节　案例分析 ··· 173

第五章　小学数学"三化"教学之数学内容现实化

　　第一节　符号具象 ··· 182
　　第二节　模型延伸 ··· 188
　　第三节　元认知反思 ··· 197
　　第四节　案例分析 ··· 206

第六章　小学数学"三化"教学实施案例

　　第一节　"比的意义"教学案例 ····································· 214
　　第二节　"同级混合运算"教学案例 ································· 231
　　第三节　"图形的转化"教学案例 ··································· 249
　　第四节　"百分数的意义"教学案例 ································· 267

参考文献 ··· 286

后记 ··· 290

第一章

小学数学"三化"教学提出的背景

《义务教育数学课程标准(2022年版)》(以下简称《数学课标2022年版》)正式提出了素养导向的目标。而如何实施才能使素养真正落地是本次课程改革的重中之重,也是一线教师需要思考并解决的重要问题。笔者鉴于多年的教学实践经验基础,希望能够从中梳理出一套可借鉴的课堂教学模式,以期对一线教师的课堂教学提供帮助。于是,开始了提炼教学新主张的过程:从十几年前就开始研究的"数学化"课堂,到至今一直持续不断研究的"数学建模"教学,结合已有研究成果不断提炼教学主张名称,最终在西南大学教授导师的指导下,确立了"三化"教学主张。本章笔者将从以下几个小节阐述小学数学"三化"教学提出的背景:一是小学数学课堂教学现状审视;二是素养导向下的小学数学教学新要求;三是"三化"教学的发展历程。

第一节 小学数学课堂教学现状审视

课题研究要有价值,出发点应该基于促进教师观念的改变、课堂教学效率的提升或课堂教学问题的改进,最终指向促进学生的发展。而"三化"教学主张恰恰是从对小学数学课堂现状的审视开始,并在分析调研数据、参考理论依据中得到启示。

因为课题研究的需要,笔者对学生设计了一份关于建模学习的问卷调查表(2014年)。问卷中有一道题,大约81.85%的学生会通过"画图"的方法来尝试寻找、建立数学模型,其中,大约51%的学生能够运用"先把数字缩小,再画图找规律,最后计算解决"的方法,而不是盲目地把所有的情况都算出来。但是,另外一题,24.12%的学生试图通过画图找出所有方法,再寻求解答,有点"蛮干""瞎干"。从问卷调查中,你会发现数学建模最为关键的能力——结构化能力(还原、归类、简化、举一反三),学生并未完全具有。而这种情况常常可见于实际的、日常的课堂教学中。其主要呈现以下三种现状。

一 现实问题过早标准化

标准化,这里特指"现实问题结构"标准化,简称"良构问题"。相反地,非标准化即指"劣构问题"。关于定义,专家有多种不同的表述:

戴维·乔纳森(David H. Jonassen)博士将问题分成良构问题和劣构问题两大类。良构问题,一般是指问题有明确的初始状态、问题目标、受限制的逻辑因素。它可以根据限定的条件,运用认知原理获得唯一解。劣构问题,则是问题的构成存在着不可知部分;目标界定含糊不清或缺少限定;具有多种解决方法和途径或根本无解;可能具有多种问题的结果,需要通过尝试不同的解决方案去寻找最佳的解决办法[1]。在学校教育中,良构问题往往是一些常规问题。一般而言,一个良构问题只有一个满意的解决方案,运用在课堂教学中获得的概

---

[1] 张亚梅,陈曦.解读乔纳森的问题解决观[J].中国教育技术装备,2009(12):66-67.

念、规则、方法和原理就能解决良构问题。劣构问题也称结构不良问题或非良构问题,是相对于良构问题而言的,指的是有一个或多个问题要素不清楚或者具有某种程度的不确定性,其拥有多种解决方案、多种解决途径或者一种解决方案也找不到。同时,它们拥有多种评价解决方案的标准,所以不确定用哪种理论、规则或原则来解决问题,它们常常需要学习者作出判断,表达个人观点或者想法[1]。良构问题是为直接揭示科学概念而人为设计的,它提供了解决问题的规则、原理、明确方法和步骤[2]。劣构问题来源于日常生活或对真实场景的模拟,缺乏明确的界定,它的构成存在不可知的部分,难以确定解决问题必需的规则、原理、方法和步骤;需要通过尝试不同的解决方案去寻找最佳的解决办法[3]。

尽管专家表述各不相同,但是两者具有共同的特征,那就是指向问题与所需条件的限制关系以及解决问题答案的确定性等。由此可以推断出在数学教学中关于两者的界定:良构问题可以理解为一个具备比较标准结构的问题,即由一个问题与两个相关信息条件直接能够解决,或者该问题解决后的结果成为下一个问题中的条件之一,依据数量之间的关系间接也能解决;且问题情境中没有多余的条件或者问题的解是唯一答案,我们称其为良构问题。反之,情境蕴含的信息条件多余或者问题开放、方法多样、答案多种甚至无解等,则可以称为劣构问题。

(一)现状分析

"良构问题"更常出现在课堂中。其解决起来相对简单,将已有的知识直接提取出来就能完成。也就是说,只要理解和掌握了概念、公式、法则等内容,具备一定的问题图式储存,掌握必要的解决策略,配合一定的练习、反馈基本能够完成解答,无须对问题进行过多分类和界定,更很少运用分析、综合、评价、创造的高阶思维方法。简单来说,学生运用更多的是记忆、理解和应用等低阶思维即可完成问题解决。因为其本身难度不大,符合教师和学生的心理,更易于被接受。

---

[1] 林勤.物理教学中良构问题的劣构化——再谈学生高阶思维能力的培养[J].物理教学探讨,2020,38(9):55-60.
[2] JONASSEN D H.基于良构和劣构问题求解的教学设计模式(下)[J].钟志贤,谢榕琴,编译.电化教育研究,2003(11):61-66.
[3] 吴向东.良构问题、劣构问题及其转化策略[J].湖北教育(科学课),2013(6):96-99.

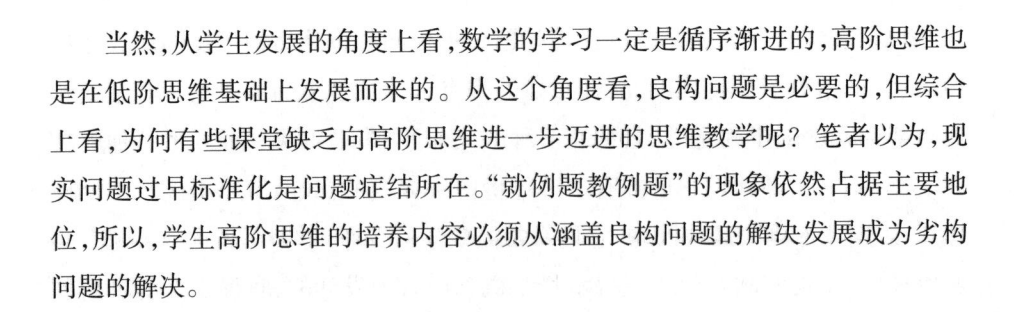

当然,从学生发展的角度上看,数学的学习一定是循序渐进的,高阶思维也是在低阶思维基础上发展而来的。从这个角度看,良构问题是必要的,但综合上看,为何有些课堂缺乏向高阶思维进一步迈进的思维教学呢?笔者以为,现实问题过早标准化是问题症结所在。"就例题教例题"的现象依然占据主要地位,所以,学生高阶思维的培养内容必须从涵盖良构问题的解决发展成为劣构问题的解决。

(二)问题归类

良构问题的解决在课堂教学中基本分为两类:一是情境简单化,以简单良构问题为主,直接套用公式就能解决;二是尽管有情境创设,蕴含稍复杂的良构问题,运用已形成的常用方法或采用直观手段即操作、画图等,问题也能得到解决。但是一旦遇到现实中复杂的劣构问题,比如条件多余、问题开放、思路多种、答案多样等,就会出现上述问卷"数据较大、问题较复杂,不利于直接画出、算出答案,部分学生却仍然采取简单直接的方法"的情况,显然,遇到这样的复杂问题,通常结果就是这样,部分学生甚至大部分学生可能思路受挫,可能答案不全,可能直接碰壁。

这种简单套用公式或仅仅依靠直观思维来解决问题的背后原因是什么呢?与教师把握课堂的能力和专业追求的价值观难道没有关联吗?由于存在一定的侥幸心理和惰性,导致许多教师钻研教材的意识不强、能力不足,特别是如果教学目标定位把握不准,往往会导致课堂教学效率不高;但是教师容易缺乏自我反思意识,往往把问题归结于学生本身,认为是学生听课、作业不认真导致的。于是,有些老师把课堂上学生该有的思考、活动、反思的空间和时间直接去除,取而代之的更多是一遍又一遍的讲解,即灌输式的传授输入,甚至直接传授机械套用公式的技巧。在教师所谓的"认真听讲就能学会"的理念下,学生或许能考得高分,但是学会的思维一定也只能是低阶思维(记忆、理解、应用),而高阶思维(分析、综合、评价、创造)的提升自然也就削弱了。导致的后果是什么?是惯性思维形成习惯后,一旦遇上复杂劣构问题,就如上所述,要么无从应对,要么启用直观思维,解决问题自然也就无效。

归结起来,还是良构问题占据课堂、占据师生心中过多。长此以往,学生探究意识、模型意识以及结构化思维等复杂思维意识和能力都将缺失,核心素养的培育则更无从谈起。具体问题如下。

1. 情境过早标准化

如，学习乘法计算时，介绍空中飞机载人的情境，要求根据给定情境提出问题："小飞机一共有5架，每架小飞机有4个人。你能发现上面的数学信息吗？你能根据这些信息提出一个数学问题吗？"

这个情境中只给出了两个信息（如上），当学生提出了"小飞机上一共有多少人？"时，教师直接提问"你是怎么算的呢？"然后引导学生进入乘法算法的探究和建构过程。

分析这个案例，你会发现教师对这个情境的设置是直接朝着"两个信息可以解决一个问题"这样的标准结构去了。虽然这个结构有利于直接进入新知即乘法计算方法的学习，但从已有知识经验的迁移角度上看，只有正迁移而缺乏负迁移的干扰；从知识结构上看，体系不完备，只有相同加数的加法是不完整的，缺乏不同加数相加求和的计算；从学生认知结构上看，也是不利的，即新知学习的过程在同一情境中只有正向例子的归纳，而缺乏反向例子的对比，不利于建构对新知识的本质理解。

如果增加一个信息，即"还有另外1架飞机上乘坐着3个人（数量不同即可）"，然后要求学生"你想提出怎样的数学问题？"这样，问题就多样了，然后汇总出来的问题，基本直接用加法就能解决，再从中对比，锁定包含了能用乘法计算的求几个相同加数的和的加法计算进行研究。

这样就从用已有经验来解决问题到未知学习的过程中实现了横向数学化向纵向数学化迈进的目标。

或许有人要说，简单情境提炼乘法结构后，再增加不同加数求和的加法算式进行对比，不同样能达到目的吗？从形式上看似乎如此，但其实效果完全不同。情境是学生理解算理和培养数感的重要载体，上述将不同加数的信息融入其中之后，不仅增加了提出问题的多维视角，符合学生的潜能训练需求；更重要的是提示了反例对乘法算法本质理解的重要作用，更是为后续学生进行"5×4+3"向"5×5-1"的算法转换提供了算理的理解载体。学生可以直接对话情境图，模拟把其中一架飞机上的3个人增加为4个人的操作过程，则让"5×5"这个乘法算式的理解有了直观的表象，进而能够理解为什么再减去1的道理。同时，通过从情境中来再到情境中去有效促进了学生乘法运算能力的提升以及数感的形成。

2. 复杂情境简单化

又如，一位教师设计"一个数除以分数"这一课时，引入教学的情境：春暖花开，小丽和朋友们约好一起去踏青。她在学校烹饪课烙了4张大饼，想带给大家当点心。看着香喷喷的饼，大家可馋了，无奈人多饼少。

小李：我觉得我都可以吃下2张大饼了。

小米：不行啊，那只够两个人吃，我吃得少，1张就好。

小花：我觉得每人半张就好。

小贝：估计还不怎么够。要不，每人$\frac{1}{3}$张？

……

你能帮小丽解决这个问题吗？

……

本案例情境可看作是劣构问题：蕴含多个相关信息，虽缺乏问题，但可提出多个问题的结构。但是，教师"你能帮小丽解决这个问题吗？"这一个问题的提出并不好。首先，没有明确的问题；其次，即便有，要提出的问题可以不止一个，要解决的是哪一个呢？如果改为："你能提出用除法计算的数学问题吗？"这样，依据情境中的多样信息，学生就能充分展示自己的经验和能力，提出多样的数学问题。

如，可能出现如下几种问题：

生1：每人吃2张饼，4张够分给几个人吃？

生2：每人吃半张，够几个人吃？（师引导：就是每$\frac{1}{2}$张为一份，可分几份？）

生3：那还可以提出每$\frac{1}{3}$张为一份，可分几份？

……

这样有效情境和多样问题的提出，不仅提升学生提取、分析、处理、转换信息的能力，更为后续感知、理解分数除法的意义和运算与整数除法的一致性，实现整体建构分数除法奠定了很好的基础。

3. 结论过早标准化

如上述教学进入乘法算法模型的探究和建构过程中，许多老师往往又直奔算法的标准化去了。有些直接去除动作表征，即操作环节的体验过程，仅仅借助图像表征直接到达符号表征过程;有些是形式化经历了动作表征后直接进入符号化结论提炼;也有些教师重视三个表征过程,但是也仅通过一个例子的归纳总结就直接进行符号化结论,缺乏多个例子的归纳推理和演绎推理等过程。这些都可认为是结论过早标准化现象。换句话说,一个概念、算法、法则或规律等的形成过程,需要经历一个比较完整的抽象过程,大体可以分为三个阶段,或者说三个层次。第一阶段是简约阶段:把握事物关于数量或者图形的本质,把繁杂问题简单化,给予清晰表达。第二阶段是符号阶段:去掉具体内容,利用符号和关系术语表达已经简约化的事物。第三阶段是普适阶段:通过假设和推理建立法则、模式或模型,在一般意义上描述一类事物的特征或规律。[1]

基于上述分析可知:作为一线教师务必弄清知识的来龙去脉,理解知识的结构体系,把握知识的真正用处,才能在实际教学中将知识置于广阔的现实世界,经历将实际问题从复杂到简单化的表达过程,经历抽象、归纳等去除现象直达本质并符号化的表达阶段,最后到达广泛意义上的解决实际问题,从中获得更为普适性的数学概念(数学模型)。

由此,现实问题数学化的前提是基于真实、开放,并融入问题、任务的情境之中。

二 数学学习更多点状化

点状化,本质其实是指碎片化,不成结构(整体)、不成体系。通常指知识的碎片化,即指学习所获得的知识"常常呈现零散、无序、关联度不高、整体性不强、理解浮于表面等特点"[2]。碎片化知识是零散和缺少联系的,因此,很难形成完整的知识体系。长时间获得碎片化知识,容易造成学习者观点孤立,弱化解决复杂问题的能力。缺少体系框架的指引,缺少知识链接,容易导致知识的遗忘远大于知识的吸收。[3]但数学学习显然不应等同于各个具体数学知识和基本技能的简单积累(这是"碎片化教学"的主要特征和最大弊端),而应超越细节建

---

[1] 史宁中.数学基本思想18讲[M].北京:北京师范大学出版社,2016:14.
[2] 黄建锋.大学生碎片化学习研究[J].成人教育,2018(10):80-83.
[3] 张克永,李宇佳,杨雪.网络碎片化学习中的认知障碍问题研究[J].现代教育技术,2015,25(2):88-94.

构起整体性的认识,包括很好地掌握知识的整体性结构,并能逐步学会从层次的角度进行分析和思考。[①]由于数学知识的学习需要系统化,教材中的知识结构和教学流程都是基于一定体系设计的。如果现有的知识体系因为学习过程更多点状化,使学习者获得的知识是碎片化的,那么学习者可能会产生认知偏差,造成知识结构紊乱,而知识碎片化的结果必然与系统学习之间产生矛盾。由此,教学过程中教师应该考虑学习者对知识内容的选择和考量,促进其对知识进行系统性的思考。

点状化,还指思维的碎片化。子曰:"学而不思则罔。"碎片化知识的获取,一定是缺乏理性知识的淬炼过程,学非所思,自然难以将零碎的知识体系化。甚至可能导致学习思维的跳跃性和注意力的碎片化,致使学习行为的分布式和不连续性。

(一)现状分析

从上述涉及的问卷中了解,大部分教师都有进行小学数学建模教学的意识和意愿,但是,实际教学中却又是另一番景象,更多的是就知识教知识,以数学知识学习为中心的教学,自然就产生了碎片化学习的弊端。出现这种现象的原因其实是多方面的。

1.教师的认知问题

教师在解读教材时缺乏整体性思考,未能将所教知识置于教材的多向(纵向和横向)比较上进行学理透视和要素分析,仅仅停留在对单个课时内容的理解。因此,教给学生的知识就仅仅是知识结构中的某一要素,必然导致学生对知识的来龙去脉缺乏深入的了解,获取的知识也就不成结构、不成体系了。

2.教师的专业水平

教师有思考并分析知识结构体系的意识,但是具体落实到课堂教学时又缺乏将知识体系落地的认知或有效的策略支撑,未能对学科知识结构进行解构、建构和重构等思维引导,使得学生学到的知识依然是碎片化的,即知识与知识

---

① 郑毓信."整体性教学"与"结构化教学"——中学视角下的"数学教学的关键"(4)[J].中国数学教育,2022(Z1):3-5.

之间、知识内部各要素之间以及知识与学科外领域之间的关联并不紧密。

比如,教学五年级上册的"梯形的面积",如果学生推导出梯形的面积公式之后,就进入梯形面积公式的应用,而忽视引导学生将梯形面积公式与之前学习过的知识,如平行四边形面积公式、三角形面积公式进行联系、比较,探寻不同面积公式表征形式背后更为一般、更为普适的视角,那么,就可能导致学生对多边形面积公式的理解不够全面,没有基于整体性、比较性、结构性的学习,这样获得的知识往往就是碎片化的。

3.教师的观念问题

留给学生交流、表达和反思的空间和时间不足。这恰恰是学生思维外显和思维深度的表现。而且,学生的思维表征可以成为教师和学习同伴观察、把握、触摸的教学资源[①],也能为教师进行分析诊断、及时回应及对教学路径作出调整提供必要的参考。这样,思维的多样性和差异性就可看作有效建构知识优势的一种倾向和资源。但是,目前日常课堂教学更多的是以重视学生的听、教师的讲为主的学习方式,留给学生独立思考、交流和个性化表达的空间很少,更不用说学生能有自我反思的时间,这样的结果必然导致思维的不可知或不连续。

4.教师的建模意识

没有认识到模型是一个结构,结构内部之间的元素是有联系的,模型与现实原型中的问题是有内在关联的,甚至模型与相关模型之间的外在结构也有关联,这些关联如果没有清晰把握,是不可能在众多问题中有效解决的。换句话说,教师没有把握本质的能力,就必定使知识以及方法的获得也是碎片化的。这体现在一旦要解决综合呈现的复杂问题,特别是呈现知识点相近的实际问题,或者是形式变化较大但内在本质不变的问题,学生在解决这些问题时就很容易混淆、出错,甚至束手无策。

(二)问题归类

由上所知,学习过程点状化,即"碎片化",主要体现在概念内涵界定、思维过程展开、目标体验形成等过程的不清晰、不完整、不自主、不全面等。

---

① 张齐华."思维可视化"视域下小学数学课堂之重建[J].江苏教育,2017(25):48-50.

1. 情境构建"碎片化",概念内涵与外延不清晰

基于对现实情境与现象的抽象概括,才有了对数学概念、法则、公式或规律等数学模型的理解与建构。但实际教学中,情境构建的"碎片化"导致了概念内涵与外延的界定不清晰。

首先,知识结构"碎片化",只见知识不见关联。教师呈现的情境未能将新知与已有的知识结构紧密、整体关联,仅仅融入了该课所要学习的新知内容,而忽略了其他与之相关的旧知和后续将要学习的新知,无法很好地将前后知识进行关联,亦即情境缺乏内在的联系,常孤立地存在于书中呈现的"碎片化"知识中。比如,学习"圆的认识",有的教师就仅仅考虑生活中与圆密切相关的立体图形,如球、圆柱,而忽略了与平面图形的区别和关联,如正方形、三角形等。因为没有关注整体联系的意识,这样会影响学生后续认识圆面积与正方形面积之间关系模型的建立,影响学生提升解决问题的能力。

其次,认知结构"碎片化",只见其一不见其二。学生学习新知时,通常经历直观操作后就进入抽象概括环节,教师往往忽视对操作过程的分析描述。或者教师在分析描述过程中有引导猜测,却仅仅举出几个正例后就急于归纳抽象概念、公式、法则等,忽视运用全面、科学的验证方法;或者只举正例不举反例,缺乏对比,导致学生对概念模型或公式模型等本质和外延的把握不当。更由于忽视分析描述、交流表达等环节,导致学生未能有效建立从直观到抽象之间的"表象"媒介,如图形表征或数学语言的表述等;这不仅使得思维的严谨性培养缺乏,也不利于学生进行更抽象的形式化思维的数学学习。

2. 思维过程"碎片化",思维不连续或片段化

建立数学模型的过程就是学生主动探索、主动思考的过程。但是,实际课堂教学中,常常出现思维过程的碎片化现象。

一方面,教学中的某一内容独立呈现,逻辑思维缺乏连贯。知识间的逻辑关系、思维的整体性没有被充分反映出来,形成了各个知识点散落、孤立的思维现状。

另一方面,学生经历的思维过程出现了片段化现象,完整的问题解决过程"问题提出—分析论证,形成假设—检验假设方案—解决并反思"被大大减缩了,问题的提出没有了,假设也由老师代劳,反思总结省略了,学习中运用解释的过程也由师生一问一答的形式替代了。显然,思维过程的片段化是主要的原因。平时不思考，问题出现时，当然无从想起。再者，思维过程的碎片化还包括思维过程的假探究现象，即在教师铺垫好、设计好的问题链轨道中轻松地滑过，表面上经历了思维过程，而实际上是记忆水平层次上、条件反射式的应答。高水平的思维过程——分析、综合、概括具体化、提出解决方案、检验假设等都被教师的"铺垫"而剥夺了。

3.体验过程"碎片化"，只见知识未有体验

2022版新课程方案强调核心素养导向，倡导学科实践。强调"身体参与"和"亲身经历"学习的体验和感悟！但日常教学中的体验往往会被人为地割裂，重知识梳理，弱思维体验；少情感体验，更少有情感投入。这种思维热情的缺失，容易导致学生对数学兴趣的降低。

三 知识运用倾向线性化

线性化，亦即单一化。作为学科课堂教学，其教学目标单一、习题设计单一、问题解决方法单一等，都属于线性化。特别是知识运用更多倾向于线性化，只顾答题，不思考关联性，不归纳共性，缺乏层次性、多元性和灵活性。这与教师的意识和学生的习惯密切相关。

在小学数学课堂中，数学练习是帮助学生巩固新知、培养思维的重要载体，然而，就当前的教学实践来看，很多教师在设计练习时存在不良现象，如照搬教材教辅，教学内容零散单一，没有层次性，缺乏习题设计的多元性和灵活性，而这种练习往往流于形式，并不能充分发挥其辅助教学的重要功能。

1.缺乏层次性

"教什么用什么"停留在知识的浅层应用上。比如，教学两位数乘两位数的计算，许多教师在"做一做"和"知识运用"环节时仍然仅仅停留在基本计算法则的掌握，如计算"34×21""37×45"以及相应层次简单的问题解决，没有任何稍复杂的计算或更高层次的问题解决。缺乏层次性训练，长此以往，除了不利于学生复杂思维的提升外，无异于是一个对数学概念体系建构逐步弱化的过程。数学知识体系非常庞大，而概念、公式、法则等是其中不可或缺的重要构成元素，概念内部元素之间是有关联的，即便是不同的概念，也能找到异同点。

比如,教学"小数的意义"一课,对于已经建立起的一位小数、两位小数、三位小数概念的理解,许多教师没有深入挖掘三者间的关系,仅仅满足于让学生看图写出小数,如0.8,0.72,0.395等。

其实,教师不妨进一步追问:"仔细观察这三个小数,你有什么发现?"或许能收到意想不到的效果,如学生可能回答出:小数位数不同,分别是一位小数、两位小数、三位小数;三个小数中0.8最大、0.395最小;还可能说出它们的计数单位不同,分别是0.1,0.01,0.001;甚至于有的学生感悟更强,指出并不是小数位数越多,这个小数就越大,而只是说明小数分得越来越精细而已(当然,"精细"是否和日常生活有关?有待另述)。

可见,提高课堂练习的层次和深度,有时候仅需一个追问就能达成。另外,有人可能会觉得已经认识到了三个小数的计数单位,概念也讲清楚了,还有什么好讲的呢?不妨再现出计数单位的前世和今生,比如借助于正方体图,逐个演示出小数计数单位0.1、0.01、0.001等后,要求学生联想"同样把这个正方体看作1,你还能找到哪些计数单位?你是怎么想的?"进而,教师还可以反向从0.1开始往右,提问"10个0.001是0.01,10个0.01是0.1;10个0.1是多少呢?"这样,就有了10个1是10,10个10是100等的推理,不仅理清了"满十进一"的关系,沟通了小数与整数认识的一致性;还梳理了计数单位细分的完整过程;并通过引出"数轴上可以表示位数不同的小数"的练习,使小数有机纳入到了整数这一网状图中去,形成了数的整体认知;等等。

知识只有在不断联系中才能得到深刻理解,这样的知识才具有迁移作用,能真正帮助解决问题,能在构造新知识时起强大同化作用。因此,每一节课的知识运用环节,一定要有知识不断递进的层次性练习或题组加持,才能帮助学生提高抽象、想象思维。

2.缺乏多元性

"教什么用什么"还体现在知识应用的单一性,亦即未能体现知识的多元性运用。

所谓多元性,特指知识的运用学习是综合的、多元的。除了旧知识的复习巩固外,还要有将新知纳入到旧知的综合运用练习。还指向的是思维、方法的多元性,练习设计要符合学生的认知差异,能够引发不同层次学生的思维,进而采用不同的方法进行解决。通过引导,在交流中达成有效的思维碰撞,让不同层次的学生得以获得思维的跃进或者受到情感的激励,获得成就感等。更应指向内容的多元性,即练习题中要设计丰富的、不同情境的现实问题。模型的用处就是解决生活中的一类实际问题,并在归类中使问题解决得以简化,这就倒逼教师在教学过程中必须提供丰富的生活情境,引导学生通过观察、分析,发现隐藏在不同情境中的数学问题,使其在头脑中搜寻已有记忆中与之相关联的数学模型,进而运用模型使这一类问题得以简化并解决。

但是,目前更多的课堂仍然倾向于知识的简单操练,缺乏综合性的、一题多解的习题。即便有设计也只是蜻蜓点水飘过,未能对新旧知识进行比较、沟通与融合,未能产生方法间的交流与碰撞,未能引导分析共性与差异;更是少有对现实生活中一类问题的创设,即便有也是就题解题,仅满足于对每一问题的正确解答,未能引发学生对这一类问题的共性和差异的解剖以及对解题过程的回顾和反思即元认知的运用,导致学生即使有经历解题这个过程,但未有深刻理解和内化模型的运用体会。特别是没有重视在解答过程中对学生发现、提出问题和质疑、批判意识的培养,也少有经历过程的顿悟即直觉思维能力的提升,以及获得成就感的喜悦心情的表达,等等。这也是学生核心素养形成能否真正落地的重要路径细节。

如教学六年级"数学思考"一课,在学生建立 n 个点可以连"$1+2+3+\cdots+(n-1)$"或"$n\times(n-1)\div2$"条线段的数学模型之后,回归现实生活解决实际问题的巩固阶段,往往教师会设计一些练习,将之前同一情境的数据变大然后引导学生思考如何解决同样的问题,以此巩固模型,有时还会提出问题如"想一想,它还能解决现实生活中的哪些问题?"待学生尝试举例解决或教师出示不同问题情境并引导解决后,很多教师就仅满足于就题解题,缺乏进一步的归类反思。如果能将要求进一步细化,改为如下,则更有数学建模、化繁为简的意识。

师:下面这些问题都能用刚才的规律解决吗?为什么?

(1)快毕业了,同学们要拍照留念。全班45人,每两个人合影一次,一共要合影几次?

(2)5个小朋友两两互赠"六一"贺卡,这些小朋友一共准备了多少张贺卡?

(3)足球世界杯比赛结束了,德国队获得了冠军,他们20个运动员用两两握手的方式庆贺,一共要握几次手?

(4)世界杯足球赛,任何两队开赛前,运动员都要互相握手(一队站立,另一队一一握手走过),一共要握几次手?

有了"为什么"的要求,才能促进学生进行思考,最终将不同情境下问题的解决归结为同一数学模型的运用。这样的思维过程就是去伪存真、存异求同、由复杂到简单的辨析、关联、简化的建模过程。进而,继续拓展模型的运用。如下:

(1)师:像刚才那样的足球比赛,因场次多,短时间内完成是有困难的。通常是这样安排的:把32支球队进行抽签分组,平均分成4组,组内进行单循环赛。一共要进行多少场比赛?如果分成8组,一共要进行多少场比赛?

(2)拓展:在以往的学习过程中,还有哪些问题我们也是这样研究的?

知识的学习就是在融通融合中建构体系的,只有结构化的知识才能被深刻理解并充分运用于解决问题中。

3.缺乏灵活性

"教什么用什么",学生往往会在遇到较难问题,或需要灵活解决时栽跟斗。比如在教学"三位数除以一位数"后的知识运用中,很多时候你看到的是学生仅仅完成了简单计算练习,比如,"848÷8""900÷6""909÷9"以及相应的数学应用问题。那学生碰到这样的练习,比如"848÷16",猜想学生的第一反应是不是:"这个知识还没学呢?"如果非要学生尝试练习,是不是就很难完成?试想下,把课堂练习改为如下的变式题组:

① 848÷4÷2=　　　　② 900÷2÷3=　　　　③ 909÷3÷3=
　 848÷8=　　　　　　 900÷6=　　　　　　　909÷9=

通过对这个变式题组的逐渐呈现和对比计算分析,学生能从中发现潜藏的规律,思维不就开放了?运算能力自然就提升了。有了这样的经历和体验过程,那么遇到"848÷16"的计算,学生不就能转化为"848÷8÷2"进行计算,得到答案了吗?

缺乏灵活性,往往体现在教师对学生容易混淆的知识点把握不到位,致使练习设计比较零散,不利于学生比较总结。例如,在学习"百分数的应用"之后,针对找准百分数所对应的单位"1",老师通常会这样设计:

(1)一块菜地,白菜的种植面积为60 m²,茄子的种植面积是白菜的20%,茄子的种植面积为多少?

(2)六年1班有45名学生,上学期期末跳远测验有80%的人及格。不及格同学有多少人?

(3)学校图书室原有图书1 500册,今年图书册数增加了15%,现在图书室有多少册图书？

类似这样的设计其实也抓住了百分数单位"1"的理解,同时涉及多个知识点的学习巩固,有经验的教师还会引导比较,从中梳理知识要点。但是,从学生思维的层面上看,因为单位"1"的内容不同,且较为零散,不利于学生比较、抽象、梳理易错和易混点。可以有两种改进方式,选取其中一道题进行改编(允许变换其中一个条件)成为题组练习;也可以直接设计如下变式题组:

(1)一块菜地,萝卜的种植面积为80 m²,茄子的种植面积是萝卜的20%,求茄子的种植面积。

(2)一块菜地,萝卜的种植面积为80 m²,黄瓜的种植面积比萝卜的多20%,求黄瓜的种植面积。

(3)一块菜地,萝卜的种植面积为80 m²,土豆的种植面积比萝卜的少20%,求土豆的种植面积。

(4)一块菜地,萝卜的种植面积为80 m²,是茄子种植面积的20%,求茄子的种植面积。

(5)一块菜地,萝卜的种植面积为80 m²,比黄瓜的种植面积多20%,求黄瓜的种植面积。

(6)一块菜地,萝卜的种植面积为80 m²,比土豆的种植面积少20%,求土豆的种植面积。

这样通过一道题目进行改编或将其设计为比较式题组,引导学生在练习中反复对比,学生不仅能够更精准地辨别容易混淆的知识点,还能提高数学建模能力。

核心素养导向下的课堂教学,需要培养学生在现实中遇到复杂问题时,能够拥有数学的眼光和表达能力,在复杂环境中快速寻找与之相匹配的数学模型,或者说运用数学模型关联与之相应的现实原型。实现这样的目标,无疑要让学生在课堂练习中提前"遭遇"问题,进行模拟演练,这样才有可能磨练出关键时能解决问题的"真刀真枪"。"一题多变"与"问题变式"等形式,正是通过多个问题的比较,帮助学生很好地实现相关的抽象,即由各个具体的问题过渡到普遍性的题型与解题方法。这样的变化与组合,还能帮助学生很好地理解数学发展"由简单到复杂,化复杂为简单"的规律,这恰恰也是思维发展的一个基本途径。

第二节　素养导向下的小学数学教学新要求

《数学课标2022年版》指出数学课程要培养的学生核心素养主要包括以下三个方面:会用数学的眼光观察现实世界,会用数学的思维思考现实世界,会用数学的语言表达现实世界。以核心素养为导向的教学,就是要确立核心素养在教学中的核心地位和统帅地位,使教学的一切要素、资源、环节、流程、活动都围绕核心素养组织和展开,并最终指向核心素养的生成和发展。[①]由此,核心素养导向的数学教学实践必然相应地成为改革的重中之重,作为一线教师提炼出的教学主张一定要能够指导课堂教学实践,也必然需要遵循核心素养导向的小学数学课程教学新要求。

一　要求会用数学的眼光观察

《数学课标2022年版》指出:数学是研究数量关系和空间形式的科学。数学源于对现实世界的抽象,通过对数量和数量关系、图形和图形关系的抽象,得到数学的研究对象及其关系。[②]明确现实抽象是一切概念、法则或一般规律的研究路径。具体来说,通过数学的眼光,可以从现实世界的客观现象中发现数量关系与空间形式,提出有意义的数学问题;能够抽象出数学的研究对象及其属性,形成概念、关系与结构;能够理解自然现象背后的数学原理,感悟数学的审美价值。[③]通过对现实世界中基本数量关系与空间形式的观察,学生能够直

[①] 余文森.以核心素养为导向:建立与义务教育新课标相适应的新型教学[J].中国教育学刊,2022(5):17-22.
[②] 中华人民共和国教育部.义务教育数学课程标准(2022年版)[M].北京:北京师范大学出版社,2022:1.
[③] 中华人民共和国教育部.义务教育数学课程标准(2022年版)[M].北京:北京师范大学出版社,2022:5.

观理解所学的数学知识及其现实背景;能够在生活实践和其他学科中发现基本的数学研究对象及其所表达的事物之间简单的联系与规律;能够在实际情境中发现和提出有意义的数学问题,进行数学探究;逐步养成从数学角度观察现实世界的意识与习惯,发展好奇心、想象力和创新意识。①简而言之,数学研究的对象和关系来源于对现实世界的抽象,数学的概念、法则、规律的理解依靠现实世界,通过观察现实世界,学生提升了数学眼光,主要表现为:抽象能力(包括数感、量感、符号意识)、几何直观、空间观念与创新意识。相应地,教学活动应引导学生在真实情境中发现问题和提出问题。②

(一)学段目标

《数学课标2022年版》对数学眼光的培育,不同的学段目标不同。例如,第一学段是"能在教师指导下,从日常生活中提出简单的数学问题;对身边与数学有关的事物有好奇心,能参与数学学习活动";第二学段是"尝试从日常生活中发现和提出数学问题;愿意了解日常生活中与数学相关的信息,愿意参与数学学习活动";第三学段是"尝试在真实的情境中发现和提出问题";第四学段则是"探索在不同的情境中从数学的角度发现和提出问题"。③虽然目标不同,但要求逐层递进。

(二)内容要求

《数学课标2022年版》对数学眼光的培育,不同学段内容要求不同。例如:第一学段要求在实际情境中感悟并理解万以内数的意义;在具体情境中,了解四则运算的意义,感悟运算之间的关系。第二学段要求在具体情境中,认识万以上的数,了解十进制计数法;结合具体情境,初步认识小数和分数,感悟分数单位;在具体情境中,认识常见数量关系;能在具体情境中了解等量的等量相等。第三学段要求结合具体情境探索并理解小数和分数的意义,感悟计数单

---

① 中华人民共和国教育部.义务教育数学课程标准(2022年版)[M].北京:北京师范大学出版社,2022:5-6.
② 中华人民共和国教育部.义务教育数学课程标准(2022年版)[M].北京:北京师范大学出版社,2022:3.
③ 中华人民共和国教育部.义务教育数学课程标准(2022年版)[M].北京:北京师范大学出版社,2022:12-15.

位;结合具体情境理解整数除法与分数的关系;根据具体情境理解等式的基本性质;在具体情境中,探索用字母表示事物的关系、性质和规律的方法,感悟用字母表示的一般性;在实际情境中理解比和比例以及按比例分配的含义,能解决简单的问题;通过具体情境,认识成正比的量(如$\frac{y}{x}=5$)。无论是概念、法则或性质、规律等内涵的理解或是方法、策略的获取,新课标都强调基于具体情境(真实情境)。

可见,现实问题数学化是新课标(2022版)关于数学眼光培育的重要路径和过程。

二 要求会用数学的思维思考

强调核心素养的自觉转向,其目的在于引导教学,将学生核心素养培育作为主要任务。这要求教学必须彰显学生的主体地位,变"教"为"学",构建以学习者为中心的课堂。课堂应该以学习为主活动、主形式、主线路,这意味着课堂应是以思维为载体和路径的学习活动。

(一)关于"课程内容结构化"的表述

《数学课标2022年版》提出课程内容结构化,意味着在课程研制阶段,就需要加入学生视角,即课程内容的选择一开始就要关注到预设、内隐的学生的主动活动(学生经验)。而在组织内容时必须寻求并围绕能够使学生与知识发生反应的核心要素(即大概念、观念),由大概念统整大单元,串起单元内的一个个知识点,发现共性,使其结构化。这样,学生的经验(活动)才能连续地、有顺序地展开,学生才能真正进入课程、进入活动中。一句话,课程内容的结构化是为了数学学习过程知识的结构化、方法的结构化以及思维的结构化,最终目的是促进学生心智的结构化,从而促进学生核心素养落地。

《数学课标2022年版》在优化课程内容结构方面是这样表述的:以习近平新时代中国特色社会主义思想为统领,基于核心素养发展要求,遴选重要观念、主题内容和基础知识,设计课程内容,增强内容与育人目标的联系,优化内容组织形式。设立跨学科主题学习活动,加强学科间相互关联,带动课程综合化实施,强化实践性要求。①在课程内容组织方面强调:重点是对内容进行结构化整合,探索发展学生核心素养的路径。而课程内容呈现则表述为:注重数学知识与方法的层次性和多样性,适当考虑跨学科主题学习。②由此,课程内容从选择、设计、组织、呈现等多方面提出了以育人为目标、以关联为渠道、以整合为前提,强调进阶式、发散式等思维路径的探索,为一线教师课堂教学设计、组织和实施指出了方向。

(二)关于"数学思维"的表述

数学为人们提供了一种理解与解释现实世界的思考方式。通过数学的思维,可以揭示客观事物的本质属性,建立数学对象之间、数学与现实世界之间的逻辑联系;能够根据已知事实或原理,合乎逻辑地推出结论,构建数学的逻辑体系。在义务教育阶段,数学思维主要表现为:运算能力、推理意识或推理能力。通过经历独立的数学思维过程,学生能够理解数学基本概念和法则的发生与发展,数学基本概念之间、数学与现实世界之间的联系;能够合乎逻辑地解释或论证数学的基本方法与结论,分析、解决简单的数学问题和实际问题;能够探究自然现象或现实情境所蕴含的数学规律,经历数学"再发现"的过程;发展质疑问难的批判性思维,形成实事求是的科学态度,初步养成讲道理、有条理的思维品质,逐步形成理性精神。③可见,数学思维对数学学习中核心素养的培养有着无可替代的作用。推理意识作为核心素养,在数学发展中起决定作用,正如孔凡哲教授所言:数学内部的发展得益于推理,其中,推理既包括演绎推理,也包括广义的归纳推理。这个推理的过程即是对知识结构化和结构化组织知识的过程,其中不仅获得知识结构、方法结构,还包含着思维的结构。而这就是数学内部结构化的内涵。

---

① 中华人民共和国教育部.义务教育数学课程标准(2022年版)[M].北京:北京师范大学出版社,2022:前言4.
② 中华人民共和国教育部.义务教育数学课程标准(2022年版)[M].北京:北京师范大学出版社,2022:3.
③ 中华人民共和国教育部.义务教育数学课程标准(2022年版)[M].北京:北京师范大学出版社,2022:6.

(三)关于"目标"的表述

《数学课标2022年版》关于总目标有这样的描述:体会数学知识之间、数学与其他学科之间、数学与生活之间的联系。第一学段目标:经历简单的数的抽象过程;经历简单的分类过程。第二学段目标:经历小数和分数的形成过程;经历平面图形的周长和面积的测量过程,探索长方形周长和面积的计算方法;探索分析和解决问题的方法,经历独立思考并与他人合作交流解决问题的过程。第三学段目标:经历用字母表示数的过程;探索数运算的一致性;探索几何图形面积和体积的计算方法;经历收集、整理和表达数据的过程;探索运用基本的数量关系,以及几何直观、逻辑推理和其他学科的知识、方法分析与解决问题。第四学段目标:经历有理数、实数的形成过程;经历探索图形特征的过程;探索利用统计图表表示数据的方法;经历利用样本推断总体的过程。[1]如果说总目标强调的是要达成对知识"多重关系结构"这一结果的感悟,那么学段目标则重在强化"过程"和"方法"的体验,通过"经历"和"探索"这样的动词加以描述。新课标把"结果"与"过程"并重作为课程目标,充分彰显了学习者的主体地位,切实为学科实践奠定了目标方向。

构建以学科实践为抓手的实践型学科育人方式。在学科实践的育人模式中,改变知识的呈现方式,变"直接"为"间接",即以知识为载体,融入情境、问题、任务、项目中,面对问题、完成任务和执行项目,整个过程要紧抓核心目标、具体化核心目标、细化表现性任务、跟进表现性评价、回顾性反思等,让"教、学、评"一致,使知识学得深、学得透。简单地说,学生必须在情境中学、解决问题中学、做中学、用中学、创中学、活动中学,一句话必须在"身体参与"和"亲身经历"中学习[2]!这就是新课标带来的新教学。

"三化"教学主张强调的也是学生在进入情境、面对问题、完成任务或执行项目等时,一系列的发现、提出、分析、解决问题的"身体参与"和"亲身经历"的学习过程!这恰恰与基于新课标的新教学所要求的新样态是一致的。从这个角度上看,"三化"教学主张是符合素养导向要求的。其核心"数学内部结构化"阶段,学生将教师在理解、把握数学知识表层结构、逻辑结构及思想方法结构后

---

[1] 中华人民共和国教育部.义务教育数学课程标准(2022年版)[M].北京:北京师范大学出版社,2022:12-14.
[2] 余文森.论学科核心素养形成的机制[J].课程·教材·教法,2018,38(1):4-11.

的设计课程转化为他们自己的再创造性活动,使知识有效融入学生已有的认知结构中,得以结构化新、旧知识,并在学结构、用结构中建构结构化思想方法,由此生成模型方法,借助于"同构",凸显"数学建模"的价值。使得抽象、归纳、概括、推理等逻辑活动以及量化、化归化等建模思想方法,在数学内部结构化阶段的模型建构中发挥重要作用,并引导学生感受、体验、领悟和运用它们,真正提高学生的数学能力和核心素养。

三 要求会用数学的语言表达

数学为人们提供了一种描述与交流现实世界的表达方式。通过数学的语言,可以简约、精确地描述自然现象、科学情境和日常生活中的数量关系与空间形式;能够在现实生活与其他学科中构建普适的数学模型,表达和解决问题;能够理解数据的意义与价值,会用数据的分析结果解释和预测不确定现象,形成合理的判断或决策;形成数学的表达与交流能力,发展应用意识与实践能力。[①]

在义务教育阶段,数学语言主要表现为:数据意识或数据观念、模型意识或模型观念、应用意识。通过经历用数学语言表达现实世界中的简单数量关系与空间形式的过程,学生初步感悟数学与现实世界的交流方式;能够有意识地运用数学语言表达现实生活与其他学科中事物的性质、关系和规律,并能解释表达的合理性;能够感悟数据的意义与价值,有意识地使用真实数据表达、解释与分析现实世界中的不确定现象;欣赏数学语言的简洁与优美,逐步养成用数学语言表达与交流的习惯,形成跨学科的应用意识与实践能力。[②]

应用意识主要是指有意识地利用数学的概念、原理和方法解释现实世界中的现象与规律,解决现实世界中的问题。能够感悟现实生活中蕴含着大量的与数量和图形有关的问题,可以用数学的方法予以解决;初步了解数学作为一种通用的科学语言在其他学科中的应用,通过跨学科主题学习建立不同学科之间的联系。应用意识有助于用学过的知识和方法解决简单的实际问题,养成理论

---

① 中华人民共和国教育部.义务教育数学课程标准(2022年版)[M].北京:北京师范大学出版社,2022:6.
② 中华人民共和国教育部.义务教育数学课程标准(2022年版)[M].北京:北京师范大学出版社,2022:6-7.

联系实际的习惯,发展实践能力。①

由上可知,新课标不仅描述了运用数学语言表达的功能和价值,还强调了数学语言表达的过程与方式,同时明确指出了数学知识与现实世界的紧密联系。这恰恰说明了数学内容不仅可以运用于解决现实中的问题,而且还需要回归现实生活中进行检验。

"三化"教学不仅引导学生经历"现实问题数学化",将新知识融入于生活情境,为数学研究对象的提出奠定基础;同样重视"数学内容现实化"过程,强调运用模型回归并解决现实问题,而且是一类的现实问题。

简而言之,"三化"教学主张涵盖了横向和纵向数学化,又拓宽了横向数学化的另一层含义即回归生活,且达成了与"数学建模"的有效融合,所研究的问题来源于现实情境的数学抽象,数学学习的过程是学生基于已有认知经验的主动建构过程,并将新知纳入已有知识网络中形成知识体系,用于解决纷繁复杂的一类现实问题。可以说,"三化"教学不仅对应三个基本数学思想,并指向"三会"核心素养具体表现,即"现实问题数学化——数学眼光;数学内部结构化——数学思维;数学内容现实化——数学语言",而且最终形成一个闭环,循环往复,良性发展。

---

① 中华人民共和国教育部.义务教育数学课程标准(2022年版)[M].北京:北京师范大学出版社,2022:10.

第三节 "三化"教学的发展历程

一 从"数学化"到"数学建模"

笔者2010年成为思明区"首届名师发展工作室"主持人,可以说是第一次带领团队真正做课题。思明区"十一五"教育科学规划课题"基于'数学化'思想下的小学课堂教学模式的建构",于2010年9月被思明区教育科研规划管理工作小组立项。后因参加市级专家型教师培训,得到孔凡哲教授指导,课题名称改为"基于'数学化'思想的课堂教学结构研究"申报市级课题并获得立项。就这样,依托工作室团队每月一次的研究,加之有教授等导师团队的指导,研究取得了一定的成效和一些实践成果。

基于对研究的热情和热爱,完成"首届名师发展工作室"考核后,笔者选择继续带领团队并申报成为思明区首届名师工作室领衔人。正值2011版课标颁布,鉴于对数学三个基本思想中的"模型思想"的解读,对接笔者已有的研究经验和"数学化课堂结构研究"课题的研究成效,于是有了新的课题"小学生数学建模思想培养策略实践研究",并于2014年申报区级和省级课题获得立项。

人生的轨迹就是这样:经历是一个又一个螺旋上升的过程。完成区级名师工作室项目考核后,恰好,厦门市首届名师工作室启动了,于是2019年笔者申报并成为了市级名师工作室领衔人,领衔涵盖5个区的学校教师共同参与课题研究和项目推动。这样,撰写的课题"基于模型思想的小学数学结构化学习实践研究"获得了福建省普通教育教学研究室立项。

虽是三次课题,但其实都与"数学化""数学建模""结构化"三个关键词有关,只是有所侧重,但研究内容逐渐深入和细化;虽然研究内容、目标、思路、工具、过程、成效和实践成果、结论可能不尽相同,但都经历了"基于教学问题现状,寻求理论支撑,立足课堂实践,深入研究探讨,并与书本、专家、课堂、体验、数据等多方对话、比较、分析,提炼策略、梳理成果"等研究路径。回顾与总结,从中得到不少启示。

(一)研究内容不同,目标指向基本一致

摘录三个课题提出的研究内容和研究目标,纵向比较分析:

"数学化"课题研究内容:

①厘清"数学化及其思想下的课堂教学结构"的概念;

②建构"数学化"三个阶段即"现实问题数学化、数学内部规律化、数学内容现实化",分别对应三种数学基本思想即"抽象、推理、建模"的策略研究。

"数学化"课题研究目标:

①建立基于"数学化"思想的课堂教学结构模式;

②积累有效践行"数学化"思想的素材和案例;

③描述目前常态课课堂教学结构现状,提出基于"数学化"思想的对课堂教学结构具有可操作性的实施建议;

④促进教师团队专业水平的迅速提升。

"数学建模"课题研究内容:

①厘清"数学模型"在小学数学课程中的内涵、类别、作用;

②分学段、分领域梳理可抽象为"数学模型"的课程内容;

③探寻小学生经历"数学建模"过程的主要阶段、能力要素。对典型案例进行分析,提炼建模过程的主要步骤,进一步实施建模活动,观察学生经历建模活动中的相关数学能力得到培养和提高的情况;

④课堂教学中培养小学生数学"建模思想"的策略研究。

"数学建模"课题研究目标:

最终目标是引导小学生形成数学"建模思想",并促进小学生数学能力、数学思维等数学素养的提升。具体目标如下:

①探索让学生将生活与学习中的实际问题简化并转化为数学问题;

②培养学生用适当的数学方法去解决生活中发现的数学问题;

③形成适合于培养学生数学建模思想的实际问题素材库;

④力求通过实践研究探索培养小学生数学"建模思想"的课堂教学策略体系。

"结构化"课题研究内容:

①理解"结构"的整体性、关联性内涵;

②厘清"小学数学结构化学习"的特征;

③探索基于"模型思想"指导下的"小学数学结构化学习"路径和实践要素。

"结构化"课题研究目标：

最终目标旨在促进小学生心智的科学发展，并能让模型思想等核心素养在课堂落地生根。具体目标如下：

①探索促进学生"知识结构"、"认知结构"与"心智结构(思维结构)"三者之间整体性、关联性以及发展性目标的达成；

②培养学生经历并理解数学学习的"直观思维""程序思维""抽象思维""形式思维"的发展建构；

③充分运用小学数学多元表征方式，以期实现数学知识的多样态呈现、数学思维的多维度加工、数学应用的多元化表达；

④力求通过实践研究探索，形成一套基于模型思想的小学生数学结构化学习的典型案例，以供借鉴。

由上可知，每一个课题尽管研究内容(概念)不同，但都依托数学四大领域或某一领域知识为研究载体，研究其概念内涵、特征、路径、手段或方法，且目标指向都一样：通过研究建构一套利于课堂教学的策略体系、教学模式，提升教师研究意识和能力，促进学生综合素养提升。而这，正是"三化"教学主张追求的方向和目标。

(二)教学主张的提出源于教学实践研究成效

课题研究的初期设想还是拟解决日常实践中的问题，找到一条提升课堂教学效率的路径，因此，更多的就是在课堂中反复研讨，对比交流，收集相关数据，分析得出结论，为教学主张的凝练奠定一定的实践基础。

1.课堂实践，促"数学化——数学建模"的理解与变革

(1)问题提出源于实践。

对"数学化"的课堂教学结构的课题研究是基于对课堂教学现状的反思，并从常态课教学效果的思考开始，通过听课发现问题，寻找共鸣，以验证"数学化"思想对学生学习的影响。因为常态课不是公开课，教师一般不会花太多时间精心雕琢，以此为观察点有利于发现问题，于是随堂听课成了课题研究的重要途径。在研究过程中确实发现了不少问题：一是引入环节基本为"复习"，复习以已有相关知识为主，即使有创设问题情境，但简化了"抽象出数学问题"的过程。二是有探究需要，有探究问题，有经历过程，但时间没给足。三是教师替代现象

不少,由教师的讲解或牵引替代了学生的操作和思考。这与2011版课标倡导的理念,即改变多种学习方式,以及从"两基"强调知识技能到"四基"注重能力、思想的变化是相违背的。更是与2022版新课标倡导的核心素养目标导向理念有差距,长此以往,学生思考、创新的能力必然受到影响。

当然,也不乏一些好的课例。在一节"百分数与小数的互化"的课程中,吴老师就呈现了一个精彩的案例。

在新知学习阶段,吴老师首先出示三个小数(0.24,1.4,0.123),要求将小数转化为百分数。然后让学生自己尝试,并展示和反馈,同时给予充分肯定鼓励。学生基本是先转化为分母是100的分数,再转化为百分数。到这里,教师不满足于此,而是进一步追问:"认真观察上面的三个小数,你有没有办法直接将小数转化为百分数?"这么一启发,很快就有学生发言:"用小数直接乘100""乘100后还得加上百分号""或者直接将小数点从左向右移动两位,再添百分号",等等。这时,教师根据学生的回答适当板书并引导学生理解,在得到学生认同后,教师还不满足于此,接着再次追问:"这三个小数确实有这样的规律,但是适合于所有的小数吗?小组讨论看看,有什么办法验证下?"这下热闹了,学生开始动笔,举了不少的例子,并用原来转化为分母是100的方法进行验证,最后得出结论:直接将小数点从左向右移动两位再添百分号的方法最简便。

这个案例之所以好,是因为整个过程正是学生归纳推理与演绎推理充分展现的过程,而这两种推理能力,恰恰是创新人才所需要具备的良好数学素养。同样地,教师将推理能力的培养,延续到了后面一个阶段的学习,即"百分数转化为小数可运用什么方法"的教学。整堂课虽然是计算教学,却充满思考,充满挑战,学生学得积极主动,兴趣盎然。学生学到的不仅是知识,更重要的是得到了能力和素质的提升。

对比课堂实践现状,既有问题,也有亮点。那么基于问题的提出,结合课题研究的假设,则需要再次进入课堂进行研究。

(2)研究假设进入实践。

解决问题的路径就是提出一个合理的建议或假设。本课题为改变传统课堂教学结构,寻找到了一定的理论支撑,即弗赖登塔尔的现实教育理论,正如他所言:与其说学习数学,倒不如说学习数学化。于是,基于该理论的支持,解读横向数学化和纵向数学化内涵,结合实际将数学化的两个过程分解为"现实问题数学化""数学内部规律化""数学内容现实化"三个阶段。而三个阶段正好分别对应三种核心思想,即抽象、推理、建模。

借助名师发展工作室的研究平台,笔者进入了常态化的课题研究之旅。有内部自己的开课研讨、工作室之间的研究切磋,以及全国赛课观摩研讨等,主要是同课异构(后期有进行异课同构)。如五年级上册"长方体、正方体的认识"、四年级下册"植树问题""平行四边形的面积"等,通过课堂观察寻找共性及不同之处,提炼基于"数学化"思想的课堂教学结构,关注点在于:是否更有助于促进学生的发展,促进哪些方面能力的发展等,从而保持或进一步调整教学的设计和实施。

如,两位老师同上"长方体、正方体的认识"一课。张老师的课从现实生活中的立体实物抽象出实物图形,将实现横向数学化的过程展示得比较充分。在长、正方体图形的特征探究中能围绕重点内容进行探究,有针对性和实效性,而且有探究的具体要求,注重探究过程中的证明,优于孙老师的设计。但给学生探究思考的时间和空间不够,走过场的痕迹较浓。孙老师的课体现在:设计的点—线—面—体动态变化沟通了面与体之间的联系,找到了面、棱和顶点的现实原型,通过操作切萝卜感知这三个概念。从实物操作到平面的立体图形的认识,是一个培养空间观念的很好途径,也是体现数学化的一个很好的方式。从立体实物中能看到6个面,到平面的立体图形最多能看到3个面的感知比较,再通过思考如何把6个面都在图上体现出来的问题,引出透视的平面立体图形的展示,这就是一个空间观念的形成过程,如能再回到现实找找生活中的长、正方体实物,就更有利于空间观念的形成。

同伴们根据课例对每一教学环节的安排是否合理,实施是否到位,能否凸显数学化思想,对学生空间观念的形成是否有利等方面进行点评,结果发现两位老师的设计和实施各有优势,各有不足,需要从中找到整合点。

(3)结论分析依托数据。

后期进行的异课同构之目的在于检验理想的、新课标提倡的"问题情境—建立模型—解释应用—拓展反思"的课堂教学结构,是否凸显数学化三个阶段对应的数学思想,考查是否以学生为主体,是否促进学生的发展?因此,通过观察、评议获取相关的质性和量化相关数据(但不充分,因缺乏经验,或许也不够科学),对结论进行分析。

由此,遵循"组织教学—复习旧课—讲授新课—复习巩固—布置作业"的传统课堂教学结构,显然过于死板,不能灵活安排教学环节,突破教学难点,实现教学目标。而《数学课标2022年版》所倡导的"问题情境—建立模型—解释应用—拓展反思"表面上看是体现数学的过程与方法的目标，在笔者看来，它其实更能体现"数学化"思想指导下的课堂教学结构，且通过实践，可得到检验。

"问题情境—建立模型"阶段更有利于培养学生的归纳思维。学生从现实生活出发，发现现实问题并转化为数学问题，即"现实问题数学化"。相比之下，学生运用归纳思维抽象出数学模型使"数学内部规律化"之后，通过"解释应用—拓展反思"实现"数学内容现实化"，即将一般性数学公理应用到个别问题之中。这个过程确实能够提升学生的演绎思维能力。史宁中校长指出：归纳思维与演绎思维的同步发展，才可能造就兼具创新潜能和良好数学基础的人才。

当然，对课堂教学结构的研究还应该置于更广泛的空间下思考，不仅限于一堂课，而可以是基于单元教学下的课堂教学结构。(这个问题恰恰随着时间的推移，得到了很好的印证)

鉴于"数学化"课堂教学结构的变革与实践研究的成效，在扎根课堂研究发现问题、提出问题、解决问题的路径中，得出好的课堂教学即横向数学化的过程必须重视数学与生活的紧密联系，从情境创设开始，发现融入数学模型的生活原型，并将其转化成为数学研究的对象，进而进入对数学内部的研究，通过逻辑推理使数学知识得以被理解和掌握，并建构成为体系。这不仅促进数学自身内部的发展，而且在实际生活中也可以检验、解释和应用知识结构化后的数学模型。这与后续研究的关键核心要素"数学建模"有异曲同工之处。

2.教学主张的价值在于彰显实践出真知

为梳理教学主张，回顾课题研究过程之实践研究成果和成效，可以更好地反思改进和运用，这其实就是教学主张的价值所在。

(1)课题成效——构建策略体系。

经历四年的数学化课题实践研究，重要的是梳理构建了课堂教学策略体系，为后续继续课题研究发挥了迁移运用功能。

①情境式——"破题"策略。

所谓情境式，就是将所要解决的数学问题融入学生熟悉的现实情境中，通过情境激活学生已有的知识经验，进而抽象出数学问题。

在"现实问题数学化"阶段，即抽象数学问题这个环节中，运用情境式的主要任务是"破题"。"破题"源于东北师范大学原校长、义务教育数学课标修订组组长史宁中教授的一次报告。史教授认为,学生学习最难的是对题意的理解。学生理解了题意,学习就成功了一半。"破题"时,教师要引导学生主动处理好三个关系:一是事理关系,理解题意,知道讲的是什么事件;二是数理关系,对数学信息进行检索、提取,根据解决问题的需要,抛弃无用信息、挖掘隐藏信息、提取有用信息;三是文理关系,将"问题情境"中的生活语言转化为数学语言,再抽象、提炼出数学问题。

当然,情境可以是与数学联系紧密的生活情境或操作情境,也可以是纯数学结构的情境。比如:工作室成员的研讨课"圆的认识""圆的周长""植树问题"等都是以创设问题情境,抽象数学问题的方式导入新课的学习的。但是像"商的变化规律"这样的课例教学就不一定要创设生活情境,而可以呈现一组有规律的纯数学的算式,让学生在观察中抽象出规律性的知识。

②操作式——"认知"策略。

所谓操作式,就是学生借助直观的操作活动,自己建构对问题或知识的理解,获得一定的活动体验,积累一定的数学活动经验。

"数学内部规律化"阶段,即"抽象数学问题后,经历构建数学模型,分析解决问题进而得出结论的全过程"阶段经常运用操作式,主要是遵循认知规律。布鲁纳认为人体的认知表征系统主要有三个:动作表征、形象表征、符号表征。并且人类的认知表征方式具有年龄特征,随着年龄的发展而发展。也就是说,对小学生而言,建构对新知识的理解掌握,很多时候必须从动作表征开始,所以,课堂教学中学生操作式的活动是不容忽视的。通过操作活动,加深直观认识,积累活动经验,对学生获得直觉思维、归纳推理起着至关重要的作用。

操作式活动主要用于:帮助理解题意时,揭示概念、法则之前,猜想后的验证时,等等。

如,黄老师在"圆的认识"一课中是如何从"问题情境"入手抽象数学问题的呢?

①展示一幅小明寻宝图案。

师:宝物就在离小明身边那棵树的3米处,那么宝物可能在哪呢?

师:桌上的白纸上面有个黑点,表示树,如果用纸上1厘米代表实际距离1米的话,能把你的想法在纸上表示出来吗?

②学生动手操作,试图画出藏宝的地方。

③展示反馈:

一开始,学生可能就画出一个点,也可能两个点、四个点。这时,需要师启发:为什么这几点可以?你觉得还有吗?怎么找?当学生说出可以有无数个点后,师再追问"怎么表示出来?试试看。"就有"估计法、绕线法、圆规画"等方法产生了。这时教师再借助课件帮助并引导学生观察和理解。

④结合讲解和提问配合课件演示:越来越密,最后连成了圆。

⑤师:那你们怎样才能准确地告诉小明宝物藏的地方呢?

生:可以这样对小明说:"以树为圆心,画一个长度(半径)为3米的圆。这个圆上的任意一点,都可以是埋宝物的地方"。

由此,引入新知的学习——"圆的认识"。

这样设计的意图,旨在把解决"宝物在哪里?"这个生活问题,与"以树为中心,以3米为半径的圆"建立一种联系,让学生在尝试画草图的过程中逐步抽象出圆,于是转化成了"圆是什么?""它有什么特征?""怎么画圆?""圆的大小与什么有关?"等数学问题的研究。

③表格式——"简化"策略。

所谓表格式,其实就是教师运用表格的形式,呈现出相关联的一组或几组数据,或是学生记录观察或探究的相关数据,其特点是简洁明了,便于观察统计,发现规律或得出结论。例如,张老师的"圆的周长"一课,在探究直径与周长的关系时,就提供了表格作为探究数据的记录;笔者执教的"烙饼中的问题"一课在探究烙饼的个数与时间之间的关系时也运用了表格;"商的变化规律"也可运用表格把被除数、除数、商分别在表格中呈现;等等。这类表格提供的数据排列有序,无须太多语言解释,观察表格就很容易发现共性之处,有助于学生发现其中蕴含的规律。

因此,在探究式活动中使用表格式辅助教学,能够起到很好的效果。

④问题式——"诱导"策略。

实践告诉我们,在一些司空见惯、习以为常的事例中其实隐藏着不少值得研究的问题,甚至于有些学习的知识、规律就隐藏其中。那么,如何引起学生的关注?教师需要精心培养,以问题的形式唤起学生的有意注意,是有效诱导学生思考的策略之一。

比如,计算教学(上述吴老师执教的"百分数与小数的互化",略)。

整堂课虽然是计算教学,却充满思考,充满挑战。学生学得积极主动,兴趣盎然,不仅学到了知识,更重要的是培养了能力和素质。

⑤为什么——"质疑"策略。

课堂教学要防止学生的机械记忆与模仿,要让他们真正实现理解上的运用,就要经常问"为什么"。把"为什么"作为教师和学生质疑的一种策略。常问"为什么",会促使学生主动根据具体情境提供的信息,检索储存在头脑中的相关知识并与情境提供的信息建立相应的联系,从而促成学生学习由"知其然"向"知其所以然"的关键转变。经常反思"为什么",还有利于学生逐步养成一定的理性思考与批判能力。特别是在学生出现错误时,要求学生对自己的做法说明理由,有助于教师更好地了解学生真实的思维过程,从而能更有针对性地加以引导。

⑥回头看——"严谨"策略。

"回头看"是为了促进自我总结与自我反思。总结与反思,可以看成是问题解决的重要组成部分,不仅总结获得的知识,更重要的是总结方法和思想。反思更重在从使用策略得当与否,效果如何,是否还有更好的方法等方面深入思考。显然,对这些方面的思考不仅有利于学生跳出细节,从整体上进行把握,重要的是可以培养学生严谨求实的良好习惯和科学进取的精神。

"回头看"经常在总结时使用,还可以在多种算法的比较时使用,在公式推导时使用,在回顾解题思路、前后对比时使用。因此,这是一种不错的策略。

⑦联想式——"开放"策略。

"类比联想"的核心是"求同存异",它包含了"同"与"不同"两个方面的思考。所谓"求同",就是指如何通过抽象分析找出两个对象的类似之处,所谓"存异",则是指在由已知事实去引出新的猜测时,我们又应特别注意两者的差异,即必须依据对象的具体情况做出适当的"调整"。数学概念的建立需要经过一个由具体到抽象的过程,这个过程是去伪存真,去粗取精,从现象到本质的过程。而实现这个过程不可缺少的策略之一就是"类比联想"。还有一种联想,就是看到数学知识想到现实生活,从现实生活中的问题联想到所学的知识,并运用所学知识解决生活中的问题。因此,这里所说的联想是多方位的,即开放性较强的。

(2)目标达成——促进学生可持续性发展。

任何课题研究的目标最终都指向学生的发展,亦即可持续性发展(可以理解为就是《数学课标2022年版》核心素养的发展和培养)。

一是掌握必要的知识技能。课题研究提倡的课堂教学模式和传统课堂以接受式学习为主的教学最大的区别,在于没有把时间用于大量的练习和机械式的操练,而是把这些时间用于学生"有指导的再创造"上,即学习数学化的过程中。这个过程最大的特点是遵循学生的认知规律,从动作开始,到形象,再到抽象的思维,是一个循序渐进式推进学习的过程,这个过程有学生的观察、探究、思考、猜想、验证、推理、反思等思维。因此,学生获得的知识是在真正理解基础上的自主接受,比被动接受式的学习更为深刻,运用也更为灵活。

二是培养了创新意识和能力。在抽象数学问题的"破题"过程中,无论是审题、理解题意;还是对数学信息进行检索、提取,根据解决问题的需要,抛弃无用信息、挖掘隐蔽信息、提取有用信息;或者是将生活语言转化为数学语言,再抽象、提炼出数学问题,这个过程,学生发现问题、提出问题、分析问题的能力都得到了很好的培养。

在数学内部规律化阶段,即概念、法则、公式、数量关系等模型的建立过程中,学生的归纳推理和演绎推理获得了双重培养。事实上,归纳推理是形成创造能力的根本。如果一位学生从来没有经历独立地发现问题、提出数学问题并加以分析和解决的过程,那么,长大以后要成为创新人才,那几乎是不可能的。

如,教学"两位数乘两位数的乘法"时,当大部分学生能比较熟练地进行两位数乘两位数的计算后,教师可以出示如下的问题:①计算"12×11,13×11,15×11,17×11"你有什么发现?②用你刚才的发现,猜一猜"45×11"应该得多少?然后,用竖式算一算,看看你的猜测是否正确?需要修改你的发现吗?用"11×63"再验证一些你修改后的结论。③总结你的发现,说一说其中的道理。

上面的教学过程让学生在巩固基础知识、基本技能的过程中,经历"个案1、……、个案n→归纳出一个共性规律,猜测→验证自己的猜测→得出一般的结论"的思维过程,不仅获得知识,也感受"数学家式"的思考过程、数学真理的"发现"过程,获得普适性的思维经验,即先分析个案1,再分析个案2……尝试着归纳其共性的规律;接着,将猜得的结论用在新的个案上,分析理论上的结果,并利用实际操作验证(如果吻合,确认结论;如果有问题,修正猜想,提出一个更贴切的猜想)。

同样的,张老师执教的"圆的周长"一课,让学生经历从测量到推导"圆的周长"一般公式的过程,以及吴老师的"小数与百分数的互化"在转化方法上,都是让学生获得"个案1、……、个案n→归纳出一个共性规律,猜想→验证自己的猜想→得出一般的结论"的直接经验和体验,让学生经历一次"数学家式"的思考过程,感受智慧产生的过程,体验创新的快乐。

因此,在保证基础知识、基本技能学习的前提下,如果能引导学生经历一次归纳发现的过程,就会发现,学生所积淀的归纳的经历和经验,与其所获得的基础知识、基本技能一样重要。

三是获得基本思想和基本活动经验。所谓数学的基本思想,是指数学科学赖以发展的那些思想,是学生领会之后能够终身受益的那些思想。史宁中教授在专著《数学思想概论(第1辑)》中指出:至今为止,数学发展所依赖的思想在本质上有三个,即抽象、推理、建模,这些基本思想的核心是演绎和归纳。虽然,在解决具体问题时会涉及数学抽象、数学模型、等量替换、数形结合等数学思想,但是最上位的思想还是演绎和归纳。

培养学生的创新精神需要让其获得基本思想和基本活动经验。其实,创新本质上源于归纳。而归纳能力是建立在实践的基础上的,归纳能力的培养可能会更多地依赖于"过程的教育",依赖于经验的积累。这种积累正是基本思想、基本活动经验的积累和形成过程,也就是说,基本思想、基本活动经验只能在过程中加以培养,而不能采取简单的结果式教育方式。而课题研究倡导的数学化学习过程,正是体现发展为本的三种思维方式的教育。这里的"过程的教育"并不是指在授课时要讲解,或者让学生经历知识产生的过程,甚至不是指知识的呈现方式,而是指学生探究的过程、学生思考的过程、学生抽象的过程、学生预测的过程、学生推理的过程、学生反思的过程等。通过这些过程,学生能亲身感悟归纳、演绎的思想与方法,逐渐积累归纳、演绎并重的思考与实践的经验,进而逐步形成数学的思维方式和思维能力,而这些恰恰是我们以往的数学课堂教学所忽视的。

四是积极的情感态度。在课堂教学中预留大量活动的时间,让学生参与其中,合作交流,学生就会表现出极大的积极性和主动性,在活动中获得成功的体验,信心受到极大的鼓舞。由此,增强学习的信心,身心健康愉悦,师生之间关系融洽、和谐,学生的积极情感和良好的学习习惯态度都能得到很好的培养。

以上从四个方面阐述了学生的可持续性发展,主要是通过课堂观察、学生访谈、听课反馈等研究手段获得的。

(3)能力提升——促进了教师专业发展。

同伴们参与行动研究的过程,是与体验对话的过程,也是与思维碰撞的过程,还是理论和实践不断融合提升的过程。无论你是执教者还是参与者,无论你是主讲者还是参与者,大家都带着各自对课题理论层面的理解,在实际研究中会有困惑,会有交流,会有碰撞,也会收获感悟,将这些感悟进行梳理总结,逐步内化升华,于是,形成了各种研究成果,有教学案例分析,有教育叙事研究,有教学论文。同时也收获了不少成绩和荣誉。

一是积累了许多课堂实践的经验案例。这些案例具有较强的典型性、操作性和实效性。(部分如上)二是各种研究成果和荣誉(略)。三是成员们的课题研究感悟。只言片语谈收获:

黄老师如是说:从教多年,一直困惑于数学教学如何提升学生的学习能力,不得其法,自加入黄莲花名师工作室以来,收获颇多,"基于数学化思想的课堂教学结构研究"课题将一批志同道合的同事拢在一起,大家群策群力、集思广益,纠结的问题也豁然开朗。简单地说:数学地组织现实世界的过程就是"数学化"。这是一个充满丰富、生动思维活动的过程,一个实践和创新的过程。学生从数学现实出发,在教师帮助下自己动手、动脑做数学,用观察、模仿实验、猜想等手段收集材料,获得体验,并且通过类比、分析和归纳,渐渐形成自己的数学知识。而这正是我所追求的数学教学模式。为了让"学生经历有效的数学化过程",我们要通过数学课堂教学,真正密切关注数学与生活的联系,设计恰当的数学教学活动。让学生在数学学习过程中体验领悟最本质、最基本的数学思想和数学方法,培养他们用数学的眼光来观察生活和用数学的思维来解决问题,发展他们的数学素养。在这个课题的研究中,还有许多的事要做,我苦乐交织并陶醉其中。

曾老师谈:在课堂教学中,基于学生已有的认知水平,把枯燥的数学内容设计成有趣的游戏,让学生通过具体的操作,亲身体验,引导学生把实际问题归结到探索如"饼数量的奇偶性"等分析上来,从而建立数学模型。有趣的游戏,精美的课件,都是取材于学生熟悉的生活,加上课件灵活的链接,有趣的教学内容,趣味新颖的学习方式,深深地吸引了孩子们的注意力。

张老师的收获:加入莲花名师工作室,虽然只是一年多,但收获颇丰。美国教育家苏娜丹戴克曾说,告诉我,我会忘记;做给我看,我会记住;让我参加,我会完全理解。加入工作室,接触数学化思想的课题研究,我深切体会到让学生全身心地加入参与到学习的重要性。也感谢主持人以及工作室成员们在我每次开课前给予的指导与帮助。每次磨课都是一次对教学观念的提升与转变。在今后的教学中,我仍然会秉承工作室理念,努力让学生成为学习中的发现者,研究者,探索者的角色。

对于教师的专业成长来说,基于课题研究是一条很好的路径。有了研究的意识,才能真正注意课堂教学存在的问题,基于问题寻求解决的路径和方法。这是"三化"教学主张倡导的科学研究精神。

二 从"建模教学"到"三化"教学

曹一鸣指出:2022年版数学课标基本延续了2011年版数学课标对总目标的描述,重视学生"四基"的获得和"四能"的提高,但"四基"和"四能"是为了指向"三会"的形成,即学生核心素养的形成。李尚志教授指出:数学核心素养是数学课程目标的集中体现,其中的"数学抽象"指数学是现实世界总结出来的共同规律,是数学的根本起源,即数学从何而来;"逻辑推理"则讲的是数学真理的标准怎样检验;"数学建模",是解决数学的去向,是沟通数学与现实世界的桥梁。所谓桥梁,就要看它沟通哪儿,彼岸是需要解决的问题,此岸是解决问题需要的工具。那么,另外三项核心素养即"直观想象"、"数学运算"和"数据分析"就是提供的工具。弗赖登塔尔指出:与其让学生学习数学不如让学生学习数学化。他认为数学的产生与发展甚至整个数学体系的形成,其实就是不断数学化的过程。数学化包含两种成分:从具体现实中提炼出数学知识这一过程属于横向数学化;数学知识的深入、概念的形成、重塑与使用这些过程属于纵向数学化。虽然小学数学核心素养培育与初中、高中有不同阶段性的要求,实施载体也有差别,但是课程总目标是一致的,实施的路径也是相通的。

由上可见,数学核心素养培育的"落地",必须着眼于学生学习的过程、过程中的学生活动,着眼于学生发现、提出、分析和解决问题能力的培养。换句话说,学科核心素养的培育需要关注学生的数学学习及其过程。那么,能否构建一个支撑学生数学学习过程的相对稳固、操作性强的教学模式呢?于是对"横向、纵向数学化"和"数学建模"进行深入解读,并结合实际教学实践,逐步构建了数学课堂"三化"教学模式,具体可以划分为三个阶段,即"现实问题数学化"

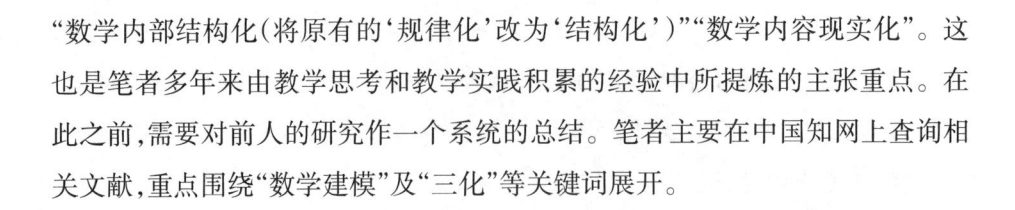

"数学内部结构化(将原有的'规律化'改为'结构化')""数学内容现实化"。这也是笔者多年来由教学思考和教学实践积累的经验中所提炼的主张重点。在此之前,需要对前人的研究作一个系统的总结。笔者主要在中国知网上查询相关文献,重点围绕"数学建模"及"三化"等关键词展开。

(一)关于"数学建模"教学的相关研究

模型思想纳入课程标准后,小学数学建模教学实践逐渐增多。研究领域主要集中在背景、现状的研究,建模主体、意义、原则的研究,建模策略与途径的研究,以及建模教学的过程模式研究等。以建模教学过程研究为例:

在国外,美国数学及其应用联合会等在《数学建模教学与评估指南》一书中关于数学建模是这样描述的:数学建模指的是使用数学来回答庞大、繁杂并基于现实的问题。即数学建模是一个过程,它应用数学对现实世界的现象进行表达、分析、预测或进行其他方式的深入研究。并对幼儿园和小学、中学、高中都给予了数学建模的一般操作模式:厘定问题—做出假设并识别变量—数学求解—分析并评估解决方案—迭代—实施模型。

在国内,研究者关于小学数学建模教学过程的研究结论基本一致。如:

牛玉兴提出,小学数学建模教学的一般流程为:引出问题—提出假设—建立模型—模型校正—应用拓展。

王宝华认为,数学建模的一般步骤为:模型准备—模型假设—模型建立—模型求解—模型分析—模型检验—模型应用。

叶萍恺教授认为小学数学建模的基本模式为:现实问题—简化假设—建立模型—模型求解—结果检验。

综上,我们可以总结出小学数学建模教学的一般过程或模式为:创设情境—抽象问题—提出假设—建立模型—求解模型—验证模型—应用模型。

(二)"三化"教学主张的传承与创新

1.国内类似教育教学主张举要

(1)关于"三化"相关概念内涵的界定举要。

首先,关于"现实问题数学化",也有人说是生活问题数学化,其对应的是弗赖登塔尔的"横向数学化"之说。弗赖登塔尔认为:人们运用数学的思想和方法来分析和研究客观世界的现象,并加以整理和组织的过程,就是数学化。在国内也有众多观点。赵继源认为横向数学化是指由现实问题到数学问题的转化,是把情境问题表述为数学问题的过程。[1]周立栋认为生活问题的数学化,旨在让学生真切地领悟和认识现实生活中蕴涵着大量与数量、图形有关的问题,这些问题可以抽象成数学问题,用数学的方法予以解决与诠释。[2]吴青认为必须依托具体的生活情境,让学生充分感受生活情境,学会从复杂的生活情境中挑选有效信息,从而将生活问题抽象成数学问题,并综合运用所学数学知识进行解决。[3]屈改婷认为生活与数学的关系可以描述成"生活→数学;生活←数学;生活→←数学"。其中,"生活→数学"意味着现实生活是数学教学的来源和基础,也就是将学生的已有经验、日常生活、课堂现实生活甚至是学生今后的生活及其情境作为数学教学的出发点,从生活中引出数学问题。[4]郑毓信则认为数学化指的是如何由实际问题去构建它的数学模型,并应用数学的知识和方法以求得问题的解决。

不难发现,不同的研究者对生活问题数学化各持己见,但基本思想大致一致,都认为生活问题数学化是将生活世界引向数学世界,将生活问题抽象成为数学问题并应用所学解决问题,数学化是帮助我们解决问题的一种思想和方法。

其次,关于"数学内部结构化"。查找文献,在知网中查询不到相关的研究,但是,从其内涵上看与纵向数学化是一致的。都是用数学的方法研究数学系统内部本身的变化规律,促进数学内部自身的发展。因而,查询关于纵向数学化的相关研究,发现了众多观点。魏金英认为将生活世界中非数学题材转化为易于数学上处理的问题,具有数学的必要因素和必要形式。在符号世界里,符号生成、重塑和被使用,这就是纵向数学化。[5]赵继源认为纵向数学化是建立在横向数学化的基础之上,在数学系统内部本身的一系列变化过程。赵绪昌则认为在符号世界里,符号的生成、重塑和被使用,则是纵向数学化。

---

[1] 赵继源.从街道数学到学校数学——对"构建现实数学"的反思[J].中国教育学刊,2006(12):56-58.

[2] 周立栋.数学模型思想及其渗透教学[J].上海教育科研,2015(10):64-66.

[3] 吴青.创设有效情境培养学生的数学建模能力[J].教学与管理,2017(26):42-44.

[4] 屈改婷.延安市小学数学教学生活化研究[D].延安:延安大学,2016:9.

[5] 魏金英.数学化及其在三角形中的应用研究[D].西安:陕西师范大学,2012:8.

谈到纵向数学化,研究者们一致引用了弗赖登塔尔关于纵向数学化的概念界定,同时,都认同是基于横向数学化基础上的纵向数学化。只不过,对于"符号世界里,符号的生成、重塑和被使用"这一纵向数学化在实际教学中的落地,因理解不同、实践差异,使得教学实施的成效不尽相同。

再者,关于"数学内容现实化"。屈改婷认为"生活←数学"意味着生活是数学教学的最终归宿,它强调通过运用数学知识去发现、分析、解决生活中的实际问题,体现数学的价值及意义,将抽象的数学直观化、感性化,这一方式我们称之为"数学的生活化"。[①]周立栋则从数学建模的角度来考察生活,发现许多生活问题的内核和精髓,本质上就近似或类似于数学模型的原型或雏形。[②]

从上述"现实化"分析,数学内容现实化的内涵就在于运用数学知识去解决现实问题,不仅重知识与现实生活的关联,更重"发现、分析、解释"等方法的运用。

(2)关于"三化"教学策略、价值或作用举要

策略举要:顾泠沅先生提出了实现数学化的三个阶段,即实物操作、表象操作、符号操作。[③]吴青认为在数学建模过程中,比较关键的一点就是需要对实际问题进行分析、简化,并经过一定的抽象,从而得出相应的数学模型。[④]赵绪昌则认为让学生亲身经历将实际问题抽象出数学模型并进行解释与应用的过程,既需要横向数学化,也需要纵向数学化。纵向数学化过程为公式→证明一些规则→完善模型→调整综合模型→形成新的数学概念→一般化过程(现实的、构造的)。[⑤]

价值举要:李冬芳,徐国明认为,事实上课程改革理念重视在具体的感性材料里提取数学对象的本质特征,形成理性认识。这并不代表忽略纵向数学化,从发展思维的角度看,纵向数学化的学习对学生的数学学习和思维发展有重要的价值。纵向数学化注重知识间的内在联系,可在有限的时间内把新知与旧知、显性与隐性的知识点联系起来,螺旋上升,在联系中比较,以"动一发牵全

[①] 屈改婷.延安市小学数学教学生活化研究[D].延安:延安大学,2016:9.
[②] 周立栋.数学模型思想及其渗透教学[J].上海教育科研,2015(10):64-66.
[③] 何军.发挥图形语言在数学教学中的作用[J].教学与管理,2011(19):44-47.
[④] 吴青.数学建模过程中的抽象化原则[J].教学与管理,2017(8):27-28.
[⑤] 赵绪昌.构建现实主义的"数学化"[J].数学教学通讯(中等教育),2015(30):2-4.

身"的基本思想来组织教学,以达到最佳的学习效果。[①]

(3)简要述评。

综合研究者们对于数学建模教学、数学化、现实(生活)问题数学化、数学内容现实(生活)化以及纵向数学化的研究,可见数学化、数学建模是学生数学学习特别重要的方式、方法。从研究中可以确定现实问题与数学内容是密不可分的,可以确定建构的数学知识或模型要回到现实中去解决实际问题才能彰显其价值和意义,且纵向数学化对于学生探究数学自身内部规律并促进其发展占据重要的地位。

但是,数学化与数学建模作为学生数学学习的重要方式,如何与2022版新课标以核心素养为导向的教学实施、教学内容、教学组织、教学流程建构进行有效接轨,使"三会"总目标达成,促进核心素养形成,看得见"四能"的发展?基于此,秉承数学化与数学建模精髓,构建出"三化"教学模式和流程,总结出一套有效的教学策略是笔者教学主张的重点。

2.创新之处

一是理念前沿——育时代新人。"三化"教学是基于"同构"原理,以"数学建模"为统领,以结构化基本思想方法为核心,在模拟或真实问题情境中,抽象数学问题、建立模型并运用模型解决一类现实问题,达成核心素养目标。为了培育学生在面对纷繁复杂的现实世界时学会模拟事物,构造知识结构(即数学模型)的意识和能力。不仅构造知识内部、知识之间的结构,还有深一层的知识构建方式的对比即逻辑结构,再更深层的是对比这逻辑结构与数学之外的学科形成的思维结构,这样的整体性架构,一层比一层更深刻,更具普遍性。这就是"三化"教学力图培育的未来社会发展所需要的时代新人——不仅"学会数学地思维",而且是"通过数学学会思维"。

二是内容创新——变革呈现和组织方式。"三化"教学旨在让学生从纷繁复杂的真实情境中通过数学化活动、运用结构化基本思想方法,获得"四基"、发展"四能",锻炼意志品格。很显然,知识是通过融入情境,以问题(或任务、项目)的形式"间接"呈现的,学生在进入情境、面对问题、完成任务或执行项目等一系

[①] 李冬芳,徐国明.为儿童数学学习打开了一扇理性精神之窗——谈"图形与几何"教学中的纵向数学化[J].小学教学研究,2018(25):74-75.

列的发现、提出、分析、解决问题的"身体参与"和"亲身经历"(实践中)中完成学习。而且,结构化的过程就是"寻找共性",亦即大概念(核心概念)统整各知识点的过程。从这个意义上说,"三化"教学主张在内容呈现和组织方式上有一定的变革作用。

第二章

小学数学"三化"教学的理论框架

第一节 小学数学"三化"教学的理论基础

"三化"教学主张源于"数学化"和"数学建模"研究及在实践成果基础上的提炼,其"现实问题数学化""数学内部规律化""数学内容现实化"三阶段正好分别指向2022版新课标提出的"三会"数学核心素养,即会用数学眼光观察、会用数学思维思考、会用数学语言表达。正式梳理教学主张时又把"数学内部规律化"修订为"数学内部结构化"。但不管如何修订,数学化思想一直伴随着笔者的研究,重要的原因之一就是作为理论依据的"现实数学教育思想"一直发挥着其特有的魅力,指导或者说主导着数学教育,并成为笔者"三化"教学主张重要的理论基础之一。

一、现实数学教育思想

荷兰数学家、数学教育家弗赖登塔尔倡导的"现实数学教育思想",经过四十多年发展的现实数学教育,已经形成了一个结构完整、内涵丰富的思想体系,在荷兰有了成功的实践经验。其思想方法观点中的精髓,主要有以下几点。

(一)数学化是一种"再创造"活动

弗赖登塔尔多次在中国讲学,其《数学教育再探——在中国的讲学》译本中的许多教育理念,如"数学化""数学现实""再创造"等在20世纪90年代初就在中国广为传播,应该说弗赖登塔尔为我们打开了通往世界数学教育领域的一扇窗户。

《作为教育任务的数学》一书中,作者论述了以下三大问题:从传统的数学史观的分析,记述对数学本质的认识;从数学教育目的和任务的分析,论述数学的教育观;从数学各分支知识结构的分析,论述数学的教学观。而这些问题正是我国数学教育工作者普遍关心的问题。

他认为数学教育的本质是学生现实生活开始"数学化"的过程,这也是一项人类活动。他主张教师结合数学史来重新组织教材内容以更加适合学生的学习,并将数学作为一种活动进行分析和解释。建立在这一基础上的教学方法称为再创造。依据历史再创造教材内容,并非要重复人类的全部学习过程,而是让学生经历经过改良且有更好引导意义的历史过程,重走历史上数学知识产生的几个重要步骤,实现数学"再创造"(或"再发现")。也就是说教学应反映在教师的指导下,学生面对新情境时"怎样发现和提出问题?""怎样运用已有的知识结构分析问题和解决问题?",并"发现和归纳出新知识"的过程。

用弗赖登塔尔自己的话可以更好地理解"再创造"的内涵。他说,我们不必全盘否定苏格拉底,但也不必全盘继承。我们保留他的通过再发现来学习,但这个"再"并非指学生的前世,而是指人类的历史,也就是重复人类祖先发现他们所掌握的知识时的发展情况,我们不妨称之为"再创造"。可以这样理解:"再创造"强调的是一种经历——是让学生经历一个类似于数学家发现与创造的过程,亦即"经历知识、方法、思想的形成过程"。强调经历过程,并不意味着必须完全按照知识的发展顺序,甚至连数学家走过的弯路与死胡同都不加删除地教,而是"类似于"。也就是说,"再创造"的过程与数学家真正发现与创造的曲折、艰难过程不完全相同,它只是一种模拟的过程。所以"再创造"中的"创造"并非像数学家那样的发明创造,而是从学生的观点来看的一种创造。"再创造"并非自然而然就发生的,它需要一个引发学生"经历过程"的思维环境。也就是让学生在这样的问题情境中能产生一种"再创造"的需要,能主动展开数学思考。

"数学化"是弗赖登塔尔数学教育思想的核心。2011版的小学数学课程标准,强调向学生提供充分从事数学活动的机会,帮助他们在自主探索和合作交流的过程中真正理解和掌握基本的数学知识与技能、数学思想和方法,获得广泛的数学活动经验。现在2022版的课程标准依然适用。更为重要的是它奠定了"数学化"内容的现实价值:一是来源于现实世界且与数学联系紧密;二是数学内部不是零散的、堆砌的知识,而是有着丰富联系的、网络架构的知识体系。

(二)强调学生的数学现实

弗赖登塔尔思想的另一个重点即在学生学习数学的过程中被认为起着重要作用的"数学现实"。学生的数学现实不仅包括已掌握的知识技能,已积累的一些数学思想方法和数学活动经验,还包括学生在学习的逻辑起点的基础上在当下所得到的数学发展。①同时,他认为"数学现实"是随着学习者的学习、生活等不断变化、成长的,是动态的,而不是静止不变的。"数学现实"是人的数学认识与客观现实的结合,是客观世界与数学问题相联系并相互转化的一种能力。②弗赖登塔尔认为每个人都有自己生活、工作和思考着的特定客观世界以及反映这个客观世界的各种数学概念、运算方法、规则和有关的数学知识结构。③且"数学现实"不仅包括每个人所接触到的特定事物,也包括所处的世界及其所反映的数学本身。可见,对于教学而言,学生的"数学现实"应该呈现出多样化特征。

也就是说,教学除了要关注学习内容、学习环境等因素,还要重视学生的已有知识结构、学习经验等多样性的数学现实。关注学生的数学现实,有两点我们必须清晰:一是前概念。亦即学生在初期理解新知识的学习过程,需要引导学生将带着有关世界如何运作的前概念来到课堂并得到较好的发挥,这样才利于教学所要教授的新概念和信息能够有效地被他们所掌握;学习的目的也才不至于只是为了考试,更多的应是素养的达成。二是共振。一个新的概念在被建构和表达时,可能选取的材料不都是和这个概念最为相关的领域。那么,在进行概念的方法学习时,与新知关联的信息可能会难以插入到学生已有知识的行列中,也就是说已有的知识会排斥一切与其不能共振的概念。这样,就难以调动学生已有经验的发挥。因此,一切的教育教学都应该基于学习者的现有概念的基础。由此,数学现实必须能够与新的知识产生共振。那么,前提是要处理好两个关系:第一是建立实质性的联系,即准确把握知识的前概念,让学习材料本身与学习者自身的因素真正发生如奥苏贝尔强调的"意义学习",也就是与认知结构中有关知识建立实质性和非人为的联系。第二是把学习变为创造。在学生的数学现实与新知识之间建立知识的逻辑联系,引导学生依循知识发展的脉络,像数学家那样去发现问题,解决问题,实现知识的再创造,就能够使已有知识经验在学习的过程当中发挥应有的作用。比如,在图形高的教学当中,如

---

① 林丽珍.基于学生数学现实 提升计算认知水平——以北师大版数学四年级上册《三位数乘以两位数》一课为例[J].福建教育学院学报,2018(6):64-65.
② 付云菲.弗赖登塔尔的数学教育思想研究[D].呼和浩特:内蒙古师范大学,2013:12.
③ 冯育花.弗赖登塔尔数学教育思想的应用研究——在"情境—问题"教学模式中应用的探索[D].昆明:云南师范大学,2006:8.

果把垂线、房梁的高作为图形的高的前概念，它是建立不起实质性的联系的，因为这些概念与图形高并没有逻辑联系；而如果我们让学生去充分经历平行四边形转化为长方形时，剪切和表达的过程，学生自己就能从中体验和感悟到原来转化关键就是高，即从平行四边形边上的一点向对边作垂线并剪切下来再拼成长方形，从而理解这一点所作垂线到对边的距离就是平行四边形的"高"。

这两个观点都表明，新知识与学生已有知识内部世界产生联系的重要性，学生如何卷入新的知识之中，或者说如何让学生已有经验与新的知识产生共振，这也是"三化"教学的核心所在。"三化"教学重视并关注基于学生已有的数学现实，设计能够激发学生在已有现实基础上的主动建构，这个主动建构的过程不仅是运用已有的知识经验，更是运用已有思想方法迁移学习新知识和构建方法体系的过程，并强调通过对数学概念、法则等的表征和表达中逐步明晰学生的思维，从而引导思维碰撞并推动学生思维的不断进阶和发展。

(三)总述

数学作为人类的一种活动，它的主要特征是数学化。数学的根源在于普遍的常识，在于学生已有的生活经验。数学教学要通过数学活动让学生亲身经历对现实进行数学化的过程，使数学变成是他们自己"再创造"的产物，而不是成人强加给他们的东西。所以，数学化是学生自己的活动，不是教师的活动；数学化的对象是学生熟悉的现实，不是成人的现实。教师的首要责任是创设适合于学生进行数学化活动的具体现实情境，并有效地指导他们参与到数学化的各个方面中去。

因为对"数学化"就是一种"再创造"活动的震撼，对教学应该基于"数学现实"基础的"数学发展"理念的认同，长久以来，笔者的课堂始终是运用着这样的思想，并将它通过公开课、讲座，且作为工作室活动的理念进行传播的。同时，借由课题的研究不断深化这样的思想。当然，对于弗赖登塔尔的数学化关于横向和纵向之分，结合对2022版新课标理念关于"三会"核心素养的实践研究，笔者也有了一些新的理解和表达，将横向数学化和纵向数学化这两个阶段升华为"数学化""结构化""现实化"三个阶段。"三化"教学的结构表述，也就是将"数学化"贯穿于以核心素养为导向的课堂教学的始终，重在对数学内部的结构化处理。不仅重视知识、认知的结构化，更是强调对学生心智思维、情感意志即情意等的结构化，使之更符合学科素养培育的理念。最后，将结构化形成的数学模型运用于解决一类事物中,提升解决现实问题的能力,实现不仅促进学生学会"数学的思维",更加强化"通过数学的思维"的目标。

二 建构主义

建构主义(constructivism)是一种心理学和哲学的观点,认为个体形成或者建构了他们的学习和理解(Bruning et al., 2004)。人类发展的理论与研究,尤其是皮亚杰和维果茨基的理论,对建构主义的兴起有重要的影响。[①]

(一)社会建构主义理论

建构主义的核心观点非常强调知识建构,尽管相关研究者在认识论上、研究的侧重点上存在差异,他们所信奉的理论原则可以简单地归为一类,称之为建构主义。其中,社会建构主义也把学习看成是个体自己建构的过程,但它更关注这一建构过程中社会的一面,主要观点如下。

1.个体与社会是相互联系、密不可分的

社会建构主义认为,个体主体与社会是相互联系、密不可分的。最为确切的比喻是"对话中的人——在有意义的语言和超语言的互动和对话中的人"。在这里,人的心理的形成被看成是社会情境的一个部分,即在社会情境中的"意义社会建构"。[②]

2.知识来源于社会的建构

从某种意义上来说,社会建构主义也把学习或意义的获得看成是个体自己建构的过程,但它更关注社会性的客观知识对个体主观知识建构过程的中介作用,更重视社会的微观和宏观背景与自我的内部建构、信仰和认知之间的相互作用,并视它们为不可分离的、循环发生的、彼此促进的、统一的社会过程。其

[①] 戴尔·H.申克.学习理论(第六版)[M].何一希,钱冬梅,古海波,译.南京:江苏教育出版社,2012:221-222.
[②] 黄志成.西方教育思想的轨迹——国际教育思潮纵览[M].上海:华东师范大学出版社,2008:372.

主要依据是：

①知识的基础是语言、约定和规则，而语言则是一种社会的建构；

②人类知识、规则和约定对某一领域知识真理的确定和判定起着关键作用；

③个人的主观知识经发表而转化为使他人有可能接受的客观知识。这一转化需要人际交往的社会过程，因此，客观性本身应被理解为社会性；

④发表的知识须经他人的审视和评判，才有可能重新形成并成为人们接受的客观知识；即主观知识只有经社会性接受，方能成为客观知识；

⑤个人所具有的主观知识就其本质而言是内化了的、再建构的客观知识，即使客观知识获得了主观的内在表现；

⑥无论是在主观知识的建构和创造过程中，还是参与对他人发表的知识进行评判并使之在形成的过程中，个人均能发挥自己的积极作用。[1]

3.文化和社会情境在儿童的认知发展中起着巨大的作用

社会建构主义将人的心理定位于个体与社会活动的产物，将学习看作是在实践共同体中基本的文化适应过程，即一种"合理的边缘性参与"。在社会建构主义看来，文化给了儿童认知工具以满足他们发展的需要，这些工具的类型与性质决定了儿童发展的方式和速度，父母和教师等成年人以及语言是文化认知工具的源泉。文化提供给儿童的认知工具包括文化历史、社会情境和语言以及今天的信息技术等，而社会情境则是儿童认知与发展的重要资源。[2]

4.学习是有意义的社会协商

社会建构主义发展的初期强调"对话中的人"，即学习与教学是直接以语言为中介而实现的。如，语言是知识积累、传播与表征的方式；语言的意义基于情境，且是通过社会性的相互依赖获得的；语言的主要功能是社会性的，所有的语言都只能在某种共同体中获得和呈现自身的意义。对话的关键是平等；对话关系可以发生在学生与教师、学生与学生以及学生与环境之间，"知识"就是在对

---

[1] 黄志成.西方教育思想的轨迹——国际教育思潮纵览[M].上海：华东师范大学出版社，2008：372.

[2] 同[1]372-373.

话的过程中产生的。社会建构论对教育有着重要的启示,比如消除固定的权威、激活对话者之间的关系、在实践情境中生成意义、倾听不同领域的声音等。

但随着对社会建构主义研究的不断深入,"对话中的人"逐步被"社会协商"所代替,"社会协商"成为个体学习与发展的相应隐喻。即使是皮亚杰和布鲁纳所强调的操作学习也同样发生在一个以语言为媒介的有意义的社会情境中,而且和社会性协商与理解紧密相连。这正如英国著名数学教育专家保罗·欧尼斯特(Paul Ernest)所指出的,社会建构主义的中心论点是:只有当个人建构的、独有的主观意义和理论跟社会和物理世界"相适应"时,才有可能得到发展。因为发展的主要媒介是通过交互作用导致的有意义的社会协商。由此,一个新的教学隐喻"建构学习共同体"就成为社会建构主义对教学的最大启示。这种新的学习共同体倡导新的学习文化:开放、创新、充分互动、浸润、民主、平等、对话、协商、分享、合作;师生是终身学习者,相互学习,共同成长。

总之,社会建构主义从方法论上看是折中的,但它认为,所有的认知都是基于问题的,而且没有任何优势与特权。同样地,从教育学上看,它也是折中的,但它意识到宏观与微观社会情境的交互与密不可分的效果,以及人类自身、信仰和认知的内在建构。[①]

(二)皮亚杰的认知发展理论

皮亚杰的理论是建构主义。他提出儿童要经过一系列不同的阶段:感觉阶段、前运算阶段、具体运算阶段以及正式运算阶段。中心的发展机制是平衡,通过改变现实的本质以匹配已知结构(同化)或者改变结构以融合现实(适应)的方式解决认知冲突。

1.平衡

按照皮亚杰的理论,平衡是指在认知结构和环境之间生成一种最佳平衡(或称为适应)状态的生物驱力(Duncan,1995)。平衡是认知发展中的一个核心因素和动机力量。

平衡包含两个过程,即同化与顺应。同化是指对外部现实与已经存在的认

---

① 黄志成.西方教育思想的轨迹——国际教育思潮纵览[M].上海:华东师范大学出版社,2008:373.

知结构相适应的过程。当我们进行解释、分析、表达时,我们对现实的特征进行改变,使它适应我们的认知结构。顺应是指改变内部结构使之与外部现实相一致的过程。当我们调整观念来理解现实的时候,我们就在进行着顺应。同化和顺应是相辅相成的过程:当现实被同化时,结构得以顺应。①

2.阶段

皮亚杰在他的研究中注意到,儿童的认知发展经由一个固定的顺序。可以将儿童能够实现的操作模式看作是一种水平或阶段。每一水平或阶段的界定是根据儿童看待世界的方法而定的。

阶段是离散的、不连续的,有质的区别,是相互分离的。从一个阶段到另一个阶段的行进不是逐渐混合而成或延续性融入的过程。②

(三)维果茨基的社会文化理论

维果茨基的社会文化理论强调了社会环境对个体发展的影响。社会环境通过工具(文化物体、语言、符号以及社会机构等)影响认知。认知改变来源于社会交互中这些工具的使用以及交互中的内化和转变。最近发展区是一个核心概念,它代表了可以给一个学生提供合适的指导条件的教学容量。

维果茨基指出:儿童的全部心理能力是在交往之中发展的,而表现为合作的教学正是最有计划性和系统性的交往形式;因此,教学这种交往形式可以促进儿童心理的发展,并创造出儿童全新的心理活动形式。这是因为儿童原来不能独立完成的事情,往往有可能在教师与伙伴的帮助下完成,并且有可能明天他就能独立完成。由此出发,维果茨基率先提出了"最近发展区"的概念,强调着眼于"最近发展区"的教学在儿童心理发展中的主导性作用。他指出,教学的本质不在于"训练"和"强化"业已形成的心理机能,而在于激发和促进儿童目前尚未成熟的心理机能的形成。因此,教学应该成为促进儿童心理发展的决定性动力,只有走在儿童现有发展水平前面的教学才是好的教学。③

---

① 戴尔·H.申克.学习理论(第六版)[M].何一希,钱冬梅,古海波,译.南京:江苏教育出版社,2012:229.
② 同①.
③ 黄志成.西方教育思想的轨迹——国际教育思潮纵览[M].上海:华东师范大学出版社,2008:368.

基于"最近发展区"的理念一直以来指导着一线教师的教学,特别是指导着笔者长期的数学教学过程,"三化"教学课堂教学更不例外。

(四)布鲁纳的学习理论

布鲁纳是20世纪50年代认知革命的倡导者。他与许多其他领域的学者一起,试图将"人的高级心理过程"重新纳入人类科学的研究轨道,并将"意义""意义的建构"确立为心理学的中心概念。在涉及教育问题的研究中,他在20世纪70年代研究的基础上,集中论述了文化环境对教育的影响,探索文化、语言、价值以及法律对人类智力成长的影响。

布鲁纳的学习理论包括以下几个基本观点:(1)知识的结构。知识是由概念、命题、基本原理及其彼此之间的相互关联组成的。(2)建构的过程。学习是由学生的内部动机,即好奇心、进步的需要、自居作用以及同伴间的相互作用驱动的积极主动的知识建构过程。该过程包括新知识的获得、知识的转换和知识的评价等环节。(3)学习表征。提出了儿童认知发展的动作表征、图像表征与符号表征阶段;并且认为这些发展阶段不一定与年龄有关,而是受到各种因素尤其是文化、教育和环境的影响。(4)发现学习策略。由学生自身的认知需要以及内部动机启动的学习,应该是一种对未知知识的探索和发现学习。(5)直觉思维形式。他提出,在发现学习的过程中,应帮助儿童将科学家和逻辑学家的分析思维与人文学者和艺术家的直觉思维方式结合起来,达到直觉思维和分析思维的互补。(6)学习者思想。学习是一种认知和探索的过程,它需要学习者思想开放,既能从多重观点中建构自己的知识和价值,同时又能对自己的观点和价值承担责任。[①]

总之,布鲁纳建构主义学习理论的一个重要命题就是:学习是一个积极的过程,是学习者依靠自己现在和过去的知识建构新的思想和概念的学习过程。并基于此认知研究,为教学提供了一个一般框架:(1)教学应重视使学生自愿学习,并在学习过程中形成学习的能力和经验;(2)教学必须是结构化的,按螺旋式的方式组织教材内容,以方便学生对知识的掌握;(3)教学的设计应帮助学生超越给定的信息,即必须有利于学生对知识的外推,以弥补新旧知识之间的缝

[①] 黄志成.西方教育思想的轨迹——国际教育思潮纵览[M].上海:华东师范大学出版社,2008:368-369.

隙;(4)教师应像苏格拉底式的教学那样,鼓励学生自己去探索原理,教师和学生应进行积极的对话。①

布鲁纳建构主义学习理论的诸多观点,如:自主建构、学习表征、直觉思维方式培养以及结构化学习等,一直是笔者践行数学教学中的重要理论依据,也恰恰是在践行这些理念和不断取得教学成效中,逐渐形成了自己的"三化"教学主张。

(五)情境认知观点

建构主义的核心原则是认知过程,包括思维和学习,都发生于或设置于一定的物理和社会背景中,它包括一个人与一个情境之间的关系,特别强调的是人的思想和知识是在人与环境互动的过程中形成的,研究强调情境认知,情境认知的概念突出了人和环境之间的关系。

情境认知理论论及了一种能直觉到的观点:多种过程的相互作用,引发了学习的产生。我们知道动机是与教学息息相关的,好的教学能够激发学生学习的动机,有学习动机的学生又会寻求适合自己的有效的教学环境。情境认知理论更进一步的意义在于,它引导研究者在真正的学习背景中,如学校、工作场所、家庭等地方探索人的认知活动。②

关注知识的情境性是揭示知识本质的一个新视角。为此,我们必须给予有关学习的情境理论以高度关注。情境理论发展的主要因素都包括两个方面:其一,不满现行的学校教育实践;其二,需要一种对发生在学校以外的学习进行解释的理论。为此,情境理论的研究关心对传统学校教育的改革,但其关注点又不局限于学校内部的学习,而是拓展到对日常生活中普通人学习的研究,以及对各行各业从业者的学习的研究。所有的情境理论都强调认知与学习的交互特性和实践的重要性,这一切都为研究和理解社会、历史、文化的本质开辟了新路。为此,情境认知在20世纪90年代已经成为学术界的主流。

---

① 黄志成.西方教育思想的轨迹——国际教育思潮纵览[M].上海:华东师范大学出版社,2008:369.
② 戴尔·H.申克.学习理论(第六版)[M].何一希,钱冬梅,古海波,译.南京:江苏教育出版社,2012:226.

在情境理论中，心理学取向的情境理论十分关注改革学校情境下的学习，因此特别注意达到特定的学习目标和学会特定的内容，其研究重点是真实的学习活动中的情境化，中心问题就是创建实习场，在这个实习场中，学生遇到的问题和进行的实践与今后校外所遇到的是一致的。人类学视角的情境学习与认知理念则不同，它不是把知识作为心理内容的表征，而是把知识视为个人和社会或物理情境之间联系的属性以及互动的产物，所以将研究学习的焦点移至实践共同体中学习者社会参与的特征，从而将"实践共同体"的建构视作教学的新隐喻。

我国经历了几次重大的课程改革，特别是2022版新课标的变革，关于培养什么人、为谁培养人、怎样培养人的政策层面要求，已在新课程标准中明确提出。培养具有数学核心素养的新型人才，已成为我国数学教师数学教育的一个重要目标。这是一个从知识向素养导向转变的变革时代，课堂的变革已经朝着"情境、问题、任务、项目"为载体转向，强调知识要以"情境、问题、任务、项目"的方式出现的学科实践。由此，教学的变革着力点还在于具有真实性情境的创设上。将"问题或任务"融入情境中，让学生自主提取信息，明晰现实问题并将其转化为数学问题，确定数学研究对象，从而体会数学与现实生活的紧密联系，感受数学学习的意义和价值，从中培育具有数学眼光的新型学生，并通过一系列结构化基本思想方法的运用，在学生自身建构数学模型后，再次回归现实生活，解决不同情境、相同本质的一类现实问题，使模型得以解释、检验及运用，感受数学应用的广泛性及简洁性。这一切都源于数学与情境的紧密融合。也是"三化"教学追求的价值所在。

(六)总述

建构主义将"建构"作为其理论的一个重要支点，在教学方式上确立了"因材施教、合作交流、互动交往"等的主导地位；强调"认知结构发展"与"社会环境"、"儿童心理发展"与"最近发展区"等的相互关系，重视学生的主体性、主动性作用。

建构主义理论强调：知识的获得是建构的而不是接受传输而来的；知识不是外面的人强加过来的，而是内部自己建构的。人们总是用建构的方式，运用已有的知识经验去认识和理解他们所处的现实世界，同时解释经验和作出推论，并对解释和推论的过程进行反思。

建构主义学习环境的目标是提供充足的经验以激励学生学习。知识的建构来源于活动，通过多种学生活动、社会交互以及真实评价来教授更大的概念。学习活动的情境是知识的生长点和检索线索。体验是个性化的、独特的。认识是多元的。

和建构主义匹配的探究式教学是发现式学习的一种，源于苏格拉底的教学原则。当教学目标是为了获得更好理解的概念或者一个话题的多个方面时，讨论和辩论会很有效。反思性教学基于深思熟虑的决策制定，它考虑到各种知识，包括学生、情境、心理过程、学习和动机的知识以及自我的知识。成为一名反思型教师要求教师发展个人性知识和专业性知识、计划策略与评估技能。

总之，弗赖登塔尔的现实主义教育思想的"数学化"、"数学现实"及"再创造"以及建构主义学习理论的"自主建构"、"社会建构"、"最近发展区"、"学习过程"及"情境认知"等观点，成了"三化"教学课堂实施核心素养内涵及其达成核心目标和具体表现的有效支撑。而"三化"教学则在课堂教学践行这些理论观点的过程中，不断深入挖掘或完善观点内涵。如数学化的纵横两个阶段中的横向数学化被分解为"现实数学化"和"数学现实化"两个阶段，更加符合课堂教学结构和流程结构。再如，基于最近发展区的教学设计不仅关注于单一课时的学科知识最近发展区，也拓展为大单元整体教学的学科知识领域间甚至于跨学科知识之间的最近发展区，即并非仅仅是关注学生单一知识的学习起点，还应关注跨学科知识教学的最近发展区。

第二节 小学数学"三化"教学的内涵阐释

所有学科教学改革必须以课程理念为引领,通过数学的学习形成和发展面向未来、社会和个人发展所需要的核心素养。数学学科教学必须以核心素养为导向,进一步使学生获得数学基础知识、基本技能、基本思想和基本活动经验(简称"四基")的发展,并发展发现、提出、分析和解决问题的能力(简称"四能")。

"三化"教学主张就是在新理念指导下的课堂教学实践成果。"三化"教学旨在从现实世界中的问题解决入手,基于"同构"原理,模拟现实世界中较复杂事物的结构,使其转化为另一个与它同构且较简单的事物,研究其性质及其变化规律,以此建构该类事物的"数学模型",进而解释并运用数学模型,解决现实世界中该类复杂事物的问题。在此过程中,运用结构化的基本思想方法,如量化、逻辑化等,让知识、方法、思维等结构化,通过回顾、总结、再认识,从中培养学生的数学建模意识、能力,形成批判、质疑、创新等理性精神和必备品格,最终培育学生核心素养,让学生不仅"学会数学地思维",还"通过数学学会思维"。

一、小学数学"三化"教学的基本内涵

"三化"特指"数学化、结构化、现实化",亦即"现实问题数学化—数学内部结构化—数学内容现实化"。这"三化"构成数学课堂教学的结构形态。下面就提出这样的"三化"教学结构作阐释。

数学在本质上是研究抽象的东西,而这些抽象了的东西来源于现实世界,是被人抽象出来的。真正的知识,包括数学最为本质的知识,是由感性的经验通过直观和抽象而得到的,并且,这种抽象是不能独立于人的思维而存在的。

弗赖登塔尔关于现实数学教育中的"现实"不是简单的"真实世界",它强调的是为学生设计他们能够想象的问题情境,这可以是真实的问题,也可以是一

种模拟真实,例如某些幻想的童话世界,甚至形式的数学世界都能成为问题情境,只要它们在学生头脑中是真实的。这种情境性问题(context problem)的应用在现实数学教育研究中具有重要意义。[①]

布鲁纳指出:不论我们选教什么学科,务必使学生理解该学科的基本结构,这是在运用知识方面的最低要求,这样才有助于学生解决在课堂外所遇到的问题和日后课堂训练中所遇到的问题,而各科的知识结构由其基本概念,基本原理连接而成。

康德认为没有经验的概念是空洞的,没有概念的经验是不能构成知识的。

数学课程标准解读指出:数学知识具有一定的结构,这种结构形成了数学知识所特有的逻辑序。所有的数学知识只有通过学生自身的"再创造"活动,才能纳入其认知结构中,才可能成为有效的和用得上的知识。北师大曹才翰教授指出:只有当学生获得了结构化的知识时,才能对知识形成深刻的、真正的理解。

数学知识是用来描述、解释世界的,包括外部事物和人的思维自身。数学怎样具体地描述和解释呢?根本方法就是创造一系列数学结构,用它们模拟各类事物的真实结构,通过研究数学结构的性质和变化规律,类比得出各类事物的性质和变化规律。

数学知识只有回到现实中去解决问题,特别是解决一类相关问题,得到解释、检验后成为更具科学性、普适性的知识模型,才能使其与已学习或将要学习的知识形成关联,为构造更加广泛的数学知识体系奠定现实场域。

概括而言,数学学习过程包含从(数学外部的)现实(世界)到数学内部,从数学内部发展再到现实中(以及应用于其他学科之中)的全过程。这个过程可以分为三个阶段,即"现实问题数学化—数学内部结构化—数学内容现实化"。

由上可见,数学知识来源于现实世界,蕴含在一定的问题情境中,教学就是要通过创设现实情境,引导启发学生的联想,激发学生的认知,从而发现其中的数学结构,借由教师更深层次的启迪思维,带领儿童深入数学内部进行探索,从中激励儿童的"再创造"活动。因此,教师引领儿童在"现实"和"数学"之间顺向和逆向穿行,让儿童经历从"现实"到"问题"、从"符号"到"概念"再回到"现实"

[①] 徐斌艳."现实数学教育"中基于情境性问题的教学模式分析[J].外国教育资料,2000(4):28-33.

的转化历程。经历两个层次的数学化过程,亦即"三化"教学的三个阶段,促进儿童理解数学、解释数学、验证数学,并真正学会运用数学知识解决现实问题,这对学生抽象能力、逻辑推理能力、建模意识或能力以及直观思维能力的培养至关重要。只有具备一定的抽象能力才能更好地从感性经验中获得事物的本质特征,从而上升到理性认识;具备一定的逻辑推理能力能够促进直觉性思维的提升;建模意识或能力则使数学能在现实生活中得到更为广泛的应用;具有直观思维能力能够化抽象为具象,使理性认识得以在实践中检验并升华。而这就是"三化"教学的出发点和目标所在。

综上,可以给"三化"教学作出定义:"三化"教学是指秉承"数学化"和"模型思想"精髓,从现实生活出发,发现并提出数学问题,经历探索和体会人类产生知识或发现规律的"再创造"过程,建构结构化基本思想方法,亦即知识、方法、思维的整体性结构(模型),进而分析、解释并运用模型回归生活解决现实中的一类问题的教学。其涵盖三个阶段,即"现实问题数学化—数学内部结构化—数学内容现实化",构建了数学知识的"生成—理解—建构—运用"学习闭环。"三化"教学是以促进学生主动求知,发展学生核心素养,提高发现、提出、分析和解决问题的能力,培育问题意识、模型意识、应用及创新意识等为目标的一种教学模式。

下面分别阐述三个具体阶段的定义和内涵。

(一)现实问题数学化

在数学教育中,主体只有在用数学组织生活的同时建构数学,才能反映出数学真正的生活本质,也才能反映出数学发展中人的主体性。[①]

心理学研究表明:复杂情境下最能激发学生的"再创造"活动。因为认知和思维受到一定挑战后,往往能够使人迸发出前所未有的潜能,产生超越认知的一切可能。

创设的情境要与儿童知识经验和已有的现实生活发生实质性联系。这是激活认知冲突、引发学习心向、体会知识意义学习、发现新旧知识联系以及自主萌发探索新知识愿望的重要前提。

---

① 陈碧芬,张维忠,唐恒钧."数学教学回归生活":回顾与反思[J].全球教育展望,2012,41(1):86-92.

在现实数学教育看来,情境性问题是学习过程的源泉,换句话说,被用来构造和应用数学概念的是情境性问题和真实生活情景。将情境性问题作为学生自己再创造数学的依托而有指导的"再创造",能为学生跨越非形式知识和形式数学知识间的鸿沟提供一种有效方法,帮助学生逐渐掌握形式数学。

1.现实问题

新课标强调通过数学学习促进学生提升用数学方法解决现实生活中实际问题的能力。生活中蕴藏着的许多现实问题,都是数学教学重要的研究对象。的确,数学核心素养,即学会用数学的眼光观察现实世界,用数学的思维思考现实世界,用数学的语言表达现实世界,确定了"现实问题"解决在数学教学中的重要地位。

现实问题,广义地说就是指现实生活中的实际问题。狭义地说,指能运用数学的概念、原理、方法等给予解释或解决的生活实际问题。这里的问题可分为良构问题和劣构问题(概念见第一章)。"三化"教学强调创设情境中的"现实问题"更多指向"劣构问题"。因为劣构问题本身由多个不明确或不确定性要素构成,解决时能引发多种方案设计及不同解决路径,对学生生活经验具有更大挑战,甚至需要更多学科知识技能的综合运用,对学生更高阶思维能力的培养和锻炼更有利,符合数学核心素养的培育要求。关于"劣构问题"的界定,在第一章中已阐述,这里不再赘述。

这里有必要再说明的是,现实问题的数学化前提是来源于学生熟悉的、真实的情境创设之中,即真实性问题情境,其本质是"真实性"而不是"真实"。真实性问题情境的目的是"为了真实",也就是说它必须包含真实的特征,但是不代表它必须是真实的,甚至从教学的角度来看,并不是越真实越好。比如,有时为了能够更好地控制提供给学习者任务的先后序列,运用模拟问题情境就远比真实(现实)问题情境来得更好,其具有易于操作、节省成本、达成现实无法实现的效果。

真实性问题情境具有开放性、复杂性、多元性和限制性等表现特征。[1]其目的是让学生能够形成未来解决现实世界问题的专家素养,而非为了传授专家结

---

[1] 刘徽.真实性问题情境的设计研究[J].全球教育展望,2021,50(11):26.

论而人为制造出来的。具体表现如下。

一是开放性。真实性问题情境常常根植于现实世界,而非与现实世界隔离,因此,它必然是开放的。现实世界中影响问题解决的因素多样,如条件、信息多种多样,形态各异:有显性的、隐性的;有静态的、动态的;有现成的、获取的;有清晰的、模糊的;等等。包括资源的开放,如指向人的团队合作而不是个人努力,以及工具的多样性等。

二是复杂性。鉴于真实性问题情境的开放性,与外界环境的交流始终都在进行中,这也决定了它必然是复杂的。戴维·H.乔纳森(David H. Jonassen)等描述了影响复杂性的五种外部因素,即从问题的产生到解决过程的复杂性;领域知识概念间的关系复杂性;问题空间中隐含着的不透明和不清楚的因素;问题解释的异质性;解决问题方案中体现的学科交叉性和动态性。因此,其复杂性体现在"辨别梳理主要信息、发现问题和界定问题、解决问题"等过程,这些过程的关键目标都要在纷繁变化的信息中经历提取、关联、抽象和推理等步骤,并在过程中根据信息的变化和行为的推进不断调整已有方案。

三是多元性。现实问题解决的多元性主要体现为劣构性,即目标、条件和途径往往需要人们自己界定和寻找,并且资源、条件等都是开放的,所以有无限的可能。它恰恰与良构问题解决所具有的"目标、条件、途径的有限性或者唯一性"相反。同时,问题解决的方法也必然呈现出多元性,即现实世界的问题解决空间巨大,每一个人以及团队的兴趣专长、经历、能力水平、资源等都会影响问题的解决。

四是限制性。现实世界的问题情境常常具有限制,包括时间、空间以及资源等方面的限制。主要体现在解决方案常常是"相对最优的、可行的",而不是"完美的、唯一的"。

由上从学习数学就是要学习运用和解决问题的角度看,引导学生经历现实问题数学化的过程是数学学习的重要前提,关键之一在于劣构问题情境的创设(后续详述)。

2.数学化

荷兰著名数学教育家弗赖登塔尔在他的巨著《作为教育任务的数学》中首次提出:人们在观察、认识和改造客观世界的过程中,运用数学的思想和方法来分析和研究客观世界的种种现象并加以整理和组织的过程,就叫数学化,即"抽象—符号—应用"的过程。

数学化有横向数学化和纵向数学化之分,在弗赖登塔尔看来,横向数学化是把生活世界引向符号世界,在符号世界里,符号的生成、重塑和被使用,则是纵向数学化。进一步解释,将现实世界问题(现实问题)转化、发展、提升为数学问题属于横向数学化范畴。横向数学化过程:通过现实情境识别数学→图示化→形式化→寻找关系与规律→识别本质→对应到已知的数学模型(现实的、经验的)。而在数学世界里运用数学符号对数学问题做进一步抽象化处理即为纵向数学化过程。是从"符号"到"概念"的转化。它是将某个关系形成一个公式,或是证明一个定律,或是对同一问题采用不同的模型或对模型进行加强、调整与完善,以致形成一个新的数学概念,或是由特殊情况经过推广从而建立起一般化的理论等,即问题纵向深入,这都属于数学化的纵向的成分(后面谈论)。

数学作为人类的一种活动,它的主要特征是数学化。而将现实问题数学化的过程,横向数学化起重要作用。将生活世界引向符号世界在于教师要认识到:数学的根源在于普遍的常识,在于学生已有的生活经验,教学要充分提供数学活动让学生亲身经历对现实问题进行数学化的过程,使数学变成他们自己"再创造"的产物,而不是成人强加给他们的东西。

弗赖登塔尔指出,与其说是学习数学,毋宁说是学习数学化;与其说是学习形式,毋宁说是学习形式化;与其说是学习公理,毋宁说是学习公理化。

总之,学习数学本质上就是学会数学化。从教育的视角,"数学化"的根本目的,在于让学生拥有从数学视角思考问题、分析处理问题的实际本领;在数学课程教学中实施数学化,在于提高学生的数学素养,即发现问题、提出问题、分析和解决问题的综合素养。

3.现实问题数学化

所谓现实问题数学化,简单说就是将现实问题转化为数学问题,使其成为教学研究对象的抽象过程。是通过适度的抽象进行转化的,其中的核心就是数学抽象。这个数学抽象的过程是基于现实的抽象,其内涵包含两点:一是把"生活现实"转化为"符号形式",亦即尝试用数学语言描述和表达现实生活中的数学原型;二是把"现实问题"转化为"数学问题",即把现实世界中与数学有关的东西抽象到数学内部使之成为数学的研究对象,不仅如此,还要抽象出这些研究对象之间的关系。前者是抽象的过程,后者是抽象的结果。

如,在现实生活中,数量关系的核心是"多与少",而抽象到数学内部就成了数的"大与小",并有与之相对应的符号表达,如">、=、<"等。正是因为数学内部自身发展的需要,后来,人们又把大小关系推演为更一般的序关系。同样,图形与图形关系的抽象亦是经历了从生活现实到数学内部的抽象过程。由此,完成了从现实世界到符号世界的横向数学化过程。

现实问题向数学问题转化的过程主要是学生的思维过程。找准了思维就是抓住了学习。数学的学习实际上就是大脑思维的学习训练,问题是大脑思维的产物。基于对弗赖登塔尔的横向数学化过程模式的理解和自身实践经验的解读,界定了从现实问题向数学问题转化的过程即为现实抽象;并参照问题提出中数学交流的一般模式可具体划分为三个阶段。识别阶段:表征问题情境中元素与元素间的关系,以理解问题情境。表象阶段:确定新问题中元素与元素间的关系,以建构新问题的心理结构。提炼阶段:表征新问题中元素与元素间的关系,以表达新问题。[①]可将其思维过程界定为"三段六环"过程——识别阶段的感知与提取;表象阶段的理解与生成;提炼阶段的抽象与表达。每一个阶段或环节的发生都需要与其相对应的支持条件的参与,具体将在第三章节中详细阐述。

(二)数学内部结构化

这里,还需再谈纵向数学化。弗赖登塔尔指出:纵向数学化是在数学范畴内对已经符号化的问题做进一步抽象化处理,是从"符号"到"概念"的转化。它是将某个关系形成一个公式,或是证明一个定律,或是对同一问题采用不同的模型或对模型进行加强、调整与完善,以致形成一个新的数学概念,或是由特殊情况经过推广从而建立起一般化的理论等,即问题纵向深入,这都属于数学化的纵向的成分。纵向数学化过程是:猜想公式→证明一些规则→完善模型→调整综合模型→形成新的数学概念→一般化过程(现实的、构造的)。[②]

[①] 张玲,宋乃庆,蔡金法.问题提出中数学交流的模式构建与案例解析[J].数学教育学报,2019,28(8):37-41.
[②] 赵绪昌.构建现实主义的"数学化"[J].数学教学通讯(中等教育),2015(30):2-4.

1. 数学内部

内部,从某种意义上说,就是最中心的地方,但这个中心并非如圆的正中心,而是像人的心脏一样,具有重要地位。数学内部其实指的就是数学构造本身最重要的东西即整个数学知识领域,包括其内容关系和构造方式等。为进一步认识"数学内部"概念,我们需要补充如下的背景知识。

(1)20世纪前中期,包括数学在内的人类各个知识领域席卷结构主义思潮,硕果累累,其基本观点是:任何事物都是由多要素结合而成的整体,其要素的结合方式称为该事物的结构;事物的性质与功能,虽与其组成要素有关,但受其结构特征的影响更大;组成要素不同,结构相同(即同构)的两个事物完全可能有相同的性质与功能;各类事物的结构及其演变不是乱七八糟而是相关有序的,可进行分类、分层,并开展演变史研究,从而揭示其共性和演变规律的。

(2)法国结构主义数学家团体布尔巴基创造了极具价值的研究成果,其认为整个数学可概括为"序结构""代数结构""拓扑结构"三种母结构(后人补充了"测度结构"),而各门类的数学知识无非是这三种结构之一,或其子结构,或其综合,并提出了数学就是研究结构的这一结论。

由上,数学内部是由各个数学知识按照一定的结构组成的有机整体。知识与知识之间、知识内部各要素之间等(也包含促进知识关系形成的方法、思维等)相互关联、构成整体。基于同构原理,这些数学知识结构模拟现实生活中一类事物的数学结构而产生并成为该类事物的"数学模型"。学习数学就是学习各种数学模型,运用数学知识解决问题的活动就是数学建模活动。

2022版新课程标准明确提出义务教育阶段小学数学课程内容由"数与代数""图形与几何""统计与概率""综合与实践"四个领域组成,以数学核心内容、基本思想为主线,循序渐进、螺旋上升;各知识领域之间、领域内的各知识之间(内在结构),以及与其他学科之间和社会生活(实践)之间(外在结构)相互关联,呈现一定的结构关系,这都是义务教育阶段学生数学学习的重要领域。不同领域、不同学段的主题有所不同,两个或多个主题学段之间的内容相互关联、由浅入深、层层递进、螺旋上升,构成相对系统的知识结构。梳理小学阶段四大领域涵盖的具体内容如下。

数与代数主要包括"数与运算"及其"数量关系"两个主题,其中,"数与运算"包括整数、小数和分数的认识及其四则运算;"数量关系"主要是用符号(包括数)或含有符号的式子表达数量之间的关系或规律。

图形与几何包括"图形的认识与测量"与"图形的位置与运动"两个主题。其中,"图形的认识与测量"包括立体图形和平面图形的认识,线段长度的测量,以及图形的周长、面积和体积的计算;"图形的位置与运动"包括确定点的位置、认识图形的平移、旋转、轴对称。

统计与概率包括"数据分类"、"数据的收集、整理与表达"以及"随机现象发生的可能性"三个主题。其中,"数据分类"的本质是根据信息对事物进行分类;"数据的收集、整理与表达"包括数据的收集,用统计图表、平均数、百分数表达数据;"随机现象发生的可能性"是通过试验、游戏等活动,让学生了解简单的随机现象,感受并定性描述随机现象发生可能性的大小,感悟数据的随机性,形成数据意识。

综合与实践主要包括主题活动和项目学习等。第一、第二、第三学段主要采用主题式学习,第三学段可适当采用项目式学习。主题活动主要分为两类,第一类是融入数学知识学习的主题活动;第二类是运用数学知识及其他学科知识的主题活动。

除"综合与实践"领域外,其他三个知识领域呈现一定结构,而且逐层深入(具体展开详见后续章节)。

2.结构化

预知"结构化",先明"结构"。专家表述各不相同。

(1)结构。

所谓"结构",是指事物各组成部分的序列、搭配。瑞士著名教育心理学家皮亚杰在《结构主义》一书中深刻地指出:结构是一个整体、一个系统、一个几何、一个心理整体。美国认知心理学家布鲁纳则认为,掌握事物的结构,就是允许许多别的东西与它有意义地联系起来,并以此方式去理解它。简单地说,学习结构就是学习事物是怎样相互关联的。

很显然,大家关于"结构"的概念,是站在更高层面上、更宽泛意义上的界定,他们将"结构"定义为事物内部各要素组成是有序的、整体的、系统的、有关联的。那么,如何更好地理解"结构"呢?把"结构"放到实践中去解读,放到具体的学科教学中去研究,还将更有助于对"结构化"的定义和理解。笔者有幸跟着江苏省人民教育家培养对象吴玉国校长带领的工作室一起做"结构化学习"实践研究。三年来,对于结构有了一定的认识和界定。

结构是系统的属性,是元素及关系的整体关联,是具有能动性功能的完整体系。①数学就是研究结构的。数学内部就是由充满着结构的各种知识及其相互关系构成。具体地说,数学知识有着怎样的结构呢?可以从两个维度加以解读:一是纵向维度,主要从知识的内在发展脉络、知识的前世今生进行解读;二是横向维度,主要解读数学知识之间的内在关联。以人教版六年级上册"圆的认识"内容为例②,教材编排顺序是"识圆""画圆""概念""特征""关系""运用"。其纵向结构特征是:"经验中识圆""操作中识圆""概念中识圆""关系中识圆""运用中识圆"。其横向结构特征是:基于单元横向结构视角,教学圆的周长、面积及扇形的认识是以圆的认识为基础;平面图形的认识中,圆的认识是最后一个,同时后续"圆柱及圆锥的认识"又是以"圆的认识"为基础的。这样,构成了圆内部要素之间及圆与外部(包括圆周长、面积及扇形之间,甚至是其他平面图形)之间的纵横交错联结形成的知识结构体系。

那么,数学内部的结构仅仅是教材中呈现的知识结构吗?当然不是。那应该还有哪些结构呢?试着这么分析:教材中的知识结构是如何成为学生头脑中的知识结构(即认知结构)的?每个学生形成的认知结构都相同吗?如果不同,什么因素起主导作用?这并不难理解,教师对教材知识结构的解读,必然能够转化为教学的行为,如引导学生这样思考:知识是怎样产生的?本知识点与之前、之后的知识点有怎样的关联,起到怎样的作用?怎样去设计有结构的教学?以此带动学生学习自然发生。学习是一个学生主动建构知识的过程,是他们已有的认知经验或知识基础被不断同化或顺应新知识的建构过程,自然建构的就是学生自己特有的、个性化表达的认知结构。这个建构过程伴随着多元表征、多元表达等方法的运用,以及直观性、程序性、抽象性、形式化思维融入学习的进阶过程。至此,你就能领会到数学内部不仅"知识有结构",而且"教与学有结构""方法和思维都有结构",甚至还有"情意结构"等。这样,现在谈"结构化",就容易理解多了。

(2)结构化。

结构化即系统化,是结构的建构过程,可以理解为作用于主体并促进对事

---

① 吴玉国.小学数学结构化学习的实践研究[M].南京:江苏凤凰教育出版社,2021:1.
② 因版本更新等原因,本书中作者所举案例可能与现行版本有所出入。——编辑注

物的元素及关系的整体关联而形成自主认知建构的过程。[①]结构化学习具有整体(系统)性、关联性及发展性等特征。以小学数学结构化学习为例,其主要具有以下特征。

整体(系统)性:小学数学知识、课时知识、单元知识、领域知识(主题)及学科领域外相关知识的结构都是整体的;与小学数学知识相联系的学生认知结构也是整体的;数学学科的育人价值也是整体的。

关联性:小学数学知识、小学生数学认知以及心智发育是关联的;是结构化关联的;是动态平衡的发展,在理解、实践的同时发生与实现。

发展性:小学数学知识与个性认知层阶发展;小学生心智转换与发展;切合核心素养结构发展。

3.数学内部结构化

如果说"现实问题数学化"通过创设真实性问题情境,提炼并确立数学研究的对象,是属于现实的抽象。那么,之后对研究对象进行的深入研究,寻找研究对象间的联系,抽象数学本质,建立数学结构(模型);用数学符号建立方程、不等式、函数等表示数学问题中的数量关系和变化规律,求出结果并讨论结果的意义,则属于数学抽象的层面,是基于逻辑的抽象。其中,数学知识的建构过程,亦即围绕着研究对象即数学问题的解决,经历假设(或猜想)、验证、求解、建构、分析、解释等一系列建模活动,促进知识结构的形成,并向认知结构、思维结构的逐步转化的过程[②],就是"数学内部结构化"要完成的主要任务。

从数学学科发展历程来看,数学是一门不断走向结构化的学科。就数系而言,人们从数数开始逐步建构自然数系。在生活中出现要表示相反意义的量,于是出现了负数,自然数系自然扩展到整数系;在度量中出现不能得到整数时,便产生了小数和分数,于是整数系逐步扩展成有理数系;当出现无限不循环小数时,产生了无理数,有理数系又被打破,建构了实数系——数学史的发展历程告诉我们,数学源于对现实世界的抽象,基于逻辑的抽象结构,通过符号运算、形式推理和模型建构,不断扩展数学结构,理解和表达现实世界中事物的本质、关系和规律。数学学科的发展史就是一个数学结构性系统不断拓展、不断走向

[①] 吴玉国.小学数学结构化学习的实践研究[M].南京:江苏凤凰教育出版社,2021:1.
[②] 赵绪昌.构建现实主义的"数学化"[J].数学教学通讯(中等教育),2015(30):2-4.

结构化的历史。①这是"数学内部结构化"的路径和目标。

"数学内部结构化"有两层含义:一是结构化的内容就是从现实问题转化而成的数学问题,即数学内部所要研究的对象;二是探索数学内部各元素之间、与学科知识之间及与学科知识外间的联系,使之形成有机联系,进而将其纳入已有的知识结构体系之中,构造数学内部更为庞大的结构系统。其重要方法或路径靠的就是"结构化"。主要有两个层面的结构化,即"纵向结构化"和"横向结构化"。如果说"纵向结构化"可以将数学内部原本散乱的知识形成"链条",那么"横向结构化"就可以将这些"链条"再结成网。学生只有形成结构化的认知网络,才能便于知识的储存与提取,才能真正促进知识向能力、素养的转化。

比如:教学人教版五年级上册的"梯形的面积"时,基于"纵向结构化"视角,教师不仅要引导学生推导出梯形的面积公式然后加以应用;还要引导学生将梯形面积公式与平行四边形面积公式、三角形面积公式等进行联系、比较,从而在不同面积公式表征形式的背后,探寻更为一般、更为普适的视角。这就是大单元视角。如何进行比较呢?教师可让学生先进行思考探究,进而借助多媒体课件,动态展示梯形分别演变成三角形、平行四边形的过程。这样,学生能直观地看到:当梯形的上底或下底逐渐变小,最后演变成一个点时,梯形就演变为三角形;当两个同样的梯形颠倒拼接在一起时,梯形就演变为平行四边形。并领悟到:原来平行四边形、三角形以及梯形的面积并不是孤立的,而是相互关联、相互统一的。就能深刻感受到梯形的面积公式更具一般性、普适性,以及它在图形面积之间的相互转化及关联中扮演的重要角色。

当然,数学内部不仅需要联系其间的各要素,还需要与外部及与其他学科建立有效的联系,这样才能给学生提供一个更为完整地认知事物、感知世界的机会,更有利于学生提升解决实际问题的能力。

继续谈论"知识结构化教学"之前,作为一名小学数学教师,有必要先对整个小学阶段的数学知识有结构化的理解。

(1)"数学知识是有结构的",它们绝不是一堆散乱无序的"知识点",而是若干相关联的数学结构。这些结构分为三层:最表层、最易看出的如"数与运算"中的"数及其计算"、"图形与几何"中的"图形及其度量"、"概率与统计"中的"数据统计及其分析",三个知识的呈现结构(式及其运算、图形性质论证、概率等内

---

① 吴玉国.小学数学结构化学习的实践研究[M].南京:江苏凤凰教育出版社,2021:17.

容只是简单接触,要到初中才呈现较完整结构);比较这三个知识结构的构建方式,可发现它们共有的、深一层次的逻辑结构(初步的公理化结构);再对比这种逻辑结构与数学之外学科的异同,可发现最深层次的数学思维结构,即对量化、逻辑化、化归化基本思想方法的运用。小学数学知识结构如下表2-1所示。

表2-1 小学数学知识结构表(部分)

领域	主题	表层结构	逻辑结构	深层结构(含思想方法结构)
数与代数	数及其运算	(1)纵向看。 数:逐层按"自然数→分数→小数"的顺序依次生成。逻辑上,自然数的基点是其单位"1",分数和小数,归根结底都以自然数为其逻辑起点。 计算:都是自然数计算,只不过分数多了对分子与分母的确定,小数多了对小数点位置的确定。 (2)横向看。 划分为三大子结构。要素不同,但结构相同,都是"算理—算法"的"二维相生"逻辑结构。都是先有算理再有算法;后一环节又依据已有算理推出新算理;依据新算理和已有算法推出新算法。	"和"的结构: "全部小学数学内容的核心基础是'和、差、积、商'四种数量关系结构";数及其计算研究的是自然数、分数、小数之"和、差、积、商的意义与算法",比例就是"商",解应用题以分析问题情境中的"和、差、积、商"数量关系结构为核心;而"和、差、积、商"可化归为"和"这一种数量关系结构。	"算子→算法"结构: (1)算:数值计算,逻辑推理(推测或证明)过程; (2)算子:算的对象,如各种数、几何量和统计量; (3)算法:算的方法、规则、程序、算律等。
图形与几何	图形及其度量	(1)纵向逐层生成结构。 ①图形性质即"形状结构": 点、线(线段或曲线)、角、面(基本要素)之间的特殊关系; 平面图形(多边形、"凹多边形"、含曲线的平面形)都由最简单的直线形(三角形)和最简单的曲线形(圆)复合而成; 立体图形或运用"展开图"归结为若干直线形和圆,或运用"旋转生成"方法归结为平面形。 ②图形度量方面: 线段长 → 多边形周长 → 圆周长(多边形周长的极限值);	图形及其度量研究的重点是图形的长度、角度、面积、体积这些几何量的意义及其"和、差、积、商"(图形的性质及其论证要到中学才成为重点),可化归为"和"的结构。	

续表

领域	主题	表层结构	逻辑结构	深层结构(含思想方法结构)
图形与几何	图形及其度量	两直线的夹角→两直线位置关系(垂直是90°直角,其他相交成锐角或钝角,平行是不相交即无夹角); 单位正方形面积→长方形与正方形面积→其他多边形面积→圆面积(多边形面积的极限值)→多面体表面积; 单位正方体体积→长方体与正方体体积→圆柱体积→圆锥体积。 (2)横向划分为逻辑结构不同的"图形性质""图形度量"两大类,每大类又划分为逻辑结构相同的几小类。 第一大类研究了四类图形的基本性质(形状特征):直线及其相互关系(直线、射线、线段、相交、角、平行、垂直);长方形、正方形、三角形、梯形及少量一般多边形;圆;圆柱与圆锥。这四个小类的逻辑结构都是"分解→组合"二维相生。 第二大类分别研究了长度、角度、面积、体积的度量方法,四项研究的逻辑结构都是"定义几何量→定义其度量单位→简化算法"。		它们"同构",使"算子→算法"结构得以建构的,是量化、逻辑化、化归化、结构化四个数学基本思想方法的运用。 量化:对"多少、大小、顺序"之类关系的研究,显然用了量化方法。 逻辑化:概括"算子"到定义"算法"的抽象、归纳、概括、定义、推论的逻辑活动。 化归化:从表层结构向深层结构的挖掘过程就是化归过程,把非数量的关系转化为数量关系也是化归过程。 结构化:"算子→算法"结构的建构过程。
统计与概率	数据统计及其分析	呈现出"定义统计概念→确定算法→结果分析"的逻辑结构。	研究对象——各种统计量——本身就是"和、差(概率初中还出现了"积",如"分步概率问题的乘法原理")、商"。 中位数、众数是比较各数据大小,总计、合计是"和"; 平均数是先求"和"再求"商"; 增长率则是先求"差"再求"商"。(可化归为"和"的结构)	

(2)"教学思想方法也是有结构的",它们是促使知识结构化的重要路径和手段,是有序推进、构建相互关联的知识结构向认知结构及思维结构不断转换的催化剂。而上述的"深层结构",它与数学思想方法有何关系呢?这一关系是:使"算子→算法"结构得以建构的,是量化、逻辑化、化归化、结构化的运用。因为它们间的共性是注重整体结构性,故可统称为"结构化数学基本思想方法"。

量化:对"多少、大小、顺序"之类关系的研究,用的是量化方法。对"是否、必然与可能"之类非数量关系的研究,根据"同构"原理,我们也可通过给对象赋值(是为1、非为0,必然为1、可能为0—1之间某值,等等)把它们量化(转化为数),再把它们之间的逻辑关系转化为"算法",最后用"算"来解决问题。

逻辑化:通常指的就是"算法",算法就是逻辑定义、逻辑规则。诸如抽象、归纳、概括、定义、推论等就是逻辑活动。而抽象、归纳及概括是定义及推论的前提。如推论出交换律(和结合律),先是从多个加法算式中抽象出共性,以归纳、概括出"和不变"(算子),还要定义"交换加数的位置和不变"(算法),最后推论出交换律(和结合律)。

化归化:从表层结构向深层结构的挖掘过程就是化归过程,把非数量的关系转化为数量关系也是化归过程。如上述梯形面积公式与平行四边形面积和三角形面积公式关联后,得到普适性公式的深挖过程就是化归化。

结构化:前面已经谈论过了,数学就是研究结构的,而结构的建构过程就是结构化。

总结出两个要点:第一,即使小学数学,也包含着量化、逻辑化、化归化、结构化四个基本数学思想方法,这是数学的精华;第二,只有时时清醒地关注四个数学基本思想方法,引导学生感受、体验、领悟、运用它们,才能更好地提高他们的数学能力,培养他们的数学素养。

(三)数学内容现实化

数学的一个重要任务(也是数学赖以发展的重要动力),就是"数学内容现实化"。

1. 数学内容

在《数学课标2022年版》中,数学内容分为"数与代数"、"图形与几何"、"统计与概率"和"实践与综合"四个领域。具体四大领域又分为七大主题,即上述数学知识涵盖的七大主题。

本书所述的"数学内容现实化"中的"数学内容",特指从现实生活中抽象出来的,经历了一系列建构过程形成的,具有一般性、形式化、符号化的数学知识,即数学模型。

数学模型(mathematical model)没有一个统一的定义,不同的数学教育者有不同的观点。张奠宙教授认为,广义地讲,数学中各种基本概念和基本算法,都可以叫作数学模型。王子兴教授认为,数学模型是指针对或参照某种事物系统的主要特征、主要关系,用形式化的数学语言,概括地或近似地表述出来的一种数学结构。朱成杰教授认为数学模型是指用数学语言把实际问题概括地表述出来的一种数学结构。孔凡哲教授认为数学模型是指根据问题实际和研究对象的特点,为了描述和研究客观现象的运动变化规律,运用数学抽象、概括等方法而形成的,用以反映其内部之间的空间形式与数量关系的数学结构表达式,包括数学公式、逻辑准则、具体算法和数学概念。[1]

尽管表述不尽相同,但是本质一样,即"凡叫数学模型的,它一定是一个数学结构表达式"。但笔者更倾向于孔凡哲教授的表达,指向性更为清晰,更为具体,也更容易理解。这个数学结构反映出了其内部之间的空间形式或数量关系;是数学抽象、概括的产物;其原型可以是具体对象及其性质、关系,也可以是数学对象及其性质、关系。

数学模型有广义和狭义两种解释。广义地说,数学中的许多重要概念(如方程、函数等)都可称之为数学模型,正如张奠宙教授指出的,加、减、乘、除都有抽象而简化的结构。它们都是以各自相应的现实原型作为背景抽象出来的。简单地说,数学模型是用以反映现实世界的一个抽象而简化的结构。真实意义下的数学模型必须是一个"故事",这个故事包含两个(或两个以上的)量,而量与量之间构成一个固定的关系(或结构)。[2]比如"3×4"或"4×3"是数学模型,因为它反映出了"3"和"4"这两个量之间存在的乘法关系,但是"3"或"4"就不是数学模型了。狭义地说,只有反映特定问题和特定的具体事物之间关系的数学结构才能称为数学模型。所谓的特定问题,可以理解为现实生活情境中蕴含的特

---

[1] 孔凡哲.有关模型思想若干问题的分析与解读[J].中学数学教学参考,2015(Z1):4.
[2] 同[1]4-5.

定的数学问题,通过研究使其结构化一类数学知识,并运用它解决相关一类的生活实际问题。如,小学数学教材"数学广角"中的"植树问题""鸡兔同笼""数与形""数学思考""抽屉原理"等解决问题的关系模型或方法模型。所谓特定的具体事物之间关系的数学结构,可以理解为小学数学教材中的路程与速度和时间,总价与单价和数量等数量关系模型,以及周长计算公式、面积计算公式、体积计算公式等公式模型,还有四则混合运算等规则模型,等等。如平均分派物品的数学模型是分数,它描述了总量、份数、一份的量三者之间的关系,即"总量=份数×一份的量"。学校足球场需要铺多大的塑胶,其数学模型就是面积。一个年级有367人,一定有两位同学同一天过生日,其数学模型就是抽屉原理,即如果每个抽屉代表一个集合,$n+1$个或$(n+1$以上$)$元素放到n个集合中,其中必定至少有一个集合里有两个元素(抽屉原理亦称鸽巢原理)。

小学数学中的知识模型主要分布在数与代数、图形与几何、统计知识中,综合实践中也有部分。具体如表2-2所列。

表2-2　小学数学知识模型汇总表[①]

知识领域	知识点	应用举例
数与代数	数的表示	自然数列:0,1,2,……
		用数轴表示数
	数的运算	$a+b=c$ $c-a=b, c-d=a$ $a\times b=c(a\neq 0, b\neq 0)$ $c\div a=b, c\div b=a$
	运算定律	加法交换律:$a+b=b+a$
		加法结合律:$a+b+c=a+(b+c)$
		乘法交换律:$ab=ba$
		乘法结合律:$(ab)c=a(bc)$
		乘法分配律:$a(b+c)=ab+ac$
	方程	$ax+b=c$
	数量关系	时间、速度和路程:$s=vt$
		数量、单价和总价:$a=np$
		正比例关系:$\dfrac{y}{x}=k, y=kx$

---

① 王永春.小学数学与数学思想方法[M].上海:华东师范大学出版社,2014:89-90.

续表

知识领域	知识点	应用举例
数与代数	数量关系	反比例关系：$xy=k, y=\dfrac{k}{x}$
		用表格表示数量间的关系
		用图像表示数量间的关系
图形与几何	用字母表示公式	长方形周长：$C=2(a+b)$
		正方形周长：$C=4a$
		长方形面积：$S=ab$
		正方形面积：$S=a^2$
		三角形面积：$S=\dfrac{1}{2}ab$
		平行四边形面积：$S=ah$
		梯形面积：$S=\dfrac{1}{2}(a+b)h$
		圆周长：$C=2\pi r$ 圆面积：$S=\pi r^2$
		长方形体积：$V=abc$ 正方体体积：$V=a^3$ 圆柱体积：$V=Sh$ 圆锥体积：$V=\dfrac{1}{3}Sh$
	空间形式	用图形表示空间和平面结构
统计	统计图和统计表	用统计图表描述和分析各种信息
综合与实践（数学广角）	植树问题	两端都种：棵树=间隔数+1
		只种一端：棵树=间隔数
		两端都不种：棵树=间隔数−1
	数与形	$1+3+5+7+9+\cdots+(n^2-1)=n^2$
	鸽巢问题	把 a 本书放进 b 个抽屉，总有一个抽屉里至少有 $a\div b$ 的"商加余数"本书。
	数学思考	两点连一条线段，n 点连成的线段数： $1+2+3+4+\cdots+(n-2)+(n-1)$ 或 $n(n-1)\div 2$
	数与形	$1+3+5+7+9+\cdots+(n^2-1)=n^2$

当然，除了知识性模型外，还有过程性模型（或方法模型）。2022版课标指出，数学课程内容应重视数学结果的形成过程，处理好过程与结果的关系。由此，可以理解为过程本身就是数学课程的目标，而不仅仅是达成知识、技能目标

的手段。从这个角度出发,小学数学模型可分为结论性(知识性)模型和过程性(方法性)模型。过程性模型包含为建立数学结论性模型所产生与形成的数学活动程序、数学活动方法、数学活动策略等。具体可以概括为如下程序(图2-1)。

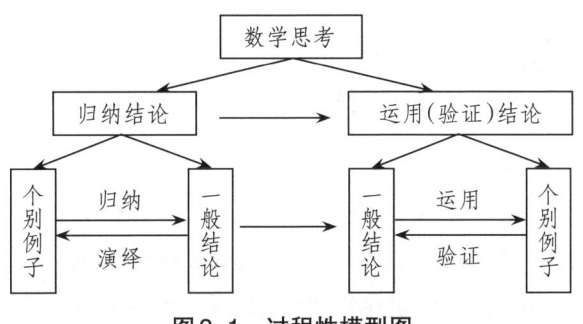

图 2-1 过程性模型图

2011年版数学课标注重发展模型思想,2022版的课标则要求培养模型意识,两个版本都强调进行直接教学,而不仅仅是体现渗透教学。即让学生借助经历建立数学结论性模型的过程,形成数学思考,获得过程性模型,进而灵活运用"双模"目标,进一步解决现实生活中的实际问题,积累建模经验,培养数学建模的意识和能力。

2.现实化

所谓现实化,即从"抽象、形式的数学"向"具体、直观的现实生活"回归与转化。或者说是将某一概念、法则或知识模型置于现实情境中进行解释、关联、应用并拓展出新知识(模型)的过程,抑或是从现实的角度去理解、解释、关联、应用某一概念或知识并拓展新知识(模型)的过程。

数学是一门应用性很强的学科,其本质特点就是应用性。数学的价值在于生活应用和问题解决,即强调应用数学解决现实生活中实际问题的必要性和重要性。参考郑毓信教授在《数学文化学》一书中提出的数学应用基本模型,笔者作了一定的修改(如图2-2)。从图中可以看出,数学应用涵盖两个方面的内容:一是应用数学语言(数学概念、符号、命题、公式等)对客观事物或现象的量性特征作出刻画,将实际问题转化为数学问题,进而借助于推理使知识内部得以结构化处理,从而得出相应的"数学模型",这就是所谓的"现实抽象"和"内部结构化",显然这一过程依赖于数学化的思想。二是综合地、创造性地应用已掌握的知识和方法去解决所面临的问题,即"数学处理",从"数学处理"到"实际解释"

主要是一个问题解决的应用过程,这一过程就是数学建模。

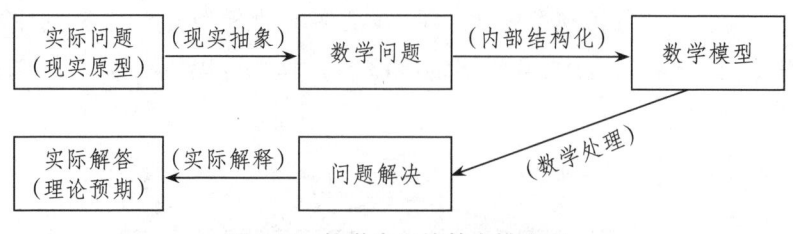

```
实际问题          数学问题           数学模型
(现实原型) →(现实抽象)→ (内部结构化)→

实际解答          问题解决    ←(数学处理)
(理论预期) ←(实际解释)←
```

图2-2　数学应用的基本模式图

3.数学内容现实化

数学内容现实化,即从数学的概念、命题、思想、方法、观念等走向数学的外部世界(即现实世界,以及其他学科),主动寻找数学内容的现实原型,主动利用数学发现现实世界中的问题,提出数学问题,并加以分析和解决,其中的核心就是数学模型。

那么学生经历数学内容现实化的过程关键就在于将数学模型与现实生活问题相关联。主要经历几个步骤:一是寻找原型,即回归生活寻找不同情境、相同本质的一类生活中的实际问题;二是解决问题,运用数学模型解决生活中的实际问题;三是回顾总结,谈学习收获(含方法、策略),反思提升(含拓展)。相对应的、具体的思维过程即"三节三段六环":符号具象—寻找原型阶段——关联与转换;模型延伸—解决问题阶段——联结与融通;元认知反思—回顾总结阶段——监控与调节。每一节每一个阶段的发生都需要与之相对应的支持条件参与。教学应如何基于"三段六环"展开思维路径解释,将在第五章节中详细阐述。

综上,把知识运用到生产与生活实践中,使学生能洞察到知识的"内部境界",而有一种"豁然开朗"的感觉。亦即除了让学生经历"呈现生活情景——把问题符号化,概括出一个数学问题——建构数学模型"外,还要经历"运用模型",使生活中的"实际问题得以解决"的过程,才能培养他们"数学地思维""数学地观察生活"的意识和能力。

比如,计算"$3÷0.75$",教学从知识意义的角度,帮助学生理解了"为何要把0.75变成75,把3变成300?"不仅仅是小数点移动两位,更重要的是说明"$3÷0.75$"与"$300÷75$"等值的4倍关系,理解3是0.75的4倍,进而接受0.75的4倍是3,由此理解小数除法的内涵。除此之外,还要让学生编拟文字题,建立计算式与生活情境的联系,即除数是小数的情况,无法用等分除的情境来编拟,那么就必须提供更多不同的情境,如面积型或组合型等情境,让学生体验并理解以此丰富学生的经验资料库,否则学生只知道除法就是处理分配问题。在此基础上,梳理总结,帮助学生进一步明确整数除法与小数除法无论是在除法的意义还是计算方法上都具有一致性。并对过程中自己和他人所采用的策略进行反思,促进学生元认知策略的运用和提升。

再比如,"长方体和正方体的认识"新授课后的差异化教学课例,要培养的是"量感"这一核心素养。量感培养的重点不在于已知测量单位后进行测量,而是让学生能够识别出数量的属性,并"创造"或选择合适的度量单位来进行量化。①因此,在学生经历现实问题数学化及数学内部结构化后,可继续以任务的形式进行学习,如提出任务三:制作一个颁奖台需要多少木头?由于提供给各小组的数据信息不同,因此出现了多种算法,这恰恰符合范希尔夫妇提出的"几何思维发展理论"中思维水平的差异性。该课学习内容前两个任务正对应着前两个水平层次。(1)直观水平:试图从大小、形状等直观的表象对认识对象进行描述,但没有引入数据的意思。(2)描述、分析水平:明确只有在引入数据之后,才能将认识对象刻画清楚,数据需要保证认识对象的唯一性。这个思维水平的背后其实就是学生选择合适的度量单位进行量化过程的体现,而任务三正好对应着第三个水平。(3)抽象、关系水平:能区别计算颁奖台体积的必要数据和充分数据,能理解并作一些简单的推理,且能根据定量刻画的数据,对认识对象的属性进行综合与灵活的计算。三个任务层层递进,构成了有联系的结构性活动,通过数学化来实现问题的解决。

数学内容现实化,重在让学生经历读懂题意、提取信息、运用知识与生活经验解决问题的一般过程。虽然看似只做了一道题,但从更长远的视角来看,则是在为培养学生的量感这一核心素养奠基。

通过这个课例的教学分析,充分体现出"三化"教学实施的最终目标,即让学生充分运用"数学化、结构化、现实化"思维发现问题、提出问题、分析问题和解决问题,将学生的思维活动有机融入学习过程中,从而深入理解概念,建立知识间的联系,使学生的数学核心素养得到有效培养。总结出了5个步骤:(1)辨别一类事物的不同例子;(2)找出各例子的共同属性;(3)从共同属性中抽象出本质属性;(4)把本质属性与原认知结构中适当的知识联系起来,使新概念与已

---

① 孙思雨,孔企平."量感"的内涵及培养策略[J].小学数学教师,2021(Z1):44-47.

知的有关概念区别开来;(5)把新概念的本质属性推广到一切同类事物中去,以明确它的外延。其中,"数学化"贯穿数学学习始终,"结构化"是关键和核心,"现实化"是目标和方向。

二、小学数学"三化"教学的理论模型

任何一个教学主张都是基于一定价值理念引领的实践成果的提炼,"三化"教学主张也不例外。其价值理念的产生是源于落实课程目标要求,并通过"学科实践"促进"核心素养"目标落地。

(一)"三化"教学价值理念

义务教育课程目标是培养有理想,有本领,有担当的时代新人。

所有学科教学改革必须以课程理念为引领,通过数学学习形成和发展面向未来、社会和个人发展所需要的核心素养。核心素养是在数学学习过程中逐渐形成和发展的,其在数学各个知识领域中有不同的具体表现。

数学学科教学必须以核心素养为导向,进一步使学生获得数学基础知识,基本技能,基本思想和基本活动经验(简称"四基")的发展,发展运用数学知识与方法,发现、提出、分析和解决问题的能力(简称"四能"),形成正确的情感、态度和价值观。

"三化"教学力图从现实世界中的问题解决入手,基于"同构"原理,模拟现实世界中较复杂事物的数学结构,将其转化为另一个与它同构且较简单的事物,研究"该简单事物"的性质及其变化规律,以此建构该类事物的"数学模型",进而解释并运用数学模型使现实中"该类复杂事物"的问题得以解决。过程中,运用结构化基本思想方法,使知识、认知、思维、情意等结构化,通过回顾、总结、再认识,从中培养学生的数学建模意识、能力,形成批判、质疑、创新等理性精神和必备品格,最终培育学生核心素养,让学生不仅"学会数学地思维",而且"通过数学学会思维"。

(二)"三化"教学理论模型

基于此,建构如下"三化"教学理论模型:以"数学建模"为统领,从"模型载

体"到"模型建构"再到"模型运用"统领"三化"教学的三个阶段。其中,"现实问题数学化"是前提,"数学内部结构化"为核心,"数学内容现实化"是目标。生活中的一类概念、法则、公式原型等被结构化建构成数学模型,并被运用于实际生活中解决问题,再被升华为更高一级的数学模型,一个个数学模型构造出了数学内部的概念、法则、公式等模型链,由此,构建出了一套涵盖广泛的数学知识体系。(图2-3)

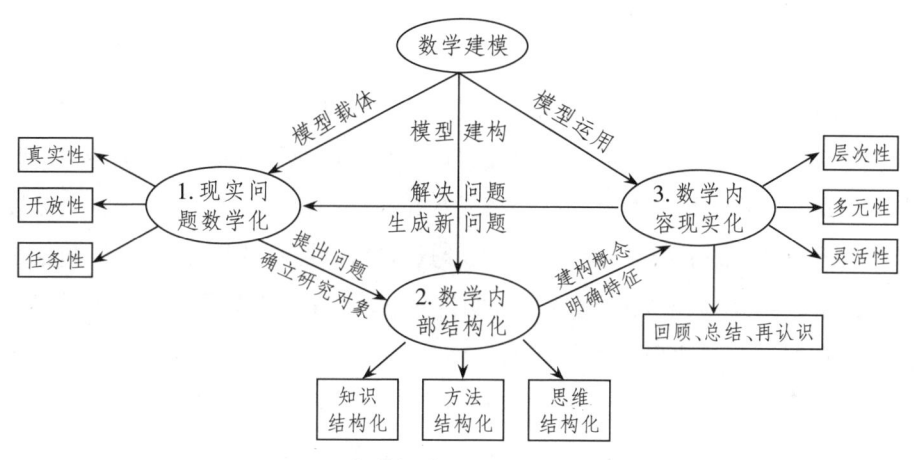

图2-3 小学数学"三化"教学理论模型

(三)小学数学"三化"教学理论模型阐释

"三化"教学三个阶段构成学习闭环。首先,从抽象现实问题开始,经历发现、提出将其转化为数学问题的过程,使数学学习明确了研究的对象;之后,进入数学内部的逻辑推理活动,展开以结构化为主要思想方法的一系列研究,进而建构规律化结论即科学模型,理解模型各要素及要素间的关系及内涵;最后,需要将模型回归生活,使之得到解释、运用,解决一类生活中的实际问题,从中回顾、总结、再认识,提升元认知策略,收获认知、方法和思维的结构化。由此又产生了新的问题,并在循环往复的学习过程中使模型得以不断丰富和发展。实现数学知识从生活中来,又用于生活中,这不仅发展了数学知识体系,更是彰显了数学的价值,提升了学生数学应用的能力。整个阶段的教学实施,基于"同构"原理,以数学建模为统领,以数学化为主线,以结构化思想方法为核心,以现实化为目标,学生"四能"得以增强,最终素养得以落地。在下一节"三化"教学环节以及后几章中进行具体阐述。

第三节 小学数学"三化"教学的教学环节

2022年颁布的《义务教育数学课程标准（2022年版）》，简称《数学标准2022年版》，具体明确了数学核心素养的概念，《数学标准2022年版》指出数学核心素养是通过数学活动逐步形成与发展的正确价值观、必备品格与关键能力。数学核心素养反映了数学学科的基本特征及其独特的育人价值，是现代社会公民素养系统的重要组成部分；数学核心素养具有整体性、一致性和阶段性，包括三个方面内容：会用数学的眼光观察现实世界、会用数学的思维思考现实世界和会用数学的语言表达现实世界。《数学标准2022年版》中还指出，小学阶段，数学核心素养具体表现为：数感、量感、符号意识、运算能力、几何直观、空间观念、推理意识、数据意识、模型意识、应用意识、创新意识。

核心素养导向的课程理念呼唤与之相适应的课堂教学结构及其研究，其核心要义是将核心素养真正落地于课堂。鉴于多年的数学课堂教学实践研究，从发现、提出到分析、解决问题的研究实践成效表明，基于素养导向的教学设计、合理的课堂教学结构、学生主体"做中学""创中学"的学科实践等，成为笔者"三化"教学环节所要渗透的重要教学理念。下面就构成小学数学"三化"教学环节的各要素及其模式进行阐释。

一 小学数学"三化"教学具体操作模式

"三化"教学具体操作模式由"三阶五环八步"构成（图2-4）。三阶包含"现实问题数学化、数学内部结构化、数学内容现实化"；五环则从"厘定问题—假设识别—求解建构—分析解释—运用解决"等方面展开；每一阶段有相应教学步骤与之对应。它揭示了每一个数学知识模型的学习都要经历"现实—数学—现实"的闭环过程。如图2-4所示：

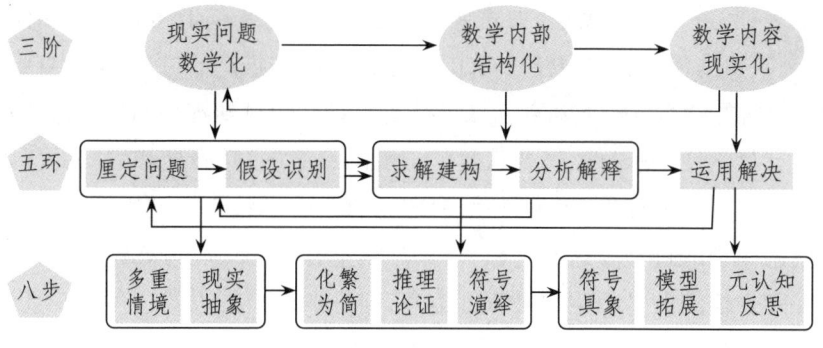

图2-4 "三化"教学基本操作模式

二 "三化"教学操作模式阐释

"三化"教学指导数学知识的学习,要经历三个阶段。"现实问题数学化"阶段,旨在通过创设问题情境,达成现实抽象的目的,即将蕴含在情境中的现实问题进一步抽象,使其转化为数学问题,成为数学内部需要研究的对象。具体包含两个环节:一是厘定问题。确认并厘清源于现实世界中的问题,过程中尽量让学生自己发现和提出问题。二是假设识别。在教师的引导下,自主选择确定的现实问题中可能的重要"对象"(变量),尝试作出假设(或猜想),以识别它们之间的关系,并决定保留还是忽视哪些对象或者它们之间的关系,最终缩小研究的聚焦点,抽象出数学问题,使之成为数学研究的对象。整个过程,学生始终处于思考、表征和表达状态:问题是他们发现和提出的,研究问题由现实情境转化为数学形式,经验由定性变为量化,知识由直观变为抽象。这样的过程,学生对数学学习的情感无疑能被充分调动起来,所获得的学习成就感,将为后续数学内部结构化探究奠定良好的基础。

而数学内部的研究,主要在于结构化,即"数学内部结构化"阶段。就是要深入探究构成研究对象内部的核心要素及其各要素之间的关系,使之形成知识结构。不仅如此,还要引导、梳理、总结数学思想方法的运用,形成方法结构、思维结构、情意结构等。这个阶段的结构化不是靠教师教给学生的,而是运用一定的策略、手段,如"化繁为简""推理论证""符号演绎"等,充分调动学生自身的认知结构增加情绪体验,促进学生主动参与。具体包含两个环节:一是求解建构,即选择自身合适的数学方法。如通过数学运算和求解得到一定的见解和结果,建构数学模型,其实质是推理。学生的理解与建构一定是个性化的,他们经历多元表征，进行多元表达，去除现象留下共性，这种基于相同本质属性的概括，就是归纳推理。史宁中校长指出：经常经历归纳推理的过程，学生直觉思维及创新思维能够得到有效培养。二是分析解释。通过推理得到的结论，即模型是否具有科学性、规律性，还要从数学求解的答案中，对模型和方案进行讨论、解释、验证、分析和评价，形成科学模型，这就是一个将心智模型经由表达模型变为概念模型的过程。这个过程，恰恰是学生分析思维能力有效提升的途径。探究并建立模型的过程主要是依据推理，但是在整个推进的过程中，不仅是知识内部核心要素之间以及与其他知识之间，甚至是与外部知识之间都会进行有机联系，形成知识（模型）结构体系外，更是需要贯穿始终地运用量化、逻辑化、化归化等结构化基本思想方法。因此，数学内部知识和方法、思维的结构体系还是以结构化为核心的建构。

在"数学内容现实化"阶段，结构化知识模型还要回到现实中去得到检验，并运用知识模型解决现实中的实际问题，简称"运用解决"环节。这一环节主要包含有"符号具象"、"模型拓展"以及"元认知反思"。符号具象，就是要能将抽象的符号与具体可感的现实原型主动关联，亦即主动寻找现实原型，以此解决一类的现实问题。模型拓展，即从一类"情境不同、本质相同"的问题解决中不断完善知识模型，并在"情境"和"本质"变化的情况下拓展模型、升华模型。元认知反思，即引导学生有意识地对自身经历发现、提出、分析和解决问题并对建构数学模型的认知过程进行再认知，以利于学生建模思想、观念以及数学思维方式的形成。整个过程，学生解决问题的能力及数学应用的能力将得以增强。

特别要说明的是，当学生明确问题并作出假设识别对象（变量）间的关系之后，还会在运用模型及拓展之前经过两次或更多次反复寻找和分析解决方案的过程。因为，只有留足空间和时间，学生的思维才能充分发挥，预期目标才能真正达成。

三、"三化"教学环节要素解读

（一）厘定问题：厘清并确定现实问题

为什么是厘定问题，而不是由教师确定问题并直接给出？著名思想家爱因斯坦认为教育应当使所提供的东西让学生作为一种宝贵的礼物来领受，而不是作为一种艰苦的任务要他去承担。哪怕非要让学生去完成这个艰苦的任务，也要想办法激发、调动学生良好的情绪和经验体验,才能较好地达成效果。因此,教学应该是基于满足学生自我需求基础上的教学,让学生自己确定他们要解决的具体问题,需要什么信息来解决这个问题,什么样的数学工具是有用的,以及他们怎样才能知道他们已经找到一个有用的方案[①],前提是学生能够进入到真实的教学情境中。教学一开始,可通过师生交流营造良好氛围,之后以问题启发思考,让思维先发散再聚焦,并向学生提供自己发现并提出问题的机会。这样,一旦学生能够自己发现并提出新知所蕴藏的现实问题,或者哪怕提出多样的现实问题,都是教学最好的预期。能够达成从劣构问题向良构问题逐渐逼近的目标,体现育人导向,培养多元思维和面对情境需要主动思考的意识。及时聚焦思维,从已有经验出发,到发现经验解决不了的现实问题,这样的思考过程不仅起到了关联旧知与新知的作用,且为后续研究学习奠定结构化基础,更是满足学生内心的情感需求,使其产生进一步学习的内在动力,增强挑战更高目标的学习欲望。数学中的概念、原理的形成大都源于现实生活问题或是数学内部的问题,只要是"具有启发性的、本原性的、触及数学本质的、能够在教学中起统帅作用的"问题都是好问题。现实问题的厘定过程为后续将之转化为数学问题奠定了问题本质的表象基础。

(二)假设识别:发现并提出数学问题

弗赖登塔尔认为数学活动的核心是"数学化",它是一个过程,只要现实世界在一系列因素的影响下进行着变化、延拓和深化,这个过程就在持续着。这些因素也包括数学,而且数学反过来被变化着的现实所吸收。数学活动的开展源自问题的解决,而问题往往产生于情境,并在情境中转化。"三化"教学强调学生自主或在教师引导中发现并提出数学问题。

围绕着上述现实问题的解决,展开了进一步的数学化处理,亦即运用数学的方法观察现实问题,发现现实问题蕴含的核心要素中的数量关系或空间关系,并提出数学问题,如"长方形放大或缩小与什么要素相关?"这也是一种推断和假设。

从现实世界的问题中选择一些看上去比较重要的"对象",识别它们之间的

---

① 美国数学及其应用联合会,美国工业与应用数学学会.数学建模教学与评估指南[M].梁贯成,赖明治,乔中华,等编译.上海:上海大学出版社,2017:22.

关系,并做出是否保留或忽视这些对象或者对象间关系的决定,这就是假设。正如查尔斯·皮尔斯(Charles Pierce)所言:假设(即溯因推理)是从一类事实推断出另一类事实。根据皮尔斯的观点,溯因推理是为了解释事实,即创造假设,他认为只有三种推理方式,演绎或归纳都不能给他提供任何新想法。除非他能通过假设追根究底,否则还不如放弃尝试去理解它们。保罗·格莱斯(H. Paul Grice)甚至认为溯因推理是我们意识的核心,意识本质上是从结果到原因的推理。溯因推理实际上是一种生存本能,为这个世界"创造意义",即让我们对所处环境里的现象有一种主观的了解,比如了解这些现象对我们有益还是有害。当进行溯因推理时,我们并不是利用整个环境,而是选择我们认为利于理解我们试图解释的与现象相关的某些事实和假设。这一环境被称为"理解的环境"(context of interpretation)。正是该环境使得现象对人来说"有意义"。[1]可以认为在对现实问题进行数学化处理的过程中,因为学生经验、水平的差异性,他们在相关信息的选择上就会有差别、有层次,由此发现及提出的问题可能不同且多样、有层次。正是这样基于假设前提、学生经验的自主理解的教学,使得具有开放意义的教学为学生的"再创造"提供了现实基础。

基于劣构问题情境的角度,假设的过程可能伴随着多重问题或产生多重方式的选择,但最终会聚焦在核心"对象"及其关系上,需要进一步予以识别。即便是明确了现实问题中的"对象"后,仍然可能需要或产生多维思路或方法的假设,重点在于信息之间以及与问题之间的关联思考,而目的是识别"对象"(即新知识)的核心元素并通过一定的路径建立各要素之间的联系,由此发现并提出数学问题。发现问题是创新思维培养所需的显性要素。发现的前提是观察与思考,要善于观察并提取情境中的信息(包括显性和隐性信息),读懂并思考信息与信息之间的关联,进而关联信息与可能的问题,提出并聚焦有用的现实问题,依据经验提出与数学知识相关的问题,即转化为数学问题。数学问题提出是指基于某个问题情境,通过接受已知或改变已知的方式来提出新的数学问题,然后将其以问题的形式表达出来。[2]对学生而言,问题提出主要包括两方面

---

[1] 罗仁地.人工智能要考虑到溯因推理[J].姚洲,译.长江学术,2023(4):109-113.
[2] 蔡金法,许天来.数学问题提出的例子、类型和内涵[J].小学数学(数学版),2019(Z1):34-40.

的心智活动：①学生基于给定的问题情境提出数学问题，这些情境可能包括数学表达式或图表；②学生通过改变或改编已有问题来提出新的数学问题。问题情境主要包含有现实情境和数学情境。在这里，主要是指从现实情境中发现并提出数学问题，其目的是将现实问题转化为数学问题，成为数学教学所要研究的对象。

（三）求解建构：理解并建立数学模型

从现实问题到数学问题的确立，可看作是得到了一个初始问题的理想化结果，这个理想化版本转换成数学术语并得出理想化问题的数学公式，而这个数学公式就是教学预期要达成的一个近似于普适性的数学模型（还有待于评估验证）。经历和建构这一数学模型的过程主要依靠的是数学求解——通过数学运算和求解。数学运算的过程对于每一个人而言，对于不同年级学生而言，所选择的方法可能不同。年龄小的或经验欠缺的学生可能选择较为直观形象的表达方式或方法，如画图、表格填写等求解结果，以帮助他们认识一些模式或者趋势。而认知经验更为丰富的学生可能会发现，直接运用模式中他们熟悉的一些东西（如关系模式等）的相关关系即可求解，而这些数学方法或工具的选择往往需要与他们先前做出的假设和变量结合起来考虑。基于差异化、个性化教学，学生可以形成各自的结论，或者通过小组合作形成关于一个特定问题的多种解决方案，并开始比较或对比这些结果。从中，学生应该学会更复杂的数学工具和可视化表达方式，从而发展和解决他们的模型。这个求解建构的过程，要给学生足够的时间和空间经历观察、猜测、任务（实验）、运算、推理、验证等活动过程，让学生通过动手、动脑、动口等，在"做中学""创中学"体验、感悟、积累数学活动经验，理解、内化、掌握数学模型。

（四）分析解释：分析并解释数学模型（解决方案）

上述学生运用数学求解建构的数学模型，仅仅只是基于一个特定数学问题的解决方案，到底是否适合于所有与其相关的一类问题的解决，这是必须进一步求证的话题。因为所有的模型包含假设和近似，数学建模的一个重要方面包括评价答案能否符合问题的要求。关于模型的各种问题有助于帮助学生学会分析和评价模型和方案。①可以这样思考：它解决了问题吗？当把它转变回现实世界时是否合乎实际和情理？结果是否实际？答案是否合理？后果是否可接受？例如，午餐问题可以是不同的，如果我们把午餐盒换成午餐袋会怎么样？或者是我们想把午餐盒装满，那我们的模型会计算出过量的午餐而溢出餐盒吗？

又如，建立平行四边形的面积公式"$S=ah$"模型之后，围绕着这个模型可以提出许多的问题：面积是由谁决定的？这个结果回到情境中，它合乎实际吗？信息有没有不准确？如果底和高发生了变化，面积会跟着怎样变化？由这个变化能解释为什么平行四边形面积不是由邻边来决定的吗？这样就引发出了一系列分析解释、评估验证等高级思维的参与。

分析、评价和创新都属于高阶思维，亦即高层次认知水平上的心智活动或认知能力。在教学实践中，教师可以通过多角度分析、整体框架、方案评价、开放式问题等方面设计劣构问题情境，在问题解决中培养学生的分析能力、综合能力、评价能力、创新能力，从而提升其高阶思维。其中"分析"是基础，"综合"是关键，"评价"是核心，"创造"是追求。

（五）运用解决：运用并解决现实问题

通过模型，人们用数学所创作的语言、符号和方法，描述现实世界中的故事，构建了数学与现实世界的桥梁②。也因此，培养学生数学语言表达现实问题的能力极其重要。这也就是"数学内容现实化"所要承担的另一个任务：将研究建立的数学知识模型回归现实，解决实际问题，这里，实际问题不是一个个问题，而是一类相关联的现实问题。同时，数学运用的一个重要任务就是将新知纳入旧知结构中去，构建知识体系；并回顾总结所学知识的过程及运用的方法、策略，培养元认知反思意识和能力。

---

① 美国数学及其应用联合会，美国工业与应用数学学会. 数学建模教学与评估指南[M]. 梁贯成，赖明治，乔中华，等编译. 上海：上海大学出版社，2017:24.
② 史宁中. 数学基本思想18讲[M]. 北京：北京师范大学出版社，2016:2.

第三章

小学数学"三化"教学之现实问题数学化

关于现实问题数学化的概念内涵,上述章节中已谈论。那么为什么需要现实问题数学化以及如何进行数学化？本章节将展开论述。

现实问题数学化的前提就是现实情境和现实问题(亦称情境性问题或非形式问题),核心是数学抽象。在现实数学教育看来,情境性问题是学习过程的源泉。换句话说,情境性问题和真实生活情景被用来构造和应用数学概念。情境性问题的价值在于使学生自己再创造数学时有了依托,这种非形式问题的提出、分析、解决等一系列过程为学生再创造提供了立足点,是形式化和概括化的催化剂,并激发学生开发非形式的、高度基于情境的解决策略提供了机会,也为学生今后走向社会,解决现实生活中纷繁复杂的实际问题提供了经验和范本。

数学知识或概念被构造和应用之前,往往需要先将融入于现实情境的数学原型即现实问题进行数学化处理,亦即发现并提出现实问题,进而抽象转化为数学问题,使之成为数学研究的对象,这个过程依托数学抽象,也称现实抽象。由此,现实问题数学化进程的关键在于"情境创设"及"现实抽象"。

第一节 多重情境

建构主义者认为，任何知识（包括数学模型）都有其赖以产生意义的背景，知识只是一种工具，要理解并灵活运用某一知识，就应知道知识的适用范围，也就是应当理解知识赖以产生意义的背景，即情境。因而人的认知也必然具有情境性，这就是情境认知。学生的学习本质上是一种认知过程，为了让学生真正理解并运用知识，就应该为其创设相应的认知情境。情境中蕴含的现实问题，要切实能够转化为教学研究的数学问题，以利于在解决这一数学问题的过程中，探索其中所蕴含的数量之间、图形之间存在的一定关系或变化规律，赋予新的命题，并建立符号表达式，实现数学模型的建立。

"三化"教学以建模教学为统领，从数学模型的现实原型入手开始数学学习的探索历程。换句话说，数学建模的情境教学是数学学习的必经之路。现代大部分关于学习和发展的理论都认为人的思想和知识是在人与环境互动的过程中形成的。情境认知理论的观点：多种过程的相互作用引发了学习的产生。教学情境是指带有积极情感导向的、具象的特定教学环境和教学过程。运用教学情境开展教学，从方法论角度也称为"情境教学法"。这里的情境更多的是现实情境。数学建模的情境教学，有助于引导学生产生积极的学习情感，提升学生对数学建模的认知和理解。而且，小学数学建模的教学情境具有多重性，包含有"生活性情境""相似性情境""挑战性情境"。

一 情境具有多重性

（一）生活性情境

生活性情境利用学生在生活中接触过或可能接触到的、比较好理解的素材导入建模教学。这样的素材呈现在建模课堂上，不但可以使学生感受到数学与生活的紧密联系，更能够大大降低学生对建模认知的阻抗系数。因此，生活性情境具有情感与认知的双重意义。教育心理学提示我们：学生年龄越小，其建立在生活经验之上的学习效率就越高。因为在前运算阶段，学生年龄越小，其心理图式就越呈图像式,也即所谓的"形象思维",这是一种直接经验式的思维。教师利用生活情境,将数学建模知识融于经验式图像中,引导学生借助经验有效理解数学建模知识,进而逐步内化并抽象出数学模型。

如,当教学"接近整百整十数加减法的简便算法"时,如果仅列出"154-98=154-100+2",学生一时可能难以理解。教师可以创设这样的"生活性教学情境":妈妈带了154元钱,去医药商店买一盒98元的枸杞,准备给爷爷补身体。她付给营业员100元的钞票一张,找回2元。最终妈妈还剩多少钱?通过学生熟悉的生活场景,把抽象的数字转化为学生可以直接感知与理解金额的商品,可以顺利计算出得数并理解其中的道理。妈妈给商店1张100元的人民币,剩余54元;又找回了2元,加上原来的54元,妈妈还剩56元。后续学生面对这样的"接近整百整十数加减法"的计算题时就可以触类旁通,真正理解算理,掌握算法,也为后续归纳出更为抽象的数学模型(如,当b是一个接近整百的数,即$b=100-/+c$时,则$a-b=a-100+/-c$)奠定坚实基础。从中学生的现实抽象和语言生成能力等也得到了训练,后续归纳简便算法进行有效计算(如,接近整十的数先拟作整十数,多给的数后面扣还,方便进行加或减;然后这个数再加或减整十数与接近整十数的差值),迁移运用解决相类似问题(如154-102=154-100-2)的数理,以及突破两者间的区别和联系也就水到渠成了。

生活性情境多适用于数学建模知识的新授课。当新知识出现在课堂上,而相当一部分学生的认知基础又比较欠缺时,与其在抽象的理论上纠缠不清,不如创设亲切、直观的生活性教学情境,减少学生学习的阻力,使其增强信心,顺利完成新知识的学习。

(二)相似性情境

由于数学知识来自自然与生活,诸多的相似性现象反映到数学上,也就有了数学知识的相似性。但是,建模教学中知识的相似性与心理学中的相似性是不同的概念。这里的相似性,指的是数学的新知在进行有目的分割以后,分解为几个曾经学习过的数学知识,然后重新组合或叠加成为新知。在这个过程中,学生对于分解后的知识能够理解,对于新知感到似曾相识。接着其认知结构顺利地接纳了新的知识(内化),也就是学生比较快地理解与掌握了新知的数学原理。在这种情境中进行的数学建模教学,我们称之为"相似性教学情境"。因为利用的是知识的迁移,也称为"迁移性教学情境"。

这种情境下的教学,利用知识的可迁移性,大大降低了数学建模新知的学习难度。皮亚杰的发生认识论告诉我们:图式指的是某种经常出现的结构或组织在大脑中的反映,它可以引发迁移或者概括。在"相似性情境"里,引发的是知识的迁移。这就是"相似性情境"的基本原理。

比如,学习"平行四边形的面积"这课时,面积模型概念(格子图)和长方形面积计算公式模型(长方形图)对平行四边形面积的学习有正迁移作用。但是,如果迁移不当,长方形的面积计算公式同样会对平行四边形的面积计算起一定的负迁移作用,使得学生产生"相邻两边相乘得到面积"的思维干扰。因此,教师就得做好充分的预设,创设"相似性教学情境",利用学生的旧知,将平行四边形分割成为若干个学生学过并已经掌握计算方法的图形,引导学生顺利将新知纳入旧知系统中,真正理解"平行四边形的面积与它的底和高有关"这一单位面积累加的本质属性。这种情境教学激发认知冲突,通过操作自主解决冲突,最终达到抽象概括结论。

1. 课伊始,创设问题:需要铺设多大的草坪?

2. (如右图所示)情境激发了学生的认知冲突。出现了两种(即"6×5"或"6×3")求平行四边面积的方法,这恰恰是学生已有知识经验迁移学习的结果(但不一定是正确的结果)。两种认知冲突的路径创设,为后面围绕冲突展开的一系列建构活动——"数方格,剪和拼,图形变式"奠定了正确的认知基础。

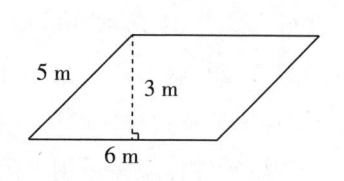

3. 通过数方格以及剪拼(把平行四边形转化为长方形)等具体的操作活动,教师适时呈现大量的图像结果,借助推理(主要是归纳推理),学生可以"直观"地理解到:这个平行四边形其实等于2个三角形与1个长方形的组合,组合的结果是组成一个新的、大的长方形。

这样,经过旧知的迁移与组合而达到新知的理解,学生也能把多个集合图形的组合叙述清楚,并大体能理解与说出这样的数学建模内涵:平行四边形面积其实就是一个个面积单位的累加。从而自主完成了"平行四边形"的模型建构,掌握了其计算方法。并且这也能让学生初步掌握数学建模中"分割与组合"的思维方法,有利于今后学生在学习中举一反三,触类旁通。

这一过程,是学生在学习新知时迁移原有的知识,并在教师的指导下利用旧知来完善新知的过程,也是数学建模教学中"相似性情境"提高学习效率的有力证明。这一情境的主要特征在于"相似"与顺滑,即分割后的新知相似于旧知,由此"平滑"学生可能有的认知冲突,使其掌握数学模型新知的过程比较顺利。它适用于教学在某种意义上是由旧知组合而成的新知,尤其是适合于几何图形的教学,因为几何图形之间容易互相转换,可以视为是其他图形的组合或叠加。还适用于学生在练习环节中运用模型迁移,以巩固、运用并拓展模型,从而解决"不同情境,但相同本质"的一类问题。

(三)挑战性情境

在学生原有的建模知识与能力水平基础上,教师提出明显具有一定难度的问题,使学生在普遍感到有难度的同时,又不会觉得自己无法解决,而是经过思考后可以解开问题,这就是创设"挑战性情境"。即将建模教学的目标设在学生的最近发展区,让学生意识到学习的挑战,从而情绪激昂地谋求"跳一跳,摘果子",它利用的是学习者好奇的天性与心理潜能。这样,学生的学习愿望与情感就会更强烈,探究思维就会自然而然地产生。在学习动力明显加强、学习情感浓厚的教学情境下,学习效率与教学质量也有望得到提升。

以人教版六年级下册的"数学思考"一课教学为例,基于"最近发展区"考虑,从创设问题情境开始,将本课需要建立的数学模型"两点连一条线段,n点就能连$1+2+3+4+\cdots+n-1$或$n(n-1)\div2$条线段"融入其中。原设题为:

梧村小学六年级有6个班,每个班都组建一支足球队,参加年级足球比赛。第一轮先进行循环赛,即每2支球队之间都要比一场,一共要进行多少场比赛?

依据"最近发展区"的观点创设"挑战性情境",把题目调整为:

思明区有48所学校,每个学校组建一支足球队参加足球比赛。如果第一轮先进行循环赛,即每2支球队之间都要比一场,一共要进行多少场比赛?

情境调整后题目的挑战性就在于:原设题目中,学生通过直观操作能够独立解决问题,难度不大;调整后的题目因数据变大,无法直观解题,为学生尝试进行符号化表达提出挑战。教师通过引导,促使一部分学生尝试运用建模思想,将数据化大为小,并在合作交流中探索蕴藏其中的规律,经历推理、抽象的过程,建立解决这一类问题的数学模型,最终使问题得以解决。其他学生也可以在观察、思考这部分学生的发言、解题与演示的过程中,得到思维的启迪,最终顺利掌握本课要学习的数学模型及其蕴含的数学思想。

挑战性教学情境的主要特征是探究与自主,让学生在点燃数学模型认知欲望的情况下，自行或合作对于模型新知进行认知探索，最终在教师的帮助下摘下"果子"。基于"最近发展区"的数学建模教学，依照学生的数学思维能力，衡量比较有难度的数学问题并将其放到课堂的教学过程中，让学生经历了简化数据、化难为易，关联数据、抽象概括，推断数据、提炼问题等各个环节，将复杂问题抽象、简化为近似的或者本质相通的数学模型，从而获得数学建模的经验和方法，并达到完整的内化；以便在以后的学习中能够灵活应对各种难题，提升应用和解决问题的能力。

二 多重教学情境的相互关系与互相转化

皮亚杰认为儿童是在与环境的相互作用中发展认知结构的。当儿童个体的认知成功地作用于环境时，"同化"效应产生；当环境成功作用于儿童的认知时，"顺应"效应产生。数学模型教学中创设情境，目的是促进学生的数学建模认知产生"同化"与"顺应"的效果，无论是建模教学的"生活性情境"，还是"相似性情境"，或者是"挑战性情境"，都是如此。

同时，我们还要认识到，这几种教学情境并非孤立的，静止的，它们彼此具有"互相连结、互相交叉"的关系。一个"生活性情境"，从数学经验迁移的角度看，何尝不是"迁移性情境"？对于未曾经历此种计算的学生，又何尝不是一种挑战？认识这些数学建模教学情境的相对性，对于灵活运用数学建模情境教学提高建模教学质量具有重要意义。

如果说数学是自然与生活的空间形式与数量关系的科学反映，数学建模的教学情境是互相连结的，那么，我们也可以认为数学建模教学情境相互之间的关系也是具有结构性的，它构成完整的三维结构（如图3-1所示）。

图3-1 数学建模教学情境三维结构示意图

小学数学建模教学课堂状况是动态的，各种教学情况随时都可能会发生。数学建模情境教学并非一成不变的法宝或僵硬的套路，教师需要根据课堂教学状况妥当而巧妙地调整教学安排。而数学建模教学情境三维结构图就能在这方面给我们启迪,它们彼此无法截然分割,每一维都是这个连结体的不同侧面的表现,同时它们又有在某种条件下相互转化的另一面。

比如当挑战性情境里的数据过大而阻拦了学生的思考时,教师可以把过大的数据按比例马上调整为学生可以直观把握的小数据,降低学生认知的难度。这时,挑战性教学情境就转化为生活性教学情境。这就是教学情境的现场转化,而这个转化还包含从转化为多个小数据的生活情境中探寻规律,进而运用规律解决大数据挑战性情境的问题。回过头来,再根据知识迁移的原理,把学生已经掌握的小数据数学建模调为大数据数学建模,学生很快就能达到原预设的数学建模教学目标。

如:本文所列举的挑战性生活情境案例,直接转化为直观操作或图示,对于学生而言有一定困难,但是在教师引导下,学生将数据化小,转化为一般的生活性情境问题。那么,这样的小数据问题,借助直观图示是很容易解决的。但大数据下的问题怎么办?教师可继续引导"能否从多个小数据问题的解决中寻找到解决此类问题的规律?"借助于经验,引导探索,从"2个、3个、4个学校……进行每2队比赛一场的循环赛,一共要打几场比赛?"的生活性问题中,抽象出解决"2点、3点、4点……能连几条线段?"的数学问题,借助归纳推理,学生总结出"n 点能连 $1+2+3+4+\cdots+n-1$ 或 $n(n-1)\div 2$ 条线段"的数学模型,进而运用模型解决上述挑战性问题。

这个过程,学生不仅解决了问题,还积累了经验,反过来,运用知识的迁移使相关一类问题得以简化并解决,提升效率的同时提高了学生对数学学习的兴趣。

而当数学建模的相似性情境(迁移性情境)提出后,学生有时会遗忘以往的数学知识,导致难以顺利迁移,这时候教师也可以进行情境转化,把相似性情境转化为生活性情境,以减少认知的难度,推动学习的顺利进行。如:本文相似性情境案例呈现后,教师引导思考,提出问题:"这个平行四边形的面积怎么计算?"并启发:"用什么方法能够解决这个问题?"此时,如果学生还不能够将已有的平行四边形转化为长方形进行探究,教师即可将此情境转化为"求这个长方形草地面积"的生活性情境,并提出几个问题思考:"你现在能解决这个问题吗?为什么?"进而追问:"之前学习长方形的面积时我们是如何推导出公式的?"这样就能唤起学生回忆,达到激活已有经验的目的,进而继续迁移学习新知。

另外,当教师在教学过程中发现自己设置"生活性教学情境"以后,学生反应又快又好,就可以及时把简单数据转变为无法直观的比较大的数据,构成挑战性教学情境。

由此,多重教学情境创设及其相互转化关系把握得好,运用得当,将对数学学习起重要的促进作用。不仅如此,教师在教学中依托情境,开发与其紧密结合的策略,促使情境的某些方面越来越一般化,即情境逐渐具有了模式的特征,这样就能用这个模式来解决其他相关的问题。最后,通过这些模式学生逐渐逼近形式的数学知识,即从非形式知识向形式数学知识的转化。换句话说,基于情境的有指导的再创造能为学生提供一种跨越非形式和形式数学知识间鸿沟的方法,为学生逐渐掌握形式数学提供了有力的载体。

第二节 现实抽象

现实,即客观存在的事物或事实解释,真实的即时物。当代诗人、学者张修林认为,语言作用于纯粹的客观实在,形成现实。所谓纯粹的客观实在,指与人类的认识没有直接关系的纯天然性的实在,它与人类的任何判断、认识和想象无关。人类一旦对其实施判断、想象、认识,它就已经与人类发生关系,而成为现实。由人类从实在转变而成的现实,它可以是伪现实,也可以是本真现实。它并非一种固定化的"现实",人类通过另外方式、角度的语言对该现实的"构成实在"重新认识后,它就改变而成为与认识它的方式、角度的语言相对应的另外一种现实。

现实世界是存在于人脑之外的客观世界,事物及其相互联系就处于现实世界之中。事物可用"对象"与"性质"来描述,又有"特殊事物"和"共同事物"之分。

抽象是从众多事物中舍弃个别的、非本质属性,得到共同的、本质属性的思维过程,是形成概念的必要手段。[①]

对于数学,抽象主要包括两方面的内容:数量与数量关系的抽象,图形与图形关系的抽象。其中关系是重要的,正如亚里士多德所说:数学家用抽象的方法对事物进行研究,去掉感性的东西剩下的只有数量和关系。通过抽象,把外部世界与数学有关的东西抽象到数学内部,形成数学研究的对象;通过抽象得到数学的基本概念,这些基本概念包括:数学研究对象的定义、刻画对象之间关系的术语和符号以及刻画对象之间关系的运算方法。这种抽象是一种从感性具体上升到理性具体的思维过程。[②]

数学的抽象包含两个阶段,首先是基于现实的抽象,进而才是基于逻辑的抽象。基于现实的抽象称之为现实抽象。

---

① 史宁中.数学基本思想18讲[M].北京:北京师范大学出版社,2016:2.
② 同①2-5.

一 内涵

所谓现实抽象,指从现实世界中的事物及其相互联系中抽取出共同的、本质性的特征的过程。简单来说就是将现实问题转化为数学问题的抽象过程。这个过程也是人们运用概念、判断、推理等思维形式对客观现实进行间接、概括的反映过程。

由此,"现实抽象"至少包含有两个内涵。

(1)舍去现实背景。现实抽象,其核心是舍去现实背景。通过引导学生理解题意,处理三个关系:一是事理关系,理解题意,知道讲的是什么事件;二是数理关系,对数学信息进行检索、提取,根据解决问题的需要,抛弃无用信息、挖掘隐蔽信息、提取有用信息;三是文理关系,将"问题情境"中的生活语言进一步抽象。

(2)转化为数学问题。通过现实抽象,把蕴含于现实中的数学问题提取并表达出来,成为教学研究的对象——这是数学模型的雏形。

二 思维路径

情境创设是为现实抽象服务的,以利于将现实问题抽象为数学问题,而且一直贯穿教学始终。相对于现实问题,数学问题是指在现实问题基础上抽象而来的更加简洁化、形式化的问题,存在于数学(符号)世界,是去情境化的问题。狭义上指的是具体的数学"问题",广义上数学问题是有关数学的模型。在这里特指具体的数学"问题",是有待于进一步的数学化处理才能使其成为一般化的数学模型的特定研究对象。

现实问题向数学问题的转化关系,即"现实→数学",意味着现实生活是数学的来源和基础。学生的生活经验、生活背景都可以成为数学学习的起点,它强调在现实生活的基础上引出数学问题;因此,没有现实问题,数学问题将失去"现实的根基",没有"更深层面"的数学问题,现实问题也仅是停留在表层。只有通过进一步的理性解释,将现实引向数学,问题才可以得到完整解决。

下面将具体阐述上一章节谈到的"三段六环"思维过程:识别阶段——感知与提取;表象阶段——理解与生成;提炼阶段——抽象与表达。(如图3-2)

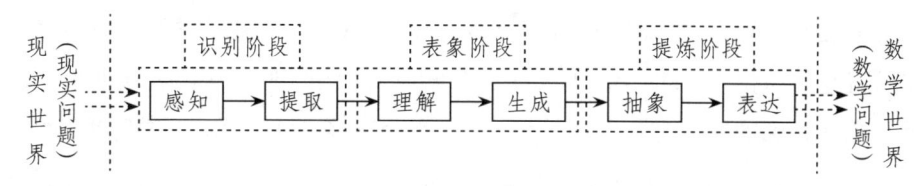

```
现实世界(现实问题) → [识别阶段: 感知 → 提取] → [表象阶段: 理解 → 生成] → [提炼阶段: 抽象 → 表达] → 数学世界(数学问题)
```

图 3-2 "现实问题数学化"思维过程

"现实问题数学化"教学应基于上述"三段六环"的思维路径,充分考虑学生原有的认知特点及数学化水平差异,创设真实性问题情境,调动学生初步感知和体验参与,并引导提取相关信息,这可能需要一个反复的过程。以任务式活动激活学生经验生成核心问题,引领他们分析、理解、综合、评价等高阶思维方向。设计数学活动,应充分调动多元表征和多元表达参与,以此促进深度学习发生。深度学习表现在学生有学习的内在动机,能够根据真实情境和问题主动建构,能够在真实情境和真实问题中表现出批判性思维[①]。将数学知识融入情境创设中,以劣构问题为主线,学生(或师生)活动为载体,充分体验现实问题转化为数学问题的过程,并在研究中展开一系列发现问题、提出问题、分析问题和解决问题的学习历程,是现实问题数学化所要经历的过程。

(一)识别阶段——感知与提取

情境是沟通、联结数学与儿童的桥梁、纽带,也是儿童研究数学的场域。情境必须内蕴数学本质,能够引发学生深度思考。情境创设,让学生经历从劣构问题情境向良构问题情境转化的过程,实现将现实问题抽象为数学问题的目标。

识别阶段表征并聚焦问题情境中元素与元素间的关系,以理解问题情境。旨在将问题情境文本转化为问题情境的心理结构。教学时需要考虑到"问题情境"本身的信息与学习者所理解的信息差异。从学习者达成的素养目标出发,问题的现实情境设计,其信息的丰富量必须远超学习者解决问题的信息。不仅应包含有学习者所表征的、外显的心理表象的信息,而且应包括不为学习者自身认知的结构所影响、客观或内隐状态存在的信息。基于这样的认识,设计前可先进行逆向思考。从完整的模型各要素拆解、倒推其生活原型,思考学生经

---

① 张浩,吴秀娟,王静.深度学习的目标与评价体系构建[J].中国电化教育,2014(7):51-55.

验可能达到的地方,从那里开始作为起点,这就意味着情境创设的开始不要给出所有与问题相关联的信息,只需蕴含与知识模型相关联的一些要素即可。也就是前述谈到的所谓劣构问题情境(文字、图示结合最好),即只将不完全的信息、隐藏的信息或者需要做进一步处理才能理解的信息蕴含在情境中,继而引导学生对给出的这些要素进行初步感知或表征,让他们从中发现可能的问题并提出。接下来,围绕所提问题展开讨论并聚焦核心问题的解决,学生自行思考提取与问题相关的信息,并做出分析,他们会从中发现解决问题还需要一些相关的重要信息。这样一步一步地,与问题解决相关联的全部要素将会随着学生的思维深入逐步浮出水面,完整地呈现出来。到此,再次回顾完整的问题情境,你会发现,该劣构问题情境已经转化为良构问题情境了。从劣构到良构情境的转化过程,其目的是关照学生学习起点、学习情感,引发学生更多经验参与的主动建构,以及由此产生更多样、思维更多元的解决问题的策略与方法,更为重要的是为学生的再创造提供了机会。

感知即感觉和知觉。感觉是人脑对客观事物的各个属性、某种具体特征的直接反映,是一个人接收外界信息的过程,也是一个人觉察和获取刺激信息的重要渠道,亦是人们关于世界一切知识的重要源泉。[1]知觉是人脑对客观事物的各种属性各个部分及其相互关系的综合的、整体的反映[2]。感知是现实问题向数学问题转化的开端。感知可以是自我对客观事物的自然反映,也可以是一种引导下的、有意识的心理反映。

信息如何被提取出来?认知理论将学习等同于编码,以一种有组织、有意义的方式把知识储存到记忆中,用有关的线索激活相应的记忆组块,信息就从记忆中提取出来了。知识学得怎样取决于知识怎样储存和怎样从记忆中提取。认知理论非常重视呈现材料的方式,认为恰当的呈现方式有助于与已知的事物建立联系,并以有意义的方式记住这些材料。由此看,将知识融入现实情境中加以呈现,赋予知识一定的现实意义,更容易使学习者记住,也更容易地促使他们从已有的长时记忆中提取信息,建立新的关联。这里的提取包含两个要点,一是提取头脑中长时记忆里的图式,即已有的相关经验或知识;二是提取问

---

[1] 梁宁建.当代认知心理学[M].上海:上海教育出版社,2003:51.
[2] 同[1]58.

情境中相关的要素,为后续表象阶段中识别、理解问题情境中的元素以及元素之间的关系做好量化铺垫。

1.自我感知,以提取自身数学现实

当教师将情境通过文字、图片或图文结合的形式呈现在学生面前时,通过视觉或听觉感官引起学生的注意,此时学生会在头脑中产生感知活动,并有一定的思维反应,这是学生调动已有认知图式参与的结果。他们依据问题情境要求提取已有认知图式中与之密切相关的知识或经验,并对其作出反应,以此表达自己的观点。此时,教师要及时将学生的各种观点、看法简要记录,并以板书形式呈现。不同数学化水平的学生可能作出不同的回答,教师可不急于评价,先引导学生去质疑、去发现、去提问,充分调动学生已有的生活经验与认知结构的主动参与,以此增强学生的认知体验。此教学环节不仅是必要的,而且是重要的。因为只有将学生已有的经验充分呈现出来,教师才有可能真正了解学生的真实起点,才有可能真正激发学生的主动参与,才有可能推动数学化顺利进行。

2.引导感知,以提取模型核心要素

数学教学要遵循思维发展和认识过程的规律,在不同的思维水平阶段提出不同的数学化要求,从而真正循序渐进并取得预期的结果。[①]上述教学调动学生已有经验参与问题的解决,其结果可能不是直接围绕核心问题的解决,或者关注点并不在核心要素上,这样的学习还算不上"数学化",仅是停留在学生自我经验的、定性的感知而已,达不到运用数学的"量化"这一层次和水平。虽然如此,但这一个性化认知确是数学化进程的重要前奏,有了这个基础,通过从情境中或者互动交流中再次引导感知和体验,学生就能顺利提取有助于"量化"解决问题的核心要素,或者自行补充重要的相关信息,以推动真正的数学化活动进程。如下列教学案例。

"比的意义"这一课的教学,解读课标后将"比"的核心素养具体表现定位为"数感及推理意识",其内涵则为"能够在真实情境中理解比的意义、数量关系"。核心目标的具体表现有以下几个:(1)能够关注到事物的性质是由两个量之间

[①] 张艳霞,龙开奋,张莫宙.数学教学原则研究[J].数学教育学报,2007,16(2):24-27.

的关系决定的;(2)能够通过对比,发现这样的一种关系是由乘法(或者除法)决定的;(3)能够知道这样的一种关系可以用比来表示,并能理解前后项的意义;(4)能利用比理解、解释生活中更多的现象。由此,确定了学习路径"经历从具体情境中抽象出比的意义的过程"。教学这一节课,笔者团队创设了"怎样才能将图片放大或缩小呢?"这一问题情境。教学一开始,教师只是出示了5张图片(如下图)。

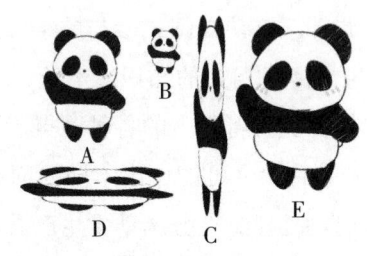

提出问题:"一张照片放大或缩小要做到什么样才行?"此时,学生初步感知到的就是看到的图片及形状,能够提取的仅仅是个人头脑中已有的经验,由此作出的思维反应可能有:改变宽度、外形(形状)不变、宽度和长度同时放大或缩小等。教师将学生的表达记录在黑板上,并相机引导学生用更规范的数学语言重新表述,以便让更多学生能够听懂。如学生说"外形不变"时,引导其表述为"形状不变"。紧接着,提出下一个问题:"下面这些图都是由A图放大或缩小得来吗?"在学生回答"不是"后,教师继续提问:"哪几张图片与A图像?""为什么有些图片不像?"这样,学生针对图片及教师板书中的相关信息,进一步感知后又有了新的认知表达,例如指出腰细、身高、矮胖、长和宽的比例不对等。教师随后对学生的表达进行相互对应关联,引导学生将生活语言转化为数学语言,即从"身高、腰细或矮胖"到"长、宽的比例变化"。教学到这里,学生对"图片如何正确缩放"有了一定的认识,即明白只关注到长或宽是不行的,必须是长和宽都要关注到才行。但长和宽要作出怎样的变化才行呢?学生此时还没有概念,说明他们仅仅停留在"定性"的理解和表达,还没进入到"数量化"表达这一层次。要实现"能够关注到事物的性质是由两个量之间的关系决定的"这一核心目标,教师需要继续引导学生思考:"怎样才能有把握地告诉别人哪几个图片是从A图缩放而来的?"亦即启发"需要给出什么信息才能确立?"通过互动,学生能够明白并自行表达出"需要告知图片的长和宽"。教师要顺势将已有图片抽象成为长方形并标出长和宽的长度。此时,可以说教学完成了从劣构问题情境向良构问题情境的转化,为后面学生理解"比是由两个量之间的关系决定的"这一目标奠定基础。教学到此才真正进入了现实问题向数学问题转化的阶段。

(二)表象阶段:理解与生成

上述学生经历了利用经验提取、直观形象感知、体验现实问题的过程,并不意味着已经完成了直接向抽象符号的数学问题的思维转化,这中间往往还要依托"表象"环节,确定数学问题中元素与元素间的关系,以建构数学问题的心理结构,亦即学生在对数学问题的发现及提出之前,实际上需要经过头脑内部思索和理解的过程,进而在头脑中生成对现实问题的个性化和关系性的认知。思索就是在头脑中形成的有意识的、指向性强的思考,其结果可能梳理出自己的认识或困惑;理解是指在感知、体验、思索的前提下,基于已有的认知基础,在头脑中对现实问题的本质及结构进行深层次的建构,以达到促进现实向数学转化的目的。通过"理解",学生对现实问题所指向的"数学意蕴"已经有了一定的建构,明确了现实问题与数学问题之间内在的联系,意识到要将"生活形式的问题"上升到"数学形式的问题"。[①]

1.理解题意,促进个性化生成

从现实问题中抽象出比较清晰的数学问题,其关键在理解题意,主要任务是"破题"。"破题"时,教师要引导学生主动处理好事理关系、数理关系、文理关系。这三个关系的理解,重中之重在于"数理关系"的处理。除了通过问题情境充分调动学生感知参与、提取储存在头脑中的信息外,更要以"问"促"思"。这里的"问"包含师生提出的问题,也包含学生对题意理解本身存在的问题或困惑之处;这里的"思"是学生对教师提出的问题的思考,也是学生对自己不理解的问题的思考。因此,这个过程,问题是关键,教师要设计问题引发学生思考,激活其已有知识经验;鼓励学生主动提出疑问,以确定学生学习起点;引导关联信息和问题,促进学生个性化认知生成。具体地说,就是要通过引导,如问题的启发、互动交流等,激活学生已有认知参与到题意的理解中去,使其对情境中无用的、有用的或者隐藏的信息给予解读,并与所要解决的问题进行关联、解释,教师可以此判断学生理解的程度。比如:能够表达出解决某个问题需要哪两个信

[①] 赵科林.生活问题与数学问题的双向转化机制及其应用研究[D].成都:四川师范大学,2020:31.

息,用什么方法解决,或者知道哪两个信息可以解决哪个问题,方法是什么,知道哪个信息与所要解决的问题并无关联,甚至于能够表达出无关信息或无用信息的可用之处,等等。理解的结果就是生成对数学问题中各核心要素间及问题与要素间的数量关系,属于个性化认知。

2.理解本质,诱发关系性生成

在学生个性化认知生成后,教师还要及时组织学生互动交流,逐层剖析展开更为深层的理解:学生运用已有的生活经验或知识基础理解现实问题,与所学知识进行沟通联系,摒弃一些无用信息,挖掘出隐藏且有用的信息,解释信息与问题间的关联,使新旧知识在生长点处自然衔接,聚焦到数学问题与信息间的本质关系的理解与建构,诱发数学问题的关系性生成。

理解的过程往往要借助直观的操作手段,比如拼摆、剪切、画图、列表等实际动手操作,以达成对数学信息进行检索、提取,并将生活语言转化为数学语言,抽象、提炼出数学问题的目的。

如,上述"比的意义"教学,教师引导学生多次感知现实问题,并出示与问题相关的、有助于理解"量化"的核心要素,即长和宽(如下图)。

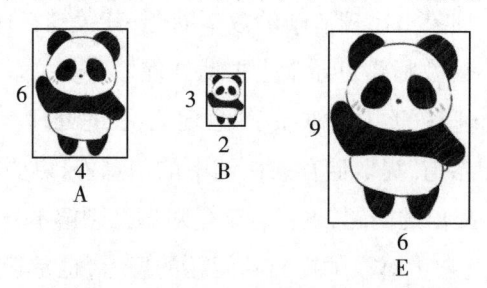

此时还不急于提出任务要求,需要对此时的题意进行思考和理解,看看学生能够生成怎样的个性化认知。教师可以这样提问:现在你对这个问题(请说明为何A和E像?或者选择其中一个图片说明为什么与B像?)理解了吗?有什么疑问吗?当学生表达自己的解读后,继续问:你听懂这位同学的发言吗?谁能解答这位同学的疑问?等等。比如,有的学生可能就会提出疑问:是要列式计算还是可以用文字说明?

通过交流,学生对题意有了一定的理解,此时教师提出任务:请在任务单上说明为何A和E像(或者选择其中一个图片说明为什么与B像?)?于是,学生通过任务单的要求,提取与"比"相关联的长和宽的长度进行乘法或除法计算,发现每个长方形的长和宽的比值一定,或者图形之间的长与长、宽与宽的比值一定时,那么图形的缩放就是正确的。

这个过程,可以得到学生完成表现性任务后呈现不同层次作品的反馈,这也是一个由低水平层次向高水平层次的递进过程,可以让学生逐步理解"比的这一种长和宽的关系是由乘法(或者除法)决定的"这一本质目标的建构。

再比如:教学人教版六年级上册"确定起跑线"时,学生对"起跑线不同而终点相同,每个选手跑的路程是否相同?""到达终点先后,与起跑线的位置是否有关?"等感到困惑。为了帮助学生理解题意,教师可先让学生观看田径运动会400 m赛跑录像,鼓励学生提问,再引导学生思考:跑道是由几条直跑道和弯跑道组成?为什么起跑线不同而终点相同?在弯道时,运动员为什么紧贴内跑道跑?第六跑道选手比第二跑道选手早15 s到达终点,与他的起跑线在最前面是否有关?造成外跑道比内跑道长的原因是什么?当学生研究了这些问题,理解了题意,明白了问题的实际背景,才能为处理数理关系扫清障碍;在对数学信息的检索、提取时,才能紧扣有用信息(直跑道长度、第一条半圆跑道直径、每条跑道的宽度等)。挖掘隐蔽信息(相邻跑道直径的差值是每条跑道宽度的2倍;进行200 m、400 m、800 m不同竞赛项目,各跑道起跑线相差数也不同),这时,教师再呈现教材"确定起跑线"的主题图(如下),学生就能将经验、认知对接题意的理解,顺利地将生活语言转化为数学语言,进而抽象出数学问题。

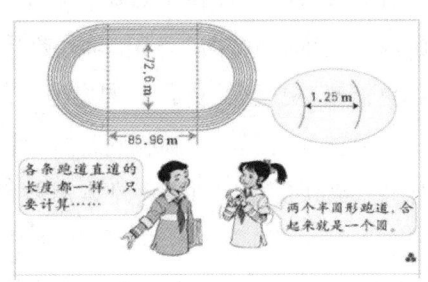

至此学生很好地完成了从"定性"到"定量"描述的思维转化过程,并且激发了自主表达的兴趣和热情,提升了分析、判断、质疑和表达的能力,也为实现纵向数学化过程的数学内部建构奠定了思维基础。重要的是激发了学生学习数学的兴趣:原来学数学就是"学有用的数学",数学和生活问题的联系如此紧密,它不仅能锻炼自己的思维,还能提升自己运用数学解决生活问题的能力。更重要的是,它能帮助学生在应对未来生活不确定因素、问题或困难的挑战时树立信心。

(三)提炼阶段:抽象与表达

提炼阶段是"现实问题数学化"的最后阶段,通过抽象与表达实现从现实到"数学化"的目的,即现实问题转化成了数学问题。

前述谈到抽象是从众多事物中舍弃个别的、非本质属性,得到共同的、本质属性的思维过程[①],即要求学生善于把现实问题中的次要因素、次要关系、次要过程、无关信息先撇在一边,抽出、概括出主要因素、主要关系、主要过程和关键信息,在头脑中进行思维加工,将现实问题抽象为数学问题。抽象思维凭借科学的抽象概念对事物的本质和客观世界发展的深远过程进行反映,使人们通过认识活动获得远远超出靠感觉器官直接感知的知识。

表达是现实问题向数学问题转化的外显过程。将数学问题用数学语言表达出来是现实问题成功转化为数学问题的最后步骤。对于数学问题的表达,一般可以通过文字、图形、表格、符号等形式实现。[②]

如,教学人教版六年级上册"确定起跑线"时,当学生理解题意之后,指导学生如何将熟悉的生活语言转化为科学、简洁、叙述性的数学语言,这样,学生就能顺利地将情境图抽象、提炼为数学问题:环形跑道是由两条直线跑道和两个半圆跑道组成,直道的长度是85.96 m,第一条半圆形跑道的直径为72.6 m,每条跑道宽1.25 m,进行400 m跑比赛,各跑道的起跑线应该相差多少?

抽象问题是"现实问题数学化"的最后关键点,这里,"问题提出"或"问题引领"起重要前提作用。首先,问题要具有思考性。要能帮助学生逐步学会更深入、更清晰、更全面、更合理的思考,以"问题"为引领,真正提供一个切实可行、可做、能体验、促学习的问题载体。其次,问题要具有相关性。正如波利亚所指出的,在解决问题的过程中常常需要引进辅助问题,而这事实上就已进入"问题提出"的领域:如果你不能解决所提出的问题,可先解决一个与此有关的问题。你能不能想出一个更容易着手的有关问题?一个更普遍的问题?一个更特殊的问题?一个类比的问题?这就是培养数学思维的一个重要方向。当然,可以进一步理解,所谓的数学思维就是指像数学家一样的思维,即不满足于问题的解决,而是力图通过新的研究发展自己的认识。再有,问题要具有价值性。问

[①] 史宁中.数学基本思想18讲[M].北京:北京师范大学出版社,2016:2.
[②] 赵科林.生活问题与数学问题的双向转化机制及其应用研究[D].成都:四川师范大学,2020:32.

题不等于问题情境,只有当学生有解决它的欲望时,问题才能构成问题情境。因此,问题情境是否真实有效还得看它是否具有一定的生活意义、数学价值或科学价值。通过问题提出和引领,促进数学思考,学生在头脑中对现实问题与数学本质之间能够建立有效关联,促进数学式的思维加工和抽象,形成了一套行之有效的数学思维模式。那么,当学生遇到现实问题时就可以按照头脑中既有的数学思维模式进行"数学思考",在数学思维的作用下,将生活世界引向数学世界,从而实现真正意义上的问题转化,把现实问题抽象成数学问题。

总而言之,现实抽象的过程,是学生将融入问题情境之中的现实问题(知识原型)进行感知、体验,提取已有经验,使新知与旧知、经验与认知等发生联系,从中看见核心问题,然后在头脑中思索并理解情境中问题与核心要素之间,以及各核心要素之间的关系,去除非本质属性,最终抽象转化为数学问题,亦即经历运用数学的方法、手段组织现实世界中问题的数学化过程。

三 支持条件

每一个阶段环节的发生都需要与其相对应的支持条件参与,识别阶段需要以原有的生活经验为支持条件,表象阶段需要以巧妙的问题设置为支持条件,提炼阶段需要以问题转换能力为支持条件,以上的条件共同构成现实问题向数学问题转化的支持条件系统。

(一)"经验基础"为起点条件

建构主义理论强调学生的主动建构是源于自己经验的同化或顺应过程。由此,学生已有经验能否在新知识学习中发挥作用,就看其在学习过程中是否能够被激活起来。创设将新旧知识融入其中的情境就是一个很好的途径。情境是数学知识内容的原型载体,因其本身具有的现实性、形象性、挑战性,符合学生学情特点,有助于吸引学生的注意,激发学习的兴趣、调动积极性,容易激活学生已有的知识或生活经验,促进新知与旧知、经验与认知等发生联系。这是一种自然而然对接学生已有的生活的、经验的、直接的、感性的、童趣的连续,并能够引发新的思考,包括知识经验、知识元素、目标等方面的连续,是由简单到复杂、具体到抽象,是逻辑的、连续的。[1]

1. 经验连续

找准学生现实经验与学习经验的连接点,精选与学生的学习连接点密切联系的学习内容;学习内容能兼顾不同层次学生,使全体学生参与。

如,学习平行四边形面积的计算时,将相似性情境转化为生活性情境就是很好的经验连续的例子。同理,在教学"梯形的认识"一课时,学生已知晓四边形、平行四边形以及长、正方形的特征,且已具备探究方法的经验,教学中要善于创设情境及核心问题。如:"从这些现象中你看到了哪些图形?"隐去实物抽象出图形后,再问:"你能将这些图形分一分,并说说这样分的理由吗?"由此分类,将图形分成了一般四边形、平行四边形还有梯形等。继续追问:"这么多的图形你都认识吗?它们各有什么特征?当初你是怎么认识它们的?"这样,平行四边形的特征以及探究的方法就被激活起来了,为后面聚焦梯形的认识和探究过程起着重要的迁移作用。

2. 元素连续

基于学生已有知识与经验,围绕教学的核心内容展开,有针对性地进行顶层的理解、分析、把握与设计,使学生切实理解所学内容。在教师的引导下,学生能通过自主探索、小组合作交流等方式,围绕问题的核心主题而展开,进而促进其深入而有意义的学习,探寻知识内、知识间的结构,实现知识结构与认知结构的有机联结。

如,学习"三角形的认识"一课时,从三角形的特征及含义可知对各部分间元素关系的理解、分析和把握是重点。为使学生在切实理解、设计和实施中注重将其已有经验激活。通过创设活动情境及核心问题,如通过"依次出示三条线段,猜一猜,今天学什么?""动手围一围三角形,思考三条线段如何围成三角形?"等趣味游戏回顾已有经验,萌发发现新知识的愿望。由此展开了从线段到角,再到三角形的元素特征的复习进程,使零散的认知经验得到有机整合,使静态的文本呈现得到动态的经验结构,为后续展开元素间(顶点和边,角和边,顶点和角等)的关联做好了经验连续。从中彰显学生对三角形的个性化理解:即

---

[1] 吴玉国.小学数学结构化学习的实践研究[M].南京:江苏凤凰教育出版社,2021:63.

三角形有三条边,三个顶点,三个角;三角形可以由三条线段围成,可以由一个角加一条线段围成,还可以由线外一点连接线段两端构成。学生由此建构且理解了三角形的核心要素"点、线段和角"各自之间的关联。

3.目标连续

目标内容要求明确具体,能够体现结构的整体性,体现出数学知识的习得、教学思想方法的渗透、数学基本活动经验的积累以及情感态度价值观的培养;目标还要有弹性,能面向全体,尊重学生差异,有圆融相通的过程,促进学生的差异学习,使不同层次学生在实现基本目标的同时获得全面发展。

如,前述中谈到的"生活性情境"的创设,用学生熟悉的"购物"情境,易于唤醒学生已有的经验,即"要付钱时,接近100元的通常是先付给一张百元钞票,然后再找零"。这既是一个经验连续,同时也是目标连续,不仅为学生理解"154-98=154-100+2"奠定了简便算法的算理基础,更是学生经历算法过程中个人基本活动经验的积累过程,也是认知差异相互碰撞的结果。

(二)"问题情境"为关键条件

1.任务式情境

建构主义者认为,任何知识(包括数学模型)都有其赖以产生意义的背景,知识只是一种工具,要理解并灵活运用某一知识,就应知道知识的适用范围,也就是应当理解知识赖以产生意义的背景,即情境。因而人的认知也必然具有情境性,这就是情境认知。学生的学习本质上是一种认知过程,为了让学生真正理解并运用知识,就应该为其创设相应的认知情境。而"三化"教学强调从现实问题数学化开始,创设的真实问题情境,能够促进学生产生学习的需要,有助于学生完成数学学习的任务,也称其为"任务式情境"。所谓的任务,其实就是为现实抽象服务,情境中要蕴含现实问题,切实能够转化为教学研究的数学问题,以利于在解决这一数学问题的过程中,探索其中所蕴含的数量之间、图形之间存在的一定关系或变化规律,赋予新的命题,并建立符号表达式,实现数学模型的建立。而对此"现实问题"的界定,不仅仅是一个具有一定关系的结构,还应该具备一定的数据,能够真实地呈现问题的解决。

比如,研究平行四边形的面积计算公式,人教版教材创设的情境是给出一个长方形和一个平行四边形的花坛,要求比较两个花坛的大小。看似是一个问题情境,但是因为没有提供一定的数据,也就不称其为"现实问题",因而很难转化为所要研究的数学问题。而北师大版的教材呈现的情境,给出的是一个平行四边形的空地,并且呈现出这个平行四边形的底、高和邻边的长度,要求学生思考如何求得这个空地的大小,这就是一个真实的现实问题。通过引导学生能够将现实问题"求这块空地的大小"转化为数学问题即"求这个平行四边形的面积"。那么,"这个平行四边形的面积如何计算呢?你能运用什么工具解决这个问题呢?"这个任务一传达下去,依据经验,学生就可能有了"底乘高"或"底乘邻边"求平行四边形面积的两种计算方法的猜想。恰恰是这样的真实"猜想",才完成了现实情境所赋予的"任务"——实现"现实抽象"。"现实抽象"是为"数学抽象"服务的,是数学发展必经之路。

2.非良构问题

情境尽可能呈现非良构问题的结构。生活中的很多实际问题,就是通过各种数学知识建立数学模型而解决的。就小学数学的应用来说,大多是古老的初等数学的简单应用,也许在数学家的眼里根本就不是真正的数学模型。不过,小学数学的应用虽然简单,但仍然是现实生活和进一步学习所不可或缺的。当然,数学模型的生活原型实际上是复杂多变的,解决的过程其实也是一个复杂的思维过程。如何培养学生运用建模意识和建模能力寻求快捷有效的方式解决问题,这是"现实问题数学化"的要求。要在生活中不碰壁,那么就得在课堂上先磨炼。就得把生活搬进课堂,体验感悟解决问题的诸多困难和解决后的成就感,积累经验,为真正解决生活中的实际问题打下基础。因此,教学一开始的情境创设尤为重要,应该创设稍复杂的问题情境——非良构问题情境。

非良构问题是相对于良构问题而言的。现今人教版教材编写的例题,大多是良构问题,即从已知信息出发直接就能提出解决的数学问题,无须经过筛选和取舍的过程;而非良构问题,简单地说,需要经过筛选和取舍后,才能将所求问题与已知信息进行关联。如我们通常所说的有多余信息的数学问题可以说是非良构问题;情境中给出的信息有些是隐藏的,需要靠经验或常识去理解得到的,这样的数学问题也可以看成是非良构问题;或者,同样的信息可以对应不同的问题,也可称为非良构问题;更为复杂的,那就是真实生活中的现实问题,不是一眼就能找到信息,而是需要深入解读,不断挖掘,甚至是不断调整,才能确定出相关联的数学问题。如下列问题。

（1）哥哥和弟弟2人买电影票花了60元,妈妈花了60元,一共花了多少钱?属于多余信息的非良构问题。(2)小明和3个同学都买了一本书,每本书的价格是15元,一共花了多少钱?属于隐藏信息的非良构问题。(3)用木条做成一个长方形框,长18 cm,宽15 cm,它的周长和面积各是多少?如果把它拉成一个平行四边形,周长和面积有变化吗?属于同一信息不同问题的非良构问题。

为提升学生运用数学模型解决生活中实际问题的能力,教学时,就要让学生在建模过程中积累丰富的数学活动经验,经历现实问题数学化的历练过程。因此,情境内容中尽可能提供多余信息,其与问题不相关,并有干扰作用,或者提供信息与所要解决的问题不是直接关联而只是间接有关系,需要经过稍复杂的计算才能使问题得以解决。甚至,可创设一种信息不仅仅是解决一个问题,而是能提出多个问题的情境结构。这样的结构不仅需要用当天所学知识来解决,更是需要综合运用已有知识,对学生的思维是一个更艰巨的挑战。这样的情境结构才更有利于学生抽象能力的提升。有所经历,有所体验,积累更为丰富的经验,就能在面对纷繁复杂的现实问题时,积极思维,寻找与之相关的数学模型,使问题得以顺利解决。

(三)"现实数学化"为核心条件

情境创设为现实抽象服务,要有助于现实数学化——抽象。"现实数学化"就是将现实问题进行适度的抽象,将其转化为数学问题,其中的核心就是数学抽象。抽象并不是数学所独有的,而数学抽象是对空间形式和数量关系的抽象,是一种特殊的抽象。数学在本质上研究抽象的事物,而这些抽象的事物来源于现实世界,是被人抽象出来的。数学抽象的对象既可以是现实世界中的空间形式和数量关系,也可以是数学思维中的空间形式和数量关系。真正的知识是来源于感性的经验、通过直观和抽象而得到的,并且这种抽象是不能独立于人的思维而存在的。抽象是思维的基础,因为只有具备了一定的抽象能力,才可能从感性认识中获得事物(事件或实物)的本质特征,从而上升到理性认识。而抽象思维能力是需要培养的。在现实数学化的过程中,要引导经历问题数学化的过程。

（1）精心设计问题,启发思维。抽象的核心是舍去现实背景。从现实问题到数学问题的抽象过程中,数学问题即数学模型的核心要素是隐藏和分散在现实中的,需要靠激活学生已有的生活经验或知识基础,联系新旧知识的基础上形成的。这一个过程是学生主动建构而不是被动接收的,而促进主动建构的最有效方式那就是将问题抛给学生。因此,对问题的设计要精心考虑,问题要有助于学生的思考。要有助于学生从现实情境中剥离非本质属性的东西,提取本质属性,实现从生活层面到数学层面的横向数学化过程的跃进。

(2)实施有效策略,促进思维。从生活问题到数学问题的抽象过程,就是模型准备阶段,在这个阶段,需要采取有效策略,那就是"破题"。"破题"时,教师要引导学生主动处理好三个关系:一是事理关系;二是数理关系;三是文理关系。用数学符号表示数学模型的逐步抽象过程中,更是要引领学生进行数学实践,经历猜测、验证、分析、推理、抽象概括等一系列的思维活动。这个过程,策略运用得当,将有效促进思维参与。因此,教学时,渗透数学思想方法,如运用数形结合思想加强直观理解,利用转化思想将未知转化为已知、将繁杂转化为简单,或者渗透函数思想帮助分析推理等。

第三节 案例分析

前述两节谈到了现实问题数学化的进程,强调创设问题情境有利于沟通现实与生活的联系,有利于激活学生已有的生活经验或知识基础,有利于学生的自主建构。注重让学生经历横向数学化过程,运用数学眼光发现现实问题蕴含的数学知识,并通过现实抽象使现实问题转化为数学问题,让数学学习有了明确的研究对象,为数学概念的建立、数学内部知识体系的深入建构奠定了新的知识基础。正如不要仅仅看到基于逻辑的抽象更为严谨,能够解释一些创造性的东西,更应该看到,基于现实的抽象更为本质,因为它创造出了新的概念、运算法则和基本原理。[①]

因此,教师不能仅仅停留于纯数学层面上的教学,更重要的是要落实数学应用性的教学。强调数学的应用性,不仅重视从"符号具象"开始,将抽象的符号化模型回归现实寻找原型,为建立模型打基础;同样需要关注建模教学中的"现实抽象",为基于逻辑的抽象、促进数学内部的发展奠定现实基础。

下面两位教师的课堂教学实录,或许有助于体会基于"现实问题数学化"教学的实际效用。

"走向颁奖台"
——人教版数学五年级下册第三单元"长方体和正方体"综合课[②]

王老师一上课,先和孩子互动起来:每年学校都有运动会比赛,孩子们最骄傲和满足的那一刻是什么?(登上领奖台)

课件出示颁奖台的图片(如右图),提出"任务一":学校想制作一个这样的颁奖台,每个获奖者站上去的平台面积是相同的。如果你代表学校跟木工师傅直接电话沟通,你会怎么描述?先依据问题提取信息明确要求,然后独立思考如何描述,并在

---

① 史宁中.数学基本思想18讲[M].北京师范大学出版社,2016:5.
② 何莎,龙猛,王圣昌.经历数学化过程,促进量感发展——以"走向颁奖台"一课为例[J].小学数学教师,2022(4):23-27.

此基础上交流汇报。

【教学实录】

生1:我发现三个长方体的底面积是一样的,因为上面这三个面面积相同,所以底面积相等。最高的长方体在中间,第二高的在左边,第三高的在右边。(师板书:底面积相等)

生2:我补充,我觉得这个颁奖台是一个不规则图形。

师:"不规则图形"几个字老师写在哪里?

生2:加在最前面。(师板书:不规则图形)

生3:我的想法和他差不多,我认为这个图是由两个长方体和一个正方体组成的。

师:能说说哪两个是长方体,哪个是正方体吗?

生3:(指图片左侧两部分)这两个是长方体,(指图片右侧一部分)这一个是正方体。

生4:我觉得应该把"底面积相等"改成"横截面相等"。

师:横截面在哪里呢?

生4:(边指图片边说)上面到底面之间的横向的截面。(师板书:截面)

师:还有要补充的吗?

生5:颁奖台有四个面是重叠的(指三部分中间纵向的面)。加上这四个面,就可以把它分成三个长方体。

师:我应该怎么写,写在哪里?

生5:我认为可以写"四个面要重叠",写在"底面积相等"的后面。(师板书:四个面要重叠)

师:这样描述下去,木工师傅能否做出你想要的东西?为什么?你觉得还需要告诉他什么?

生6:要告诉师傅一些有用的数据。

生7:我觉得要告诉师傅每个面的面积。

生8:我觉得只要告诉每个面的长宽就行。

师:每个面的长、宽都要告诉是吗?你们可以在图上把想告诉师傅的数据标出来,我们再来交流。

……

该课例教学到这里,我们可以感受到学生已经有了从一开始的定性描述转向定量描述的意识了。这个案例是在一篇文章中看到的,之所以引用它来作为案例,是因其恰恰能较好体现"现实问题数学化"要达成的目标,亦即通过数学的眼光发现现实中的能够运用数学知识加以解决的问题,从中锻炼和培养学生运用数学方法解决现实问题的能力。

曾经和老师们也研讨过这个课例的教学,当时是作为单元知识学习后的综合练习,目的是提升学生综合应用知识解决实际问题的能力。但是,那时的设计实施过程如下。

陈老师同样出示上述的"任务一":学校想重新制作一个这样的颁奖台(如右图),每个获奖者站上去的平台面积是相同的。如果你代表学校跟木工师傅直接电话沟通,你会怎么描述?

师:谁来说一说?

生1:我会告诉师傅,这个颁奖台是由三个长方体组成的,最高的长方体在中间,第二高的在左边,第三高的在右边。

生2:这样告诉师傅,他哪里知道怎么做?又没有告诉尺寸?

师:这个同学说得真好,没有给数据,你能计算吗?所以你们觉得应该告诉师傅什么,他才能制作这个颁奖台?

生3:应该告诉师傅这三个小长方体的面积。

生4:不用告诉面积,只需要告诉师傅这三个小长方体的长宽高就行了。

……

同样的教学课例,不尽相同的教学过程,呈现的是教师理念和对教材解读上的差异,值得一线教师进一步分析与探讨。

1.背景分析

以上课例的教学都应该是针对学生在学习该单元内容后,提升综合应用知识解决问题的能力而设计的。王老师和陈老师都通过创设问题情境,将"如何计算不规则的长方体体积"这一数学问题蕴含于情境中,通过"如何向师傅描述颁奖台的模样"这一现实问题展开教学,关键在于经历将现实问题转化为数学问题的现实抽象过程。

2.本质分析

经历现实抽象的过程,不同思维水平阶段的学生数学现实层次不同,数学语言的表达形式、数学化水平的程度也都不尽相同。因此,数学教学要遵循思维发展和认识过程的规律,在不同的思维水平阶段提出不同的数学化要求,从而真正实现循序渐进并取得预期的结果。[1]弗赖登塔尔认为,因为他强调数学是一种活动,所以他对"往哪儿指导"这个问题的回答是"到一种活动中去"。换句话说,学生应该创造数学化而不是数学,抽象化而不是抽象,图式化而不是图式,形式化而不是形式,算法化而不是算法,用语言描述而不是语言。由此,经历现实问题数学化是该课教学的必然所在。分析该单元教学,"度量的思想方法"作为单元内容的本质与核心,它能够帮助学生建立体积大小的直观感觉,从数量上刻画物体的大小,发展学生的数感、建立体积量感。

3.理念分析

但是"量化"表达的优势如何让学生感受到?怎样帮助学生形成"量化"表达的思维习惯?真正使学生更深刻地理解"体积度量"的含义,感受用"数量化"方式描述事物的必要性呢?……教学目标的实现必须倒逼教师的教学思考。

从上述案例教学可看出,两位教师都有意识地引导学生经历将现实问题转化为数学问题的过程。但陈老师显然对于这个过程是否需要给出足够的定性描述并不以为意,"学生能说就说,更希望能够直接进入到数据表达",教师的这一意图其实从案例中当学生一谈到需要给出数据才能制作颁奖台时教师即刻给予表扬肯定就可知晓。而王老师却非常重视这个定性描述的全过程。整个教学过程,王老师不仅仅是顺着学生的思路,更是努力配合着学生,比如"老师写在哪里?""横截面在哪里呢?""还有要补充的吗?"不断给予学生肯定和鼓励,师生关系和谐,学生也俨然成了课堂的主角,有满满的成就感。直到学生基本把相关的核心要素表达出来,教师才适时提问学生"这样描述下去,木工师傅能否做出你想要的东西?""你觉得还需要告诉他什么?"自然而然地,学生想到了给出数据(如面积、长、宽、高等核心要素)才能清晰、准确地传达信息。

由此,我们来聚焦两位老师处理过程的不同思路,或者说直接聚焦"现实抽象过程",看是否一定要充分经历定性描述的过程。

---

[1] 张艳霞,龙开奋,张奠宙.数学教学原则研究[J].数学教育学报,2007,16(2):24-27.

首先,从遵循学生思维特点上出发,既然把任务给了学生,那么要解决"制作颁奖台"该如何描述这一问题,就要让学生有充分的思考和表达,不仅仅局限于个别人的观点,而且要考虑学生以直观思维为主、抽象思维较弱的特点,提供充分表达感性认知的机会,并在交流互动中全面感知颁奖台的形状、大小,为抽象"不规则图形是由长方体或正方体构成"奠定经验基础。从这个角度看,王老师让学生充分展示定性描述是符合学生思维认知特点的。

其次,教学应该有利于激发学生内在学习需求。当学生对颁奖台即不规则图形有更加全面和深刻的认识和理解后,对教师提出的疑问就有更多的认同感,既然定性描述不够清楚,那么怎样才能更加清晰呢?学生有了这样的需求后,思考会更加主动,思维会更加活跃,于是运用数据描述才能清晰、准确地传递信息就成了更多学生的共识,后续的"量化"解决问题就有了更坚实的概念基础,就能够更加凸显"量化"解决问题简洁、快捷的优势。

这样,学生能够很好完成从"定性"到"定量"描述的思维转化过程,也就实现了现实抽象的目的,即将生活问题转化为数学问题,使数学学习有了研究的对象,并且激发了自主表达的兴趣和热情,也为实现纵向数学化过程的数学内部建构奠定了思维基础,提升了分析、判断、质疑和表达的能力,提升了学生全面分析事物以及事物之间关系的能力,从而提高解决问题的能力。更重要的在于激发了学生学习数学的兴趣:原来学数学就是"学有用的数学",数学和生活问题的联系如此紧密,不仅能锻炼自己的思维,还能锻炼自己运用数学解决生活问题的能力,帮助学生应对未来生活不确定因素、问题或困难的挑战树立信心。

第四章

小学数学"三化"教学之数学内部结构化

关于数学内部结构化的概念内涵,在上述章节中已探讨过了。本章节则简要论述数学内部结构化的意义和价值,重在分析数学内部结构化的路径。

数学内部的结构化旨在通过教师对教材整体性、适切性的理解、设计与实施,引导学生亲身经历数学知识、方法、思维等内部结构的建构过程。在此过程中,学生能够逐步理解、体会"知识结构化、方法结构化、思维结构化"的真谛,并将其运用于问题解决之中,从而提高解决问题的能力,促进核心素养在课堂学习中的落地与提升。

数学内部结构化的前提是对知识内在的系统性、逻辑性关系进行充分挖掘,在这基础上再进入对教学目标及教学实施步骤的结构化设计,使之形成结构化教学体系,以期通过结构化的认知和方法使已结构化的知识内化成为学生自己的结构化思维,以促进学生思维结构层次的提升。结构化学习过程,知识是通过一定的方法和手段被体验、体会,进而理解和内化的,学生获得个性化的建构后还要经由对话、合作、交流等社会性建构获得普适性、科学性以及创新性的知识结论和过程方法。因此,过程方法的梳理不仅要能使其可视化,也要使其结构化。比如,平行四边形面积计算的教学,学生经历知识学习从情境中的"比大小"—抽象出"求的是平行四边形的面积"—探究平行四边形面积计算公式模型—运用模型解决问题—深化拓展模型运用。与此相关联的思想方法:形数引入—猜测(底乘高或邻边相乘)—验证(数格子—优化数法—迁移剪拼法)—推理—抽象—建模等。学生的思维经历了从直观思维—程序思维—抽象思维—形式思维的进阶过程。

鉴于多年的实践研究,笔者将数学概念抽象的过程划分为三个阶段或三个层次。第一阶段是简约阶段:把握事物关于数量或者图形的本质,把繁杂问题简单化,给予清晰表达。第二阶段是符号阶段:去掉具体内容,利用符号和关系术语,表达已经简约化的事物。第三阶段是普适阶段:通过假设和推理,建立法则、模式和模型,在一般意义上描述一类事物的特征或规律。[①]在对数学概念抽象的各阶段有了较为清晰的认识和理解后,笔者总结梳理了数学内部结构化的学习路径,主要有:化繁为简、多元表征、推理论证、符号演绎、元认知反思等。(图4-1)

---

① 史宁中.数学基本思想18讲[M].北京:北京师范大学出版社,2016:14-15.

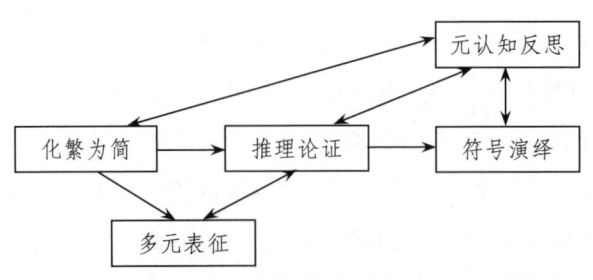

图4-1 数学内部结构化的主要学习路径模型图

化繁为简:厘清结构化边界。属于数学概念抽象的第一个阶段,即简约阶段,是数学知识结构化的前提。

多元表征:激活结构化认知。应该说其伴随多元表达贯穿于知识结构化或数学学习的全过程,是数学知识结构化的有效支撑。

推理论证:促进结构化思维。是知识、方法、思维结构化,助推符号化结论的关键环节,在整个结构化过程中起核心作用。

符号演绎:明晰结构化知识。属于数学概念抽象的第二、三阶段,即符号阶段和普适阶段,是数学内部知识结构化的目标所在。

元认知反思:创新结构化学习。数学学习以及创新知识、方法即思维的重要源泉。

下面分小节进行具体阐述,其中元认知反思在数学内容现实化中也有重要作用,在下一章中详细介绍。

第一节 化繁为简

在小学数学中,化繁为简是一种很重要的解题技能,也是一种常见的数学思想方法。"化繁为简"问题,又称作"化简"问题,主要包括:计算结果的化简;计算方法、解题步骤的化简;实际问题中文字信息的化简;解决问题时思维方式的化简。每一类化简问题各有其特点,化简的方法也各不相同。但是化简的目的却是统一的:节省时间、提高效率;让思维更加快捷;让操作更加简便;让结果更加明显。虽说化简问题无处不在,比较常见,但它绝不等同于头脑简单、考虑问题片面,更不能被看作偷工减料。它是与生活密切联系的一种行为,更是一种数学思想、一种技能。

化繁为简可以用在问题情境的简化上,从劣构情境到良构情境的边界清晰上,从现实问题到数学问题的转换上。如抽屉问题(鸽巢问题),我们可以用小棒和杯子来进行替代说明,将该数学模型简化为小棒放进笔筒的问题来进行研究,这样可以大大简化数学模型操作探究的难度,而简化后的情境又与原来的数学模型本质相通。这样探究出简化后情境中的数学模型,也就探究出了原来较复杂情境中的数学模型,实际上也就是基于"同构原理"的运用。

化繁为简更重要的是作为数学模型建构过程中的有效策略,同时也是小学数学建模教学的目的之一。作为策略而言,它是数学建模的桥梁,也是数学知识结构化的前提。数学建模的第一个步骤通常是分析数据,关联要素。当数值较大时,学生往往难以尝试探究,很容易就扼杀了学生继续探究的兴趣,所以就需要简化数据使问题情境中的数值变小,变得直观且易于尝试探究。较小的数值有利于学生的计算,也有利于学生的直观感知和数学猜想,更有利于学生关联已有的认知经验,使模糊的知识边界变清晰,易于看到数学知识的结构,即简约化的结构。

一 内涵

化繁为简作为数学建模的桥梁,是数学知识结构化的前提。其内涵可界定为:将数学的研究对象也就是从现实问题抽象转化了的数学问题进行剥离,即抽象掉若干现实世界中的因素,使之简化为近似的或者本质相通的数学模型的过程。这里的简化,还包含有面对数学问题中那些不能直接运用知识解决或不易解决的部分时,通过不断转化形式把它归结为能够解决或比较容易解决的问题,最终使原问题得到解决的过程。因此,化繁为简使模型简化,是构建数学模型抽象思维的核心。

二 思维路径

化繁为简之所以说是数学内部结构化的前提,主要在于解决数学问题时的数学求解过程以及建构结构性新知识(即数学模型)之前需要对数据与问题进行分析、取舍、关联,去除次要因素、次要关系、非本质关系,使数量之间的关系逐渐逼近其本质的简约过程。换句话说,学生解决数学问题的过程不是一蹴而就的,其思维呈现一定的路径或进阶,首先要经历一个简约的阶段,才有后面表达本质即呈现结构化了的数学模型的建构阶段。简约阶段要解决的是"与谁有关系"的问题。

数学核心知识往往具有丰富的背景,孕育着多样的可能性,可以生发出不同方向和意义的相关知识。它也常常蕴含着新的基本的观念、方法、技能和概念,对学生宏观了解多向认识知识的价值和意义具有启发性和引领性。因此,教学应该向四面八方打开,帮助学生开启新的领域,拓宽思维视野,从而整体感知和理解相关知识体系及其蕴含的基本思想方法。[1]学生进入数学求解前经历化繁为简的思维过程,不是通过机械的模仿与操练,而是需要教师提供活动机会助力学生打开思维,让思维尽量发散,然后再收拢聚焦,这样能将学生真实思维充分展现,教师得以了解学生的学习迷思,以利于教师对学生在其最近发展区上的引导和学习迷思上的澄清。而打开思维最有效的方式就是诱发"猜想"、

---

[1] 魏光明.小学数学起点型核心知识的育人价值、学习路径与教学策略[J].课程·教材·教法,2023,43(6):117.

引导"关联"。猜想是为了达成简约即化繁为简,关联以利于逼近本质即结构化。

(一)猜想

猜想是数学学习中一种重要的思想方法,在学生创新思维或直觉思维培养中起着不可或缺的作用。在小学数学学习中要经常运用,如引导学生在对信息或数据的了解、理解和感悟中大胆表达自己的想法,这个时候的想法即可以称之为猜想。这个猜想并不是胡乱猜测,而是基于观察基础上的猜测,利用的是学生已有的"数学现实"而做出的一定判断或推断,往往就是直接给出答案,运用的是系统思维和直观思维,呈现的是要素间的关联。

如,教学平行四边形的面积一课,课伊始,创设了一个"需要铺设多大的草坪?"的情境,将解决"平行四边形草坪多大?"的现实问题转化为"求这个平行四边形的面积是多少?"的数学问题后,给出如下平行四边形的底、高和与底相邻一条边的长度。继而提问:你从中知道了什么?大胆猜测这个平行四边形的面积是多少,并说说你的想法。

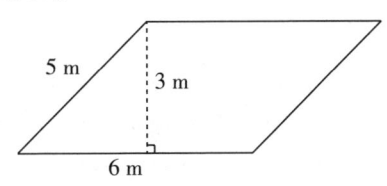

由此发现,学生可能有四个层面的水平表现:一是不能猜测出答案;二是猜测面积为 30 m^2,依据"长方形面积=长×宽",推断出"平行四边形面积=邻边×邻边"即"6×5"得到答案;三是猜测面积为 18 m^2,可能凭直觉但不会表达;四是也猜测面积为 18 m^2,但能说出依据,即把平行四边形沿着高剪开后移到右边拼成长方形,直接用"6×3"计算得到答案。到此,不难看出,对于平行四边形的面积到底跟哪些核心要素相关,每个学生的认知水平是有差异的。

1.通过猜想,引发知识的迁移

皮亚杰的发生认识论告诉我们:图式指的是某种经常出现的结构或组织在大脑中的反映,它可以引发迁移或者概括。在这里,引发迁移的是面积概念模型(格子图)和长方形面积计算公式模型(长方形图),运用得当,就是正迁移,否则就是负迁移。就如上述"30 m^2"的猜测,就是受到了长方形面积计算公式模型

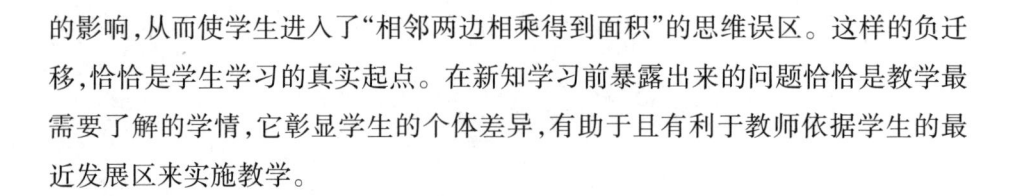

的影响,从而使学生进入了"相邻两边相乘得到面积"的思维误区。这样的负迁移,恰恰是学生学习的真实起点。在新知学习前暴露出来的问题恰恰是教学最需要了解的学情,它彰显学生的个体差异,有助于且有利于教师依据学生的最近发展区来实施教学。

2.通过猜想,诱发多样性思维

多样性思维训练有利于学生的个性化建构。教学中要重视学生的个性化建构过程,激励学生合理运用多样化思维去思考并解决问题,激发创造力。通常可以表现为三个层次的思维训练:第一层是直觉思维形式,它无须经过一步步分析和推理,面对问题情境时突然间就能洞察、领悟和推理,亦即迅速关联相关要素并依据直觉作出一定的判断或推断,或直接给出答案;第二层是形象思维形式,这通常是根据题意利用画图等表征手段,借助直观图形展开思维,让学生可以在经历多种思考策略的比较与沟通中,培养形象思维能力;第三层是逻辑思维形式,它体现在直接联想已有知识的探索并"创造"新知的过程中。这三个层次,体现了三种思维形式在知识建构过程中的灵活运用,有利于因材施教,发展个性,培养学生思维能力。

如果说上述真实性情境是围绕着某一个知识展开的猜想,是更多聚焦于学生已有的知识基础之上的,那么在大单元整体视域下,为了关注学生核心素养的具体表现,我们则应该创设更多机会让学生对实际问题有自己的个性化、多样性的解决策略或方式,并鼓励他们由此作出各种假设,进而再引导学生将这些策略与假设聚焦到重要的研究对象上。从而看到学生经历解决问题的过程表现,这或许就是核心素养虽然隐性但能真正实施和落地的路径。

如,低年级学生学习整数加减法,传统的教学可能会提供不少的例题让学生列式并计算给定的加减法算式,进而使其理解和掌握算法。但是,基于素养导向下的单元整体教学设计,可创设一个"外出野餐"的情境,引导学生想象并思考"计划为家庭准备野餐所要带的煎饼数量",并尝试向自己提出一些需要思考的问题。比如,家里共有几人?多少人将会参加野餐?以及每个人想吃多少煎饼?还要考虑有人有饮食限制吗?野餐中还要准备多少其他食物?等等。

学生对上述情境中的问题进行回答并作出假设后,你会发现学生同样要学习整数加法计算,但是问题答案已经可能完全不同了,他们将自己决定"什么数要相加"甚至是"有多少数要相加"以及"如何相加",这样将原来的封闭问题变为了开放问题,使学生不仅掌握了知识,理解了真实的情境中一个个加数所表示的特定含义,以及计算的算理和算法,更为重要的是在解决这些问题的过程中,它促进了学生自我的规划、全程的规划以及过程的调节、执行和监控,这样就有利于学生面临真实问题时形成主动计划方案的意识。

数学发现过程是一个不断提出猜想、验证猜想的过程。既然提出了猜想,那么到底正确与否,还需要进行事实举证。鉴于小学生的年龄和认知特点,许多公式、法则、性质、规律等都不便给出严格的论证,而最好是通过一些特殊事例,枚举归纳得出一般结论。在小学数学建模教学过程中,教师既要善于引导学生从一类事物中寻找共性、探索规律,归纳结论,建立模型;也应要求学生养成猜想、检验、分析、评估的意识,通过具有典型性的特例验证、评估,或举出反例,逐渐使学生养成严谨的思维习惯和理性科学的态度。这个验证过程将在后面的"推理论证"中完成。

(二)关联

关联,是存在必然联系的各关键元素间的一种密切关系。关联元素之间常表现为一种结构存在。正如布鲁纳所说,掌握事物的结构就是以允许许多别的东西与它有意义地联系起来的方法去理解它。简单地说,学习结构就是学习事物是怎样相互关联的。结构化学习就是要让学生在学习过程中实现知识的点、线、面、体等多项关联,以此培养学生建模思维。即必须将已有数学知识串联起来,从既有数学元素中找到可供选择的解题工具和路径,在这个过程中引导学生逐渐形成建构数学知识体系,以思维导图的形式呈现出来,并对各个关键概念、法则、公式等重大节点了然于胸。[1]从这个角度上说,从与新知识紧密度不强的各要素中选择相关联的核心要素,进而理解各个核心要素间的关系,特别是逻辑关系,不仅是数学内部结构化的重要内容,更是运用"化繁为简"这一思想方法要达成的重要目标。教学时,教师通过问题驱动,引发学生的猜想活动,使得学生的思维逐渐发散,由此生发出对知识各要素之间关系的个性化理解和表达。此个性化理解中的各要素之间或者有逻辑关系,或者逻辑性不强,或者可能根本就没有逻辑关系,因此,教师要及时回收学生针对猜想后这些发散的

---

[1] 徐明旭.从数学语言到数学模型:小学数学的思维进阶路径[J].教育理论与实践,2023,43(11):51-54.

观点,引导聚焦讨论、交流与表达,去除错误、繁杂,关联要素,厘清逻辑,使零散的、无序的各个知识要素呈现出结构的、进阶的知识体系。

那么,如何将知识进行关联,实现知识结构化呢?

1.找共性:从"零散"到"结构"

面对同一个学习任务或问题,虽然由于学生自身认知和经验的差异,表现出的思维水平不大相同但往往趋同,解决问题的方法与策略虽也不尽相同,但其思维表征对问题的理解和解答却都是正确的。对个体而言虽然"正确",但从群体上看却不"唯一",这样的思维表征使得学生对知识的认识还只是零散的,而非结构认知。需要教师引导学生从不同的方法和策略中发现它们之间的内在联系与共性,通过"求同存异"丰富并发展学生的思维。

如,人教版五年级上册"小数乘整数"的教学,某一教师结合情境,布置学习任务"夏天西瓜0.8元/kg,买3 kg西瓜一共多少元?"学生列出"0.8×3"后独立思考尝试解答,呈现出了如下不同的思维过程和结果:

①学生根据乘法的意义用加法计算:0.8+0.8+0.8=2.4(元);

②把"0.8元"转化成"8角",通过整数乘法计算后再转化单位:8×3=24(角);24(角)=2.4(元);

③根据小数"0.8"表示8个"十分之一",把8个"十分之一"乘3得到24个"十分之一"是2.4;

④把乘数"0.8"扩大10倍得到8,再把积24缩小到原本的十分之一得到2.4;

⑤利用图示直观呈现3个0.8是2.4。

由于教学开放,提供自主尝试的机会,学生运用已有的知识经验,如通过旧知的迁移(如①),转化的策略(如②),根据意义和法则(如③和④),借助实物原型、直观模型(如⑤)均可得到小数乘整数的计算结果。尽管思维过程不同,但都是对小数乘整数的正确且不唯一的认知方式。[①]教学中除了要求学生"理解算理、掌握算法"外,重要的是为建立小数乘法的竖式计算模型做好铺垫。首先,鼓励学生展示作品,表达各自的思维过程,要求表达尽可能让他人理解接

---

① 宗骞.让知识"结构化"生长——以小学数学《数的认识总复习》一课为例[J].基础教育课程,2023(4):36-43.

纳;其次,考查学生对别人的作品是否能够判断和理解并说出方法和道理,鼓励他们表达对不同作品的感受或评价,如感受到小数乘整数都可以转化成旧知来解决,体会到转化策略的价值以及图示的直观简洁。最后,教师还要引导学生对这些方法进行比较,提炼出相同点,从而建立起小数乘整数的竖式计算模型,即先把小数看成整数,计算结果再依据因数中的小数位数来确定。当然,如果有对学生错误的列式进行分析和改进的契机,最好不要将其放过。

2.任务式:从"静态"到"动态"

很多教师在知识结构化过程中往往为图快速和省事,选择师问生答、教师板书结构图的方式,在这样的"静态"方式下,多数学生的思维始终处于被动状态,教师难以调动起他们学习的积极性和主动性;把学生从听的状态中解放出来,赋予一定的学习任务,让他们亲身经历知识结构图示的"动态"建构过程,显然教学效果要好得多。通过任务的完成激活学生个性化思维参与,自主领悟结构图中所包含的深刻意蕴和丰富内涵。这样的任务式创建过程,不仅能调动每个学生参与的积极性,激活学习情感,使知识建构更加牢固有效,而且能将知识建构过程内化为学生自主学习的智慧和能力。

如,有一位教师在教学六年级"数的认识"整理复习时,其中一个环节是"在数轴中整理,感悟'数'的本质"。教学时教师给出了任务一:"你将这些数(0, 2, 3, 0.5, $\frac{1}{4}$, -2)在数轴上依次表示出来吗? 要顺利地表示出这些数,你觉得应该先确定哪些数的位置?"在这一教学活动中,教师没有给出任何数的位置,也不是通过一问一答的方式完成,而是给学生充足的思考空间来感受数和数之间的关系,让学生在思辨的过程中达成共识,即"先确定一大格的标准为'1'会比较方便",以此建立数轴标准,感受确定标准的重要性。

紧接着,教师提出任务二:"我们还可以快速确定哪些数的位置? 一起完成学习单(如下图)。"并请一位学生到黑板上操作。

> 请将下列各数在数轴上表示出来。
>
> 0, 1, 2, 0.7, $\frac{3}{5}$, $\frac{13}{10}$, -1

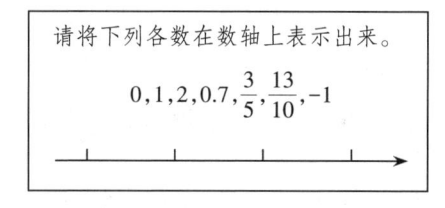

这样的任务要求,使学生借助数轴就能将各个数的位置和大小清晰呈现出

来，教师及时引导观察、操作、表征与表达，学生不仅发现了数轴上可以包含不同的、多种的数，而且明晰了不同的数如整数、自然数和负数之间的逻辑关系（自然数是整数的一部分，整数包含正整数、负整数和零等），同时将自己对不同数之间关系的理解通过结构图的方式充分展现。

教学到此，对于数的本质的理解似乎还没有完成。这位教师继续拓展，在数轴上引导学生找寻多个与$\frac{3}{5}$等值的分数和与0.7等值的小数时，通过"你是怎么想到这个分数或小数呢，还能想到几个？请你写出来，并说说你是怎么想到的？"的任务要求，唤醒了学生对分数的基本性质和小数性质的回忆。此时，教师紧紧抓住学生写出的数例，组织对比，引发思考：不同数的性质间有哪些相同点和共通之处？由此你有什么感受？这样，学生不仅感悟到分数的基本性质和小数的性质可以互相推导，而且感受到不同数的性质间的内在关联。教学经常这样以"任务"方式促进学生活动，使学生的关联意识和推理能力得到有力培养，认知结构也得到不断丰富和充实。

正如新课标强调：在教学过程中，不仅要注重具体内容与核心素养之间的关联，还要注重内容主线与核心素养发展之间的关联。①

3.一致性：从"表层"到"内在"

所谓逻辑关系，本应是体现知识本质即内在的关系，但其实很多还是停留在关注事物的外在现象即表层逻辑的理解上。比如，学生在数学学习中，经常用到总分、主次、并列、递进等来构建不同概念之间的关系，这实际上还只是"表层逻辑"构建，没有深入事物内部进行思考和分析。如：自然数、分数和小数都是"数"的一部分，它们都是"数"，这属于总分关系；自然数、分数和小数只是外在形式不同，它们之间都可以互相转化，这就是并列关系。

要引导学生关注知识本质即内在关系，教师就要深入挖掘，从知识之间的出发点、生长点和延伸点，引导学生探寻知识间的内在关联，透过现象看到本质，了解本质，进而达成知识间的融会贯通。比如，要强化对"数"本质的理解，在更深层面建构知识系统，就要从不同数概念的本质的"一致性"上去关联。如：自然数、分数和小数都有自身特有的计数单位，自然数的计数单位是1，它是

---

① 中华人民共和国教育部.义务教育数学课程标准(2022年版)[M].北京：北京师范大学出版社,2022:85.

由1累加而成;分数的计数单位是几分之一,它是由几分之一累加而成;小数的计数单位是0.1,0.01,0.001……虽然,自然数、分数和小数的计数单位各不相同,但它们都是由相同计数单位累加而成的。

因此,帮助学生思维从"表层逻辑"向"内在关联"跨越的关键在于教师自身要有这样的思维方式:用"相同计数单位累加"来统摄"数"的计数方式。在学生缺乏关联的眼光和关系意识时,进行有意识的引导,并巧妙搭建"脚手架"。

比如,上述在数轴填数的过程,除了给予任务式、表征表达,以此增强计数体验外,还要相机分层提问:

同学们都找了这么多数的位置,谁来说说你的想法?然后聚焦到①有没有感觉到$\frac{3}{5}$是由哪个数累加而成的?②整数1,2呢?③小数0.7,0.70呢?④现在感觉到整数、分数和小数有什么相同之处了吗?

引导学生思维层层递进,突破表层,深入本质,感受关联。

4. 反思式:从"经验"到"自主"

数学学习中,教师不仅要引导学生经历知识建构的生成过程,感受知识由零散到整体的结构性、结构性和系统性转变,而且还要引导学生将这些"经历"积淀成为"经验",形成迁移能力,为学生运用经验自主建构知识奠定基础。

心理学家波斯纳认为:没有反思的经验是狭隘的经验,至多只能形成肤浅的认识。有效引导学生进行自我反思,能够促进学生学习力的自主提升。

如,一位教师在教学"圆的认识"一课时,在"圆的概念"形成之后,进行了圆的概念的类化(即"从圆的现实原型抽象为圆的概念"的逆向过程)教学。教学时设计了如下问题:

车轮为什么做成圆的而不是方的?其中有何道理?分别用硬纸做一个圆纸片、一个方纸片进行演示,给出你的判断。

这样的设计是让学生经历该问题的分析思考过程,运用圆的概念的类化,即圆抽象的逆过程。回答该问题的关键在于,圆心(即车轮的轴)到轮子与地面接触点的距离保持一样长,如此轮子受力均匀;而方的车轮由于其轴与地面接触点的距离不一样长,车轮滚动起来将是颠簸的,既不舒适也极易损坏车辆。当然还有别的科学原理。例如,物体在地面上滚动要比在地面上拖动(即滑动)更省力,这是由于滚动摩擦力比滑动摩擦力小。

按理说教学到此,学生对圆的概念的理解应该是可以达成了。但是该教师在此问题解决后,还留给学生一个反思的机会,让学生对刚才所提的问题进行质疑:如果再给你一次机会,你认为现实生活中的下水道盖都一定要做成圆的吗?学生反思后分享,观点各不相同,教师给出下列问题。

你们认为在现实生活中,下水道的盖子有做成方的,也有做成圆的,那么,做成哪种形状更科学、更安全呢?你们有办法说明其中的道理吗?

于是围绕该问题,学生跃跃欲试,开始分小组演示、讨论并给出了不一样的答案。其中,比较有代表性的有:

"圆形的井盖可以由一个人搬动,因为它可以在地上滚。"

"圆的周长小、面积大。"

"圆的每一条直径都是相等的,井盖做成圆形的话,无论从哪个角度盖子都不会掉到井里去。如果把井盖做成方形,方形的对角线就比边长长一些,井盖极有可能沿对角线的角度掉下去。"

"圆的容易嵌合进地面,以免留下棱角伤人。"

"一个完美的圆柱体,因为下水道的那个口是圆的。"

"圆形切去四个角可以最大限度地节约成本。"

……

从上可看出,学生有了反思和分享的机会,他们看问题的角度和深度就更开放和多元,不仅是局限于运用刚学习的知识如圆的概念,更是可能拓展到更多内容,如圆形与方形的特征以及圆的周长与面积的关系,甚至于圆与立体图形间的关联,等等,而且在此过程中,学生主动运用数学的意识和分析处理生活问题的能力也得到了很好的锻炼。

学生原本零散的活动经验通过反思和交流,在其头脑中得以成型,并有效迁移到新的认知活动中去,既显化了学生的数学经验,让学生认知深处的经验从模糊变得清晰,以便学生更好地调用,也帮助学生完善了认知结构,促进学生思维能力的发展。[①]

(三)化简

简洁性是数学模型的一个重要特征,数学家陈省身认为在数学的世界中,简洁性和优雅性是压倒一切的。无论是数学的概念、公式或法则,还是数量上

---

① 宗骞.让知识"结构化"生长——以小学数学《数的认识总复习》一课为例[J].基础教育课程,2023(4):36-43.

的逻辑关系,抑或是空间几何的本质属性,无一不以其特有的数学语言的简练、逻辑体系的严密、字母符号的准确,向我们展示着数学模型的简洁之美。

数学知识内部的结构化,数学建模起核心作用,需要将复杂的研究对象简单化、抽象化,撇开它一些具体的特征,减少其中的参数,抽取其主要量,找出量的变化和量与量之间的相互关系,在一种"纯粹"的形态上,追求"神似"地去研究和解决现实问题的这样一个过程。化繁为简便是引导学生遵循数学建模的规律和一般步骤,拨开云雾看本质,探究数学情境本质的数学模型过程。依据这一指导思想,可以有如下几种方式来进行。

1.对比提炼,化简模型

数学模型的本质,在于揭示数学对象或数学问题的本质和共同特征。教学中要引导学生对数学对象或数学问题进行充分的对比分析,采用合适的方式表示出数学对象或数学问题中的共同属性,整体把握其中数学模型的本质。相似的数学情境,拥有共同本质的数学对象,教师把它们安排在一起呈现,看似繁复,实际上是要引导学生在这些充分的样本面前,思考和探究,化简数学模型,得到数学模型的本质。

如,教学"小数的意义"一课,老师出示一个正方形,将其平均分成10份,涂色部分占其中的1份,然后提问:"把整个正方形看作单位'1',涂色部分可以用哪个分数来表示?"根据已学知识,学生回答十分之一。老师追问为什么,在学生根据分数的意义回答后,说:"其中的1份可以用分数十分之一表示,也可以用小数0.1表示。"并板书"十分之一=0.1",然后依次出示十分之三、十分之六、十分之九的图片,问学生这些图片的涂色部分可以用什么分数表示,相应的可以用什么小数表示。在足够的样本面前,再让学生比一比这些分数,问他们有什么发现。此时,学生有了刚才图形与数据的积累和对比,容易发现这些分数的分母都是十,分母是十的分数可以表示成一位小数,从而理解小数的意义。

以上教学方式,以分数的意义作为学生的知识铺垫,结合图形来表示分数,对应出了小数的图形表示方式,在多组数据和图形的对比和感知中,引导学生快速感悟出分母是十的分数都可以表示为一位小数这一数学模型,也就是简化了数学情境和一位小数的分数和图形的表示方式,找到了一位小数的共同特征和本质属性。同时,该模式也可启发学生对接下来两位小数、三位小数的探究等。该化繁为简的教学方式,既是知识的传授,也是方法的引导。

2.抽象提升,化简模型

在小学阶段,鉴于小学生年龄特征和认知水平,教科书和教学材料通常以直观感知为主,容易使学生对数学问题的认识止于浅表,只有适时对直观的学习材料提炼加工,抽象简化,才能提高学生对数学问题或概念的认识水平,达到准确把握数学知识本质的教学目的。教师在教学中应不限于教材所提供的素材和定义,应组织丰富和多维的学习活动,在层层表象中逐层递进,让丰富的表象逐步抽象,剥离数学模型的外壳,让学生在活动中充分感悟,从表象到抽象,逐步提升对数学问题和定义的认识,接近和理解其中的数学模型。

如,教学"认识周长"一课,老师让学生理解周长的意义时,先创设了小明早晨绕着操场跑一圈的情境(黑色实线指小明的跑步路线,如下图),让学生判断"小明是不是绕着操场跑了一圈?为什么不是一圈?"继而初步判断什么是图形边沿的一周。

接着让学生基于对周长的初步认识,描一描以下图形的周长,然后提问:第五幅图的周长在哪里?并请学生上台指一指。学生上台指出后,老师追问中间的竖线是长方形周长的一部分吗?

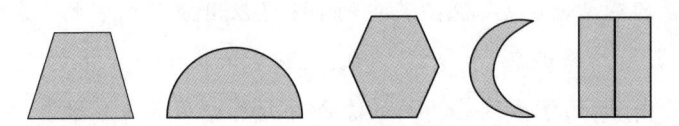

接着再出示以下图片。提问:这三个图形一周的长度一样吗?哪个最长?哪个最短?学生易于判断圆形一周的长度最长,正方形一周的长度最短。由此可以小结:圆形一周的长度最长也就是说圆形的周长最长。然后提示学生说一说什么是图形的周长。由此得到学生自己的感悟和表达,如"图形一周的长短叫图形的周长""图形边沿的长度叫图形的周长"等。

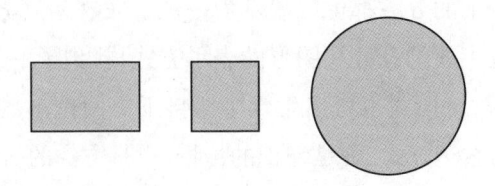

周长的概念是抽象的,教材本身仅仅提供了简单的素材和情境,且把"封闭图形一周的长度叫作它的周长"来表述图形的周长这一数学模型,对学生来说,他们很难通过单一的教材材料和定义的描述来感悟周长的定义。而教学时,通过教师对教材的改造和逐步的提炼抽象,让学生经历了几个不同层次的学习活动。首先是通过直观感知让学生初步判断什么是图形的一周,什么不是图形的一周。然后通过比较体会图形的一周有长短之分,使学生逐步可以脱离图形和学习活动,渐渐理解和接近教材中文字表述的数学模型的真正含义。

3.简化背景,构建模型

数学建模是一个逐步抽象,逐渐"简化"的"数学化"过程。简化的方式可有多种,其中,不断变化数学问题的背景或非本质属性的变式方式,能在变化中构建出数学问题的数学模型,进而突出数学问题的本质意义。

如,在教学三年级下册"认识分数"时,要让学生准确而深刻地理解"把一个物体或一些物体看成一个整体,平均分成若干份,其中的一份或几份可以用几分之一或几分之几来表示"是存在较大困难的,当然也不是本册教学的目标定位,但为了积淀更为直观和丰富的感性经验,为后续深刻理解和建构"单位1"这一概念模型,教师有必要进行变式的建构,可采用如下"小猴分桃"的任务式情境进行:

"把一盘桃平均分给4只小猴,每只小猴分得这盘桃的几分之几?"学生思考并提出数据需求后,教师满足学生要求带入具体数据,开始时先分1个桃子,采取小步走,如:"盘子里只有1个桃子,要平均分给4只小猴,需要平均分成几份?每只小猴分得几份?是这盘桃的几分之几?"进而不断变更条件:

(1)盘子里有4个桃子,每个大小一样,要平均分给4只小猴,每只小猴分得这盘桃的几分之几?

(2)盘子里有8个桃子,每个大小一样,要平均分给4只小猴,每只小猴分得这盘桃的几分之几?

(3)盘子里有12个桃子,每个大小一样,要平均分给4只小猴,每只小猴分得这盘桃的几分之几?

……

让学生运用各种方式表征,并小组合作讨论及表达。交流讨论过程中带着以下几个问题进行思考:平均分成四份,是把每个桃子平均分成四份?还是把整盘桃子看作一个整体,平均分成四份?在学生进行表征及表达是把"整盘桃看作一个整体"平均分成四份。教师还要及时结合图示帮学生建立"一个整体"的概念。

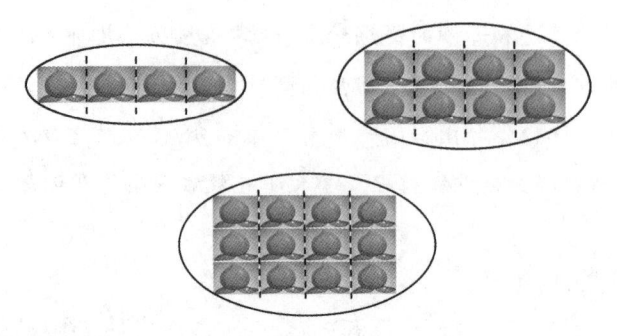

在变化一定的次数后,老师进一步提问:还需要再变一变盘子里的桃子数吗?学生此时已经对"一个整体"有了一定感悟,能够理解数据的变化不会影响结果:因为不管盘子里有几个桃子,只要平均分成四份,每份都是这盘桃的四分之一。此时,老师还可继续提问变换条件:"既然跟盘子里一共有几个桃子没关系,咱们隐去桃子的总个数(如右图),如果每份都放4个桃子,每份还是整盘桃子的四分之一吗?每份放5个桃子呢?每份放7个桃子呢?"……

这样,教师以盘子里放了一些桃子为线索,不断变换桃子的总个数,依次引导学生思考"每只小猴分得这盘桃的几分之几",使学生认识到,不管盘子里的桃子有几个,只要平均分成四份,每份都是这盘桃的四分之一。即使再变换条件,隐去桃子的总个数,学生依然可以得到以上认识。如此,将具体的教学实例逐渐抽象、简化成数学模型,不但降低了学生的认知阻碍,也实现了学生对分数意义的认知飞跃,从而深刻地把握了分数意义本质的数学模型。

由上,无论是猜想、关联或化简,都是化繁为简这一思想方法下的思维方式或学习路径,其目的就是要从数学模型清晰的边界开始,向数学模型各要素紧密的关联逐步迈进,使数学模型得以浮出水面最终见得真容。

第二节 多元表征

新课程标准(2022版)强调创设真实问题情境,鼓励学生在完成真实性任务的过程中积极参与、体验感悟,在有意义的学习经历中获得发展。数学学习过程就是一个数学思维的过程,在这一过程中,学生思维的发生、发展与表达过程必须依赖于学生的多重感官参与,他们一般会用直观感知如操作与实践、语言表达、文字描述等多种表征展现自己的思维过程,外化表征自己的思维。学生的思维表征可以成为教师和学习同伴观察、把握、触摸的教学资源。[1]教师要合理分层且充分地展现学生的表征成果,并及时组织学生对分享的成果作品进行分析评价,以便于学生理解,也有利于教师及时对教学路径作出必要的调整。

这里什么是表征?什么是多元表征?它在结构化数学知识以及方法思维的结构化中起着怎样的作用?将在如下的环节中展开论述。

一、表征

(一)表征

认知心理学领域中,表征是指将某种事、物、想法或知识用物理或心理的形式重现[2],是一个"表征"世界和一个"被表征"世界的特征或元素间的一种对应。皮亚杰认为表征是基于心理结构的智力活动、知觉或动作活动。表征不仅是人脑中知识的组成,而且是认知结构的形成过程和结果,更是认知对象的替代以及对这个对象的心理加工。

教育心理学中,将表征分为视觉化表征与语言化表征。表征可以用抽象的、具体的,抑或概括的、详尽的等不同的方式来描述。唐剑岚结合心理学与"表征"词性的研究,将表征的意义分为三类:一是作动词,表示外在世界与心理

---

[1] 张齐华."思维可视化"视域下小学数学课堂之重建[J].江苏教育,2017(25):48-50.
[2] PALMER S E.Fundamental aspects of cognitive representation[M]//Cognition and categorization.London:Routledge,1978:259-303.

世界的互化;二是作名词,表示认知对象的替代物,包括内部表征与外部表征;三是既作动词又作名词,既可以是认知对象的代表,又可视作对认知对象的加工、认知过程,还能表示加工后的结果。①

一言以蔽之,表征实质上是指内在或外在对象的替代,分为内在表征和外在表征。如果将想要表达的对象通过表征来替代,将有效促进简化思考和交流目的的达成。

(二)数学表征

"数学表征"既是数学学习的对象,又是学习数学的方法与手段。对数学理解影响深远。从多角度出发能够对数学表征产生多种不同认识。而认知心理学和教育学领域中对数学表征的理解不谋而合。Cuoco等认为,数学表征是在将被学生理解的数学结构与学生更易理解的数学结构间建立对应,实质是一种映射。

在数学表征的分类方面,卡朋特和希尔伯特等从表征形式和心理运作中表征的角色出发,提出将数学表征分为内在数学表征和外在数学表征进行研究的主张,并给出了二者的明确定义。外在表征是指符号、具体事物、语言或实际情境等形式的表征,主要可划分为文字符号和图形符号两种形式。两种不同形式的表征均可从任意知觉形式中获取,区别在于二者的抽象性不同。文字表征相较于图形表征而言更为抽象,图形表征(亦称"视觉化表征")与视觉的关联较强。内在表征同样具有多种形式,是存于人脑中而无法被直接观察到的心理表征。②

总之,数学表征本质为数学学习对象的一个替代。它含外在表征与内在表征两大类。正如上述所谈,内在表征是存于人脑中而无法被直接观察到的心理表征,因此,教学中的研究将更多地放在外在表征上,即关注认知过程的外在表征,兼顾内在表征和外在表征而侧重于外在表征。

---

① 唐剑岚.数学多元表征学习的认知模型及教学研究[D].南京:南京师范大学,2008:5.
② HIEBERT J,CAPENTER T P. Learning and teaching with understanding[J].Handbook of research on mathematics teaching and leaning.1992:65-97.

二　多元表征

(一)概念与特征

国内外学者关于数学多元表征概念有多种定义。这里不一一列举,指引用卡朋特和希尔伯特的观点,数学多元表征是指运用多种不同表征形式去表征同一数学学习对象,含内在的心理表征(客体头脑中的心智表征和心象)和外在的客观表征(语言、实物情境、文字和符号等)两类。随着认知心理学的发展,多元表征的含义逐渐狭义化,变为多元外在表征(multiple external representations, MERs)的泛指。

参照学者观点,归纳总结三点:一是"多元"意指表征形式多元;二是数学多元表征泛指多元外在表征,包括叙述性表征和描绘性表征两类;三是多元表征的不同类型之间相互关联、转化,对数学多元表征开展研究的过程中要兼顾各表征类型之间的相关性。描绘性表征(depictive representations)本质为图像符号,结构任意但与被表征对象之间存在具体的或某些抽象水平上的天然联系;叙述性表征(descriptive representations)实质为抽象符号,这些符号与其表征的对象间并无天然联系,结构任意却又与既定内容相连。[①]

上述多元表征概念是从理论上的界定,实际上,在教学中对于表征注重多元;注重外显,即动作、图像以及文字、符号等外在的表征;更注重不同表征的关联和转化。

(二)理解与运用

布鲁纳的观点:知识能够以不同的形式被表征。不同的人其表征方式不尽相同,表征水平也有层次差异。由此观点出发,教师应该根据学习者的发展水平来改变教学的进行方式。比如,上述让学生猜测"平行四边形的面积是多少"之后,就可让学生尝试进行自我表征,有的可能选择用透明的格子图放置在图上进行数数或进行简便计算,有的可能运用剪拼法直接将图形转化为长方形;但是学生这时可能还无法运用公式及其符号进行表征。

这也恰恰说明了一点:当学生还未学习或未能够理解抽象的数学符号之

[①] 何雯.多元表征与变式教学整合下的初中二次函数教学设计研究[D].晋中:太原师范学院,2023:12.

前,可以先让他们参加动作表征的数学活动(如使用格子图、剪拼图形等)或以图像表征(使用图片,观察或想象图形等)的活动。任何知识都可以以适当的方式教给任何年龄阶段的学习者。

再如,教学"百分数的意义"一课时,可创设学校"定点投篮"比赛的情境。

问题:从以下三个选手(如下表:只给出投中次数)中选一个投篮水平高的选手代表班级参加比赛,你选几号?提出后,进行第一次表征,此时学生基本采用叙述性表征。仅从数据观察即得出自己的看法。

姓名	投中次数
1号	9
2号	5
3号	11

如有人选择3号,因为3号投中的次数最多;也有人不确定或不发表看法。继续追问后,有人会说如果选择3号的话,一定要在投球总数一样的情况下。进而启发:一定选择3号吗?有人选择1号或2号吗?说说你的想法。再进一步追问:对于同样3位选手,有的选3号,有的不选3号,到底该听谁的?这样就可能引出学生的疑问:因为不知道他们投篮的总数,如果投球总数不一样,就没办法判断了。此时可以聚焦到新的问题:仅从一个信息是无法判断该选谁的,最终明确还需要给出"投球总数"这一信息。而回到"投球总数一样时即可选择投中次数多的3号"没有不同看法后,聚焦到"当投球总数不一样时我们又应该选择几号?"的问题上,于是就又有了第二次表征。为了能够促进学生的多元表征,这时可以提出如下要求:根据以下表格,请你用算式说明你的想法,并写出你最终选择的选手。

选手	投中次数	投球总数
1号	9	20
2号	5	10
3号	11	25

这时,教师可拍照收集作品(作品:一是比相差即投中次数与总次数的相差;二是通分比投中次数占投球总数的几分之几;三是比命中率即通分为分母是100的分数;等等,也有可能化为结果是小数的作品),并将学生的作品进行反馈和展示,可以让学生进行多元表达。

当然,这个环节的表征还只是教学从旧知、经验向新知、模型的初步建构阶段,后续进一步深入建构百分数意义模型还有不同的表征运用。但总之,学生多元表征的运用对学生思维水平的训练和提升有重要的影响和作用。

(三)表征与图式

依照西蒙《认知》一书所论,表征和图式是认知的重要因素。表征和图式是具象思维与抽象思维相互转换的关键节点,也就是数学建模的关键点。表征的熟练程度,表明了数学思维的速度,而数学思维速度与信息编码的能力也是有关的。

表征也即信息的呈现方式。其又可分为具象表征和抽象表征。如,对长方形周长的表征方式有:具象的内部表征→外部表征(如图4-2或图4-3);抽象的内部表征→外部表征(如图4-4)。

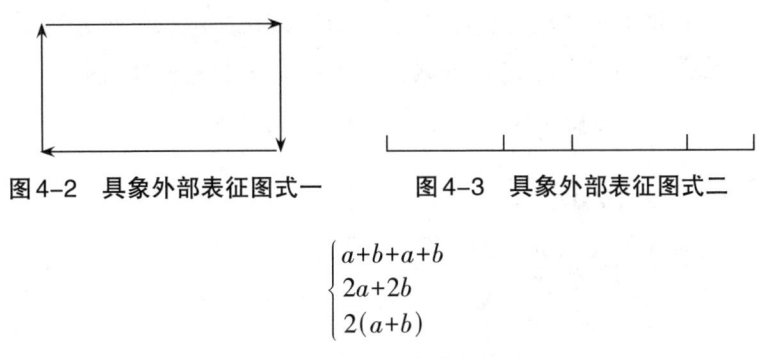

图4-2　具象外部表征图式一　　图4-3　具象外部表征图式二

$$\begin{cases} a+b+a+b \\ 2a+2b \\ 2(a+b) \end{cases}$$

图4-4　抽象外部表征图式

当小学生头脑形成图式时,表明思维已经有一定的结果。小学生的图式有两种,一是具象的图式,如图形、模型等;二是抽象的图式,即成形而存入记忆的数学模型或式子。利用表征与图式的转换,能够有效促进具象与抽象思维相互转换。

小学生将抽象数学命题转换为具象的数学图式,依据的是熟悉的生活经验,或者套用原认知结构中保存的图式。为了促进这种思维转换,教师应该想办法增强小学生的数学生活经验,比如关于长方形认识及其计算的教学,教师应该布置观察生活中的长方形建筑或物品,撰写日记或编写数学问题等,促进学生脑中长方形图式的建立。同时,进行适当的复习、练习都是具有意义与价值的,关键在于适当。

当小学生将抽象数学命题转换为具象的数学图式的时候,会先在头脑内部进行具象的表征。内部表征的速度即其在思维中解决问题的速度。然后表达出来成为外部表征,这时候就立刻进行建模,接着是验证数学思维的结果。这时候的速度就是图式内外转换的速度,速度快而且正确的,就是美国耶鲁大学心理学家斯腾伯格指出的经验智力(其特征为能够迎接新情境新任务的挑战和信息编码自动化程度高)。

当小学生将具象的现实数学场转换为抽象的数学式子,可以依照思维的发散程度,形成不同的抽象数学问题。发散得越多,证明其对于数学思维本质的掌握越好。为了促进发散思维能力的发展和这种思维转换,教师在进行此类教学时,要尽量鼓励学生将数学具象物的数学因子转换为问题目标,越多越好。哪怕数学具象物原只有一个问题目标,教师也要在解决完这个问题目标以后,把其他数学因子也逐次转换成问题目标。

如,以"希望小学的操场是一个长方形,原来长60 m,宽30 m,扩建后,宽将增加10 m。扩建后的操场面积有多大?"教学为例,解决此问题时,可以借助画图表征:先画一个原来的长方形操场图(如图1),表征原操场;接着在这个图上加一个由虚线表示的长方形(如图2),表征扩建后的面积;然后整合后表征出完整的题意(如图3)。

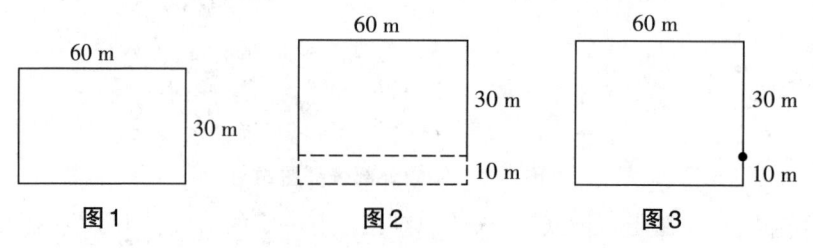

图1　　图2　　图3

这样,原题中的所有数学信息(长60 m,宽30 m,加宽10 m)全部具象在表征图上,直观明了。为后续迅速关联目标与信息,寻找建模点,确立面积模型,解决问题奠定了图式基础。而当学生利用图示表征解决了问题并建立了模型即"长×(原来的宽+增加后的宽)=扩建后的操场面积"之后,即可开展下面的活动:希望小学的操场是一个长方形,原来长60 m,宽30 m,扩建后,宽将增加10 m;加宽后总面积有2 400 m²(图示如上,略)。假设你就是老师,要根据上述操场的数据提出问题,然后编制数学题以便教学时使用,可以编不止一道题。编制数学题的同学要准备好答案。请编题!

这个图形是具象的,编制数学题则是进行抽象,将其转换成文字。这一转换的基本过程是利用数学内部语言对于数学具象物进行信息编码的思维。这种编码是在学生原有知识与经验的基础上进行的,即抽掉原数学具象物的一个数学信息,假设它是未知的,将它作为问题目标。

(1)信息编码。对具象信息先进行抽象文字表达:一共有四个数学信息,第一个是长60 m,第二个是原宽30 m,第三个是操场经过了扩建后宽增加10 m,第四个信息是之前计算扩建后操场总面积2 400 m²。进而,由学生除掉该数学具象物的某一个数学信息使之成为问题目标,推出可能的抽象的数学问题。

(2)目标变换。从整体学生的编码思维看,一定出现多元发散的情况,即作为学生群体,"问题目标"不断变换,四个数学信息至少能编制出四道数学题。

(3)情境多元。学生个人由于数学基础不同,编制出来的题目数量会有区别,有的能编制两题或以上,有的仅能编制一题。但经过师生、生生互动和交流,必然呈现出多元抽象的数学命题。如:

①希望小学的操场扩建后一共有2 400 m²,它的长是60 m,宽原有30 m,扩建时宽增加了多少?

②希望小学的操场扩建后一共有2 400 m²,它的长是60 m,扩建时宽增加了10 m,原来的宽是多少?

③希望小学的操场扩建后一共有2 400 m²,它的长是60 m,扩建时宽增加了10 m,原来的面积有多大?

……

这种教学的重要特点是围绕具象的数学场,利用其中的各种信息进行内部编码,使得数学具象物的信息轮流成为问题目标,最终抽象成一种多元的建模情境。

(4)思维转换。上面学生编制出的多元情境包含多层次的数学思维,部分学生的思维发散比较明显,通过展示和交流后,原来只能编出一题的学生,在思维时可能大受启发,进而明白:对信息进行编码,变换问题目标,能够编制出多元抽象数学命题;每一个数学命题都有相对应的数学模型进行计算解决。如:

①扩建后面积÷长-原宽=增宽;

②扩建后面积÷长-增宽=原宽;

③(扩建后面积÷长-增宽)×长=原面积;

……

由于以在一个数学具象物里抽象各种数学信息并相互转换为问题目标,这必然在多元的数学发散思维中促进学生学会更深刻地利用多种思维角度看待数学情境,并学会进行数学思维角度的转换。换句话说,能够进行这样由数学具象思维转换为数学抽象思维,并进行多元思维发散的学生,对于数理乃至对于数学思维方法的掌握,肯定是非常熟练的。

这样由"信息编码—目标变换—情境多元—思维转换"思维框架构成的建模教学,部分学生掌握起来会有困难,但是它对于建模学习却是有价值的。即便学生刚开始时不了解教师要求这样是什么意思,经过多次的示范性引领教学过程以后,学生也会领会数学思维转换和思维发散的本质,也会逐步进入建模的深度学习,通过多元思维的方法,提高建模的能力。这样就体现了"教法转化为学法"的教育理念,也从本质上促进了学生对于数学思维的运用与掌握。

三 多元表达

数学表达简单说即思维的外化过程,可包含数学言语思维、图示思维和动作思维等。在数学学习过程中,学生的思维是由一些互相补充、互相交织的各种类型思维的综合而来,但它们往往"看不见、摸不着",有经验的教师借助于给学生提供数学表达的机会,使学生的思维可视化。经多年的教学实践,笔者总结了以下几种表达方式:依靠言语思维进行表达、反馈;借助图示提取、记录思维过程的反馈;借助动作操作、建构、再现思维等。均能呈现出较好的教学效果。言语思维(建立在语言基础上进行的思维)是思维类型中很重要的一种。关于思维不可能离开语言的论断,得到了黑格尔、康德、穆勒以及物理学家尼尔斯·鲍尔的支持[①]。研究表明:人的左脑负责语言等,而右脑则负责节奏、相信、色彩、白日梦、空间感、形态和维度等。换句话说,右脑比较擅长处理感性表象。为使左右脑开发平衡,就需要进行左右脑协调。"画图"促进右脑的开发,进而发展感性思维已得到人们的共识。除此之外,动手操作、实验或表演,探究和验证过程不仅易于调动学生的多种表征参与,带给学生情境可视化后全新的心理体验,更是核心素养落地的必然途径。

表征就是思维的外显化过程。可以说,表征是表达的思维基础,表达是表征的思维结果。多元表达即表达的多元方式。教学通过多元表征后进行的多

[①] 谢列勃连尼科夫.论"语言与思维"问题(思维是否永远有语言外壳?)[J].朱立人,译.语言学动态,1979(3):7-13.

元表达,能够把"看不见、摸不着"的思维变得"看得见、听得着",亦即思维可视化。使思维可视化的几种表达方式有语言、图示、动作等。

(一)语言(口头)表达

语言表达其实一直贯穿于整个学习过程之中,通过语言表达看见思维所在,以此了解学情和调节教学进程,促进教学高效达成。

1.有利于调动思维、联想活动

当学生用语言来表达时,每一个词语的产生之前都大量存在着与想认识的数学现象、想解决的数学问题相关联的思维活动。比如,当学生试图给某一数学现象起名字、对某一数学概念下定义、就某一数学问题表达观点时,必须先认识他所打算称呼的那个事物、分析他要定义的那个概念、了解他要解决的那个问题,而这个过程如果没有进行一定的思维,具备一定的经验,是不可能实现的。[1]因此,学生充分运用语言表达前,教师一定要给学生留足思维的时间。可以通过课前的预习唤醒已有的知识经验,可以通过问题提出后给予一定的思考时间或独立尝试演算之后再进行表达反馈。

如教学"圆的认识"之前,老师布置了相关的自学和操作活动,上课时,教师开门见山提问:你对"圆"有怎样的认识?你会画圆吗?学生呈现了多种回答,如"圆圆的""光滑""好看",是"曲线图形""轴对称图形",个别能回答出"圆心、半径和直径",有的知道"圆心到圆上的点的连线长度相等",有的学生会表达"圆画得不太好""圆不太好画",等等。的确,原本学生的思维活动我们是看不见的,但是通过他们的言语表达我们就能听出他们是怎样思维的,联想到了什么。这正应了爱因斯坦所认为的在用词进行思维之前有联想的活动[2]。

而这样的效果就是教师想要达成的目的之一,即通过学生简洁而迅速的言语表达,激发更多言语表达前的思维活动、联想活动,而这些思维活动、联想活动又为语言的即时表达提供了依据,也将为后面的学习奠定思维基础。

---

[1] 陈云.思维可视化:小学生数学思维发展的实践研究[J].教育学术月刊,2023(1):71-78.
[2] 谢列勃连尼科夫.论"语言与思维"问题(思维是否永远有语言外壳?)[J].朱立人,译.语言学动态,1979(3):7-13.

2.挖掘把握直觉思维的创新性

数学直觉思维往往受到当前既定的问题情境或语言情境的触发,而使人迅速地领悟道理、做出判断或得出结论。很显然,课堂上有效的"问"与"答"的交锋就是这种直觉思维最明显的呈现。[①]笔者以为,素养导向的课堂教学就是要尽可能达成这样的效果。

如,一位老师在四年级"认识平行线"的教学中,请学生画出已知直线a的平行线,有的同学在a的左边画了一条,有的同学在a的右边画了一条,老师把两个作业"搬"到一起,学生瞬间脱口而出:"如果两条直线都与直线a平行,那么这两条直线也应该互相平行。"教师紧接着再要求:"如果把刚才的画平行线改为画垂线?你又会有什么发现?"学生第一时间应该马上模仿反应出"这两条直线应该也互相平行",当然也可能受到负迁移影响,认为"那两条直线应该互相垂直",但是,不管怎样,学生很快就可以通过自己的再次操作得到验证。

那么,如此不经过详尽分析和推理,仅依靠口头语言来交流思想和传递信息,这样的直觉思维有没有价值?当然是有的,但取决于教师对此创新意识的认识程度、呵护程度和调控能力。直觉思维是一种逻辑的跳跃,会促成学习过程中产生新的突破、新的结论,带有极强的创造性,但也极可能产生错误。教师要意识到就算是错误的回答,也是课堂教学的资源,更是创新性的源头,需要及时加以肯定和进一步跟进有效的教学行为。

如上述的问题变换或可能得到错误的回答,怎么办?直接是"你错了,乱猜",那必然会打击学生的积极性。此时的做法,应该是这样的:"到底谁对谁错?想想有什么好办法?对了,再画一画验证下,然后你再来回答,好吗?"

这样的引导就能确保直觉思维一定是建立在学生较强的数学直觉和扎实的知识基础,以及自觉验证意识的基础上的,能够真正体现学生的认知能力,以消除凭空想象的胡言乱语。当教师透过学生的语言表达,准确捕捉并充分发挥学生瞬间迸发的灵感时,就能为学生打开通往创新思维的那扇窗户。

充分运用好思维交锋场域。课堂学习是一个集体活动,语言作为一种工具,一种武器,使得集体共同的意识形态、共同的语言体系能够产生,这是因为个人认识世界、解决问题的经验,借助语言才可能最直接地变为集体的认知、经验。诚如著名教育家乌申斯基所深信的那样,思维的过程整个地是在词中实现的。

---

① 陈云.思维可视化:小学生数学思维发展的实践研究[J].教育学术月刊,2023(1):71-78.

教学时,教师要善于把课堂变为一个辩论场域。一个学生表达完自己的想法,就会有不同的学生发表各自的看法,可能是质疑"我不赞成你的观点……""我有不同的想法……";可能是支持赞赏"我和他的想法一样……""他说得很清楚,我听懂了……";还可能是完善"我还可以进行补充……";等等。

这样的交锋正是恩格斯所指出的:劳动的发展必然促使社会成员更紧密地互相结合起来,因为它使互相帮助和共同协作的场合增多了,并且使每个人都清楚地意识到这种共同协作的好处。一句话,这些正在形成中的人已经到了彼此间有些什么非说不可的地步了。

(二)图示表达

如果说语言表达贯穿于整个教学始终,那么,图示表达则是介于动作和语言表达的中间地带,属于图像思维层面的,在建构知识模型,促进知识、方法、思维等结构化上发挥桥梁作用。图示表达主要是借助图示(图形、表格、图像、思维导图等表征形式)提取、激发数学思维,或者依靠手绘图形来记录探究过程和思维路径的一种呈现方式。亦即借助图示表达自己的思维和观点。

1.鼓励思维的独创性

事实上,课堂教学因为是集体学习,如果课堂都是以即时的反馈形式,学生快速作答势必会干扰和牵制其他学生思维的发生、发展,不利于群体中绝大多数学生的独立思考。而独立思考即为独创性的前提。独创性是指学生通过独立思考,在学习的过程中创造出有独特价值的、有新颖成分的、有个性特征的学习成果。因此,关注学习过程,不论是关注思维过程,还是关注思维品质,都要关注"创造"的这一基本特征,亦即要鼓励发挥每一个学生思维的独创性,留给学生独立思考的时间和空间。如,在学生解决较为复杂问题或是数学知识模型的建构过程的初始,一定是放慢脚步,通过任务式要求进行的。

以"希望小学的操场是一个长方形,原来长60 m,宽30 m,扩建后,宽将增加10 m。扩建后的操场面积有多大?"教学为例,"解决此问题时你从题目中获得了哪些信息?你怎样一步一步得到结果的?请先把你的想法选择合适的方式记录下来,稍后请结合你的记录来做交流。"

通过这样的任务式情境,使得学生必须先独立思考,对自己获取的信息有一个独立完成输入、加工、储存和输出的完整过程。过程中教师要关注更多学生选择的方式,如多数学生没有选择画图的方式,则可以提醒他们"也可以画画图,或许这样更有助于你的理解",在保护独创性的同时又鼓励选择有助于理解的图示思考路径。这样学生在分享表达中就能借助于图示记录的过程清晰解题的思路和策略,为建构知识模型奠定思维的创新路径,这个过程也是学生自我发展和自我调节的重要过程。

2. 记录思考的痕迹

如上述那样,图示不仅有助于理解,还有一个重要因素就是记录过程,留下印记,有助于再现和记忆。这是因为,小学阶段的学生,其思维方式还处在"具体、形象"阶段,对于一些初次涉及的概念或者问题,学生的感知是瞬间且比较模糊的,当需要再回头去整理或提取思维过程时,常常迷茫或失去方向。因此,引导学生用直观的图示或者符号记录自己的思考痕迹,被显性化的"思维方法和思维过程"就会帮助知识的记忆和理解,保留一定的思维痕迹,这些痕迹能支持学生从最初的情境出发,提炼整个思考过程的关键步骤或关键点,形成学习新知的触发点。[①]类似这样的图示记录有很多,这里就不列举了。关键在于如何用上这些记录的痕迹,为达成新知服务。也就是要相机引导学生进行回忆和表达。比如,"刚才我们是如何解决这个问题的?结合你的记录再来谈谈解决问题的思路""从中你有什么发现?"等,达成引问促思的效果。

3. 促进建构的发生

建构主义学习观认为个人知识并非通过传授而得,而是个体利用学习资源,在与教师、同学等学习伙伴的共同协作下,通过构建的方式获得的。[②]那么,教学中可引导学生通过图示表征建立视觉表象,形成可视化激发点。这些图示作为"看得见"的视觉表象,扮演"视觉组织者"的角色[③],帮助学生对问题情境和信息进行扫描、提取、整合和激发,完成信息的"初步分类"和"线索搜寻",开启新知建构至关重要的触发阶段。可视化的图示还会提高过程论证的指向性,减

---

① 陈云.思维可视化:小学生数学思维发展的实践研究[J].教育学术月刊,2023(1):71-78.
② 陆军.化学教学中学生科学风险认知及其能力的培养[J].课程·教材·教法,2016,36(1):104.
③ 陈宗成.初中物理概念建构思维可视化策略——以浮力概念的建构为例[J].教学与管理,2019(31):72.

少信息重现和再整合的时间,为建构腾出足够的心理资源。被显性化的思维方法和思维过程还可以成为学生理解自己思维过程和反思自己思维路径的抓手,完成对新知从"理解"到"贯通"的过程,也就是实现"思维能在上一步的基础上自然向下延伸"。[①]这里的自然,就是要考虑不同学生的知识差异,正如扎基、杜宾斯基和多特曼(Zazkis,Dubinsky and Dautermann,1996)所指出的那样:在视觉化过程中,也许最为有害的、却又是相当普遍的困难就是学生缺乏把图解和图解的符号表征联系起来的能力。只有帮助学生表达时理解图示背后数学的本质意义,表征时进行类比联想、比较分析、反思修正,才能让他们发现图示"同"中的"不同","变"中的"不变",真正实现对知识的"理解""贯通"。

(三)动作表达

动作表达就是指借助对具体操作物的动手操作(制作、实验、模拟表演等身临其境的活动),建构、再现数学思维的过程。它是学生依靠操作外部实物或自身肢体器官来呈现思考过程和展示思考结果的一种学习方式。是语言表达和图示表达的前提和基础,但同样具有重要价值:通过动作表达能够将学习过程外显化,易于调动学生的肢体和感官参与到学习中来,增进学习情感新体验。

1.降低可视认知负荷

如果说语言表达诱发听觉注意,图示表达让人视觉享受,那么动作表达则会有一种触觉感受。这就是多通道形式的表征。每个表征都有各自相对独立的信息通道,也都有各自的局限,如,视觉通道认知负荷过大则会造成认知超载等。而利用视觉、听觉、触觉等多种表征、表达能实现最大信息量输入的同时,降低认知负载的效果。正如美国华盛顿儿童博物馆的格言:我听见了就忘记了,我看见了就记住了,我做了就理解了。让学生动起来、做起来、说起来就能加深对所学知识的认知,且熟练应用。

2.改善数学学习态度

学生天生就是好动的,实践表明,学生对有动手操作环节的数学课堂显示出更浓厚的学习兴趣,也更愿意和更善于表达。因为动作、视听、表演等带来的

[①] 陈云.思维可视化:小学生数学思维发展的实践研究[J].教育学术月刊,2023(1):71-78.

综合刺激能全方位调动学生的知觉、感知、触觉,甚至味觉,所以当教师在课堂上给儿童提供具体的操作材料时,儿童对数学的态度也会得到改善。

如,在一年级学习"九加几"的进位加法中,教师创设了"一个鸡蛋篮里面装有9个鸡蛋(空余1格),外面还有6个鸡蛋"的情境。在学生解决"一共有多少个鸡蛋?"这一问题时,引导学生使用小棒来进行操作(左边摆9根,右边摆6根),由于情境贴合学生生活实际,学生很快从右边的6根中拿出1根和左边的9根合在一起成了10根,教师再引导学生将10根捆成一捆,及时帮助学生理解这一动作实现的是一个重要的数学过程——计数单位的改变,即"十个一变成了一个十"。学生借助于这一动作表达计算的过程和方法。

可以说,这样一个简单的操作比任何复杂的解释都更能让学生欣然接受,易于理解和掌握。

3.获取体验性的经验

数学实践活动分为思维操作活动和行为操作活动。思维操作活动指向归纳、类比、证明等的思维活动,无须借助直观操作即可获得相应的数学经验,更多的是策略性、方法性的经验(理性的成分更多一些);行为操作活动所获得的数学经验更多的是体验性的经验(感性的成分更多一些),其思维活动很大程度需要依附真实状态下的物体和动作表征。动作表达就是借助于实际的操作活动,从中获得最直接的感受、直观的体验和操作的经验。也许在学习新知的当下仅仅起到感性认识帮助理解的作用,但是在后续学习相关知识时,这样的体验性经验随时可能会被唤醒。如,上面提到用小棒的操作不仅可以帮助学生理解"九加几",而且"满十根捆成一捆以完成计数单位的转变"这一做法,对后期遭遇"两位数加一位数(或两位数)的进位加法"中"满十进一"、"两、三位数乘以一位数"中"相乘满几十"等问题时,常常会自然而然地启用原有的体验性经验。

无论是哪种表达方式,都希望朝着一个共同的目标前进:有利于学生思维水平的提升和发展,亦即通过互动、表达、交流帮助学生思维能够由低层次向更高层次跃进。可以通过让学生经历"做中学"、经历多元表征后,引导学生结合自己的作品郑重地表达自己的思路或想法,师生互动给予及时的点评以清晰学生是否读懂他人的作品、是否需要补充或质疑;学生表达作品的顺序也有讲究,需要从低层次水平的作品开始,逐步向高层次水平的作品展开。这是符合认知规律、尊重差异、以生为本的教育教学理念。

如前述"百分数的意义"的教学,呈现出多种表征后的作品,教师就可以依据不同作品的水平层次,有选择地从低到高进行展示,并由学生自己解释。上述作品水平是有差异的,如"比相差"属于水平层次一,虽然选择结果正确,但是理由不对;第二个通分属于水平层次二,依据已有经验正确做出判断;第三个则是属于水平层次三,即不仅正确判断,而且对生活与数学关系的感悟能力更强。通过多元表达,对比交流,思维碰撞,大部分的学生都能从最初基于自己的理解上升到对百分数更清晰和透彻的认识:百分数是两个量之间的倍数关系,是一个数占另一个数的百分之几。这样,低水平层次的学生有了向更高水平层次跃进的机会,而水平层次较高的学生通过展示得到了同伴和老师的认可,也更有自信,同时也更加坚定自己对数学学习的兴趣和热爱!

这样经历"做中学""做中悟"的过程,凸显的是学生对"百分数意义的两个量间的倍数关系"这一核心目标具体体现的理解,透过简单任务目的达到核心素养的深度挖掘,使之在课堂教学中不仅可见、可评,而且可测,真正达到新课程标准倡导的"教—学—评"一致性。

第三节 推理论证

如果说，数学内部知识结构化的前提依托"化繁为简"，使知识模型边界得到清晰化，通过"多元表征""多元表达"使模型各要素及它们之间的关系得以厘清，那么，各要素之间呈现的关系是否具有一定的普适性，则主要依靠"推理"来完成。人们通过推理形成各种命题、定理和运算法则，它们各自成体系，又相互关联，形成网状结构，由此数学内部自身得以发展壮大。

所谓推理，通俗地说，指人们以一定的反映客观规律的理论或事实为依据，推知事物未知部分的思维方法，是根据一个或几个已知的判断，推出一个新判断的思维形态。用数学的术语来说，是指从一个命题判断到另一个命题判断的思维过程，其中命题是指可供是否判断的语句；所谓有逻辑的推理，是指所涉及的命题内涵之间具有某种传递性。在本质上，只存在两种形式的逻辑推理，一种是归纳推理，一种是演绎推理。[1]

归纳推理是命题内涵由小到大的推理，是一种从特殊到一般的推理。因此，通过归纳推理得到的结论是或然的。归纳推理包括不完全归纳法、类比法、简单枚举法、数据分析等。人们借助归纳推理，从经验过的东西出发推断未曾经验过的东西，这便是人们通常所说的"看"出数学结果，虽然看出的数学结果不一定是正确的，但指引了数学研究的方向。

演绎推理是命题内涵由大到小的推理，是一种从一般到特殊的推理。因此，通过演绎推理得到的结论是必然的。演绎推理包括三段论、反证法、数学归纳法、算法逻辑等。人们借助演绎推理，按照假设前提和规定的法则验证那些通过归纳推理得到的结论，这便是数学的"证明"，通过证明得到的结论是正确的，但不能使命题的内涵得到扩张。[2]

所谓推理论证，就是指从一个命题到另一个命题的推断中得到结论并验证结论的过程。小学数学阶段学生学习的概念、算法、关系、定律、公理等数学知

---

[1] 史宁中.数学基本思想18讲[M].北京:北京师范大学出版社,2016:6.
[2] 同[1].

识都是数学模型。这些模型都是通过一定的方法手段被构造形成的,使之呈现出一定的结构体系,这个构造的过程需要经历严格的推理论证。

一 内涵

基于对两种形式的推理的定义,我们认为推理论证具备以下几点内涵。

1. 是手段,更是目标

推理作为学习过程中的手段,同时又是一种建模学习的思想方法。公式推导学习中,通常需要引导学生经历猜测、再举例或操作验证得到结论的归纳推理过程,以及将结论回归不同情境中进行运用或检验的演绎推理过程,经过归纳推理抽象公式模型,通过演绎推理,使模型得以深化内涵并拓展外延。从这个角度上来说,推理是学习过程中有效达成目标的手段。同样,推理的过程,蕴含着学生的思考、预测、反思,其实就是经验积累的过程,通过这些过程,学生能亲身感悟归纳、演绎的思想与方法,逐渐积累归纳、演绎并举的思考与实践的经验,进而逐步形成数学的思维方式和思维能力,而这些恰恰是我们以往的数学课堂教学所忽视的。从这个角度上来说,推理本身就是一种数学思想方法。

2. 具有严格的逻辑条理

因为推理所涉及的命题内涵之间具有某种传递性。比如在三角形的面积公式推导过程中,涉及的锐角三角形、钝角三角形、直角三角形这三者的面积计算与三角形的面积之间具有传递性,即三角形必须涵盖这三者,缺一不可。因此,教学过程中就可通过这三种不同三角形的面积计算推理得出一般三角形的面积计算公式,但不能由一种或两种图形推理得出。

3. 过程需要依赖抽象

抽象的过程,特别是第二次抽象的过程要依赖推理,而两种形式的推理,特别是归纳推理的过程要依赖抽象。我们不能把抽象和推理截然分开。比如,在上述所说的三角形面积公式的推导过程中,学生通过将各自不同的三角形经过转化,计算得到了三角形的面积,进而梳理抽取出三种不同图形面积计算的共性之处,建立三角形的一般性计算公式,进而得到公式模型。那么,这个抽象的过程显然是通过推理得出的,这个推理的过程体现在,因为三角形包含有锐角三角形、钝角三角形、直角三角形,所以,由这三种三角形的共性即可推理得出三角形的一般性方法。反过来,要通过推理得出三角形面积的一般性计算方法,需要通过抽取三者间的共性之处。因此,推理的过程需要依赖抽象。

二 思维路径

每一种推理论证方法其实各有特点,实际教学中要提高学生的推理能力,需要让学生对各种推理的思维特点有所了解,对推理论证起关键作用的各变量及其关系有更清晰的认识,才能更好地运用推理进行论证,以利于数学知识、方法、思维形成一定的结构体系。

(一)思维类别

1.归纳推理,从特殊到一般

小学数学教学中常用归纳法,主要是不完全归纳法,通过观察某类事物中部分对象并发现某些相同的性质,推出该类事物具有这种性质。但因该方法得出的结论可能为真也可能为假,需要进一步证明结论的可靠性。所以,教学时要非常明确,学生举出个别例子,经过引导观察、实验、比较、分析、综合等活动,形成对思维对象的共性认识,最后归纳结论。之后还要继续扩大实例范围,既要鼓励学生举出更多的例子加以验证,也要求学生从寻找反例入手,以证明结论的真假。如运算定律的归纳,基本是运用计算几组算式来猜想并归纳结论的,如,根据"(5+8)×5=5×5+8×5""(23+7)×12=23×12+7×12""(25+36)×48=25×48+36×48"等几个有限的例子,归纳得出乘法分配律。但是否所有类似上面那样的案例,都符合乘法分配律呢?最好的验证的方法就是继续举例,或者找一个反例,以证明这个乘法分配律是否正确。

针对归纳推理,教师需要引导学生提供关系结构或规律相同的多个材料,并注意以下几个方面:一是提供的材料必须是具体的实例,而且应该是这类事物的典型素材;二是材料之间应该具有一定的联系或规律,具有推演的可能;三是提供的材料应该具备一定的数量,但并不是越多越好,最好涵盖多个内容领域;四是提供的材料应具有丰富性,尽可能涉及该类材料的多种变式。

2. 类比推理，从特殊到特殊

即依据两类事物的相似性，用同一类事物的性质去推测另一类事物也具有该性质的推理方法。它与归纳推理一样，运用该方法得出的结论同样可能为真也可能为假，因而，结论的可靠性同样需要进一步证明。针对类比推理，应该提供具有某些相似性的不同类型材料，具体要考虑以下方面：一是两个对象之间要具有相同或相似的特点或性质；二是两个对象之间的相似属性属于本质属性而且互相关联；三是被迁移的内容应该是学生生活中常见的或在学习中已掌握的。比如，体积与面积的类比，体积是指一个立体图形所占空间的大小，即含有多少个单位体积；面积是指一个平面图形所占平面的大小，即面积单位。两者本质都是用单位"1"去度量，换句话说都是单位"1"的累加。因此，学习体积公式的探索、推导的过程以及方法的运用，都可以用面积公式进行类比推理。

3. 直觉推理，洞察与领悟

直觉推理是人脑对数学对象及其结构的一种迅速的识别、直接的理解、综合的判断，是对数学真理直接的洞察和领悟，是以高度省略、简化浓缩的方式洞察问题实质的思维方式。针对直觉推理，一是多给学生提供可视化、直观化的材料。如，通过摆放单位面积的正方形求长方形或平行四边形的面积，通过将三角形的三个角撕下来后拼成平角得出三角形的内角和是180°等，都是直观推理的具体应用。二是要在日常教学中强化联想，养成思维习惯。如解决问题时，经常这样问：看到这几个信息，你能想到什么？要解决这个问题，需要什么信息？再如，教学图形与几何时，经常问：看到这个图形，你会想到什么？学生哪怕天马行空，只要教师有进一步的指导，那么久而久之，学生乐于思维，善于思维，联想能力增强了，直觉推理能力也就随之增强了。

4. 演绎推理，从一般到特殊

演绎推理是重要的数学证明方法。它在小学数学中的应用虽没有初中类似于数学证明那样的严密规范，但是，在小学数学许多结论的推导过程中应用了它的省略形式。如，平行四边形面积公式的推导过程，就是将平行四边形转化为长方形，再根据长方形的面积公式推导出平行四边形的面积公式。这个过程运用了演绎推理，推理过程为：长方形的面积等于长乘宽，平行四边形的面积等于转化后的长方形的面积，平行四边形的底和高相当于长方形的长和宽，所以,平行四边形的面积等于底乘高。这个过程其实是三段论过程,三段论是演绎推理的一般模式,包括:大前提——已知的一般原理,小前提——要研究的论断,结论——根据一般原理,对特殊情况作出的判断。上述的"大前提"即"长方形的面积等于长乘宽","结论"即为"平行四边形的面积等于底乘高","小前提"即为"平行四边形的面积等于转化后的长方形的面积,平行四边形的底和高相当于长方形的长和宽"。

还有很多诸如根据法则、公式等的运算其实都是演绎推理。演绎推理的形式其实很多,除了三段论外,还有选言推理、假言推理、关系推理等。在此不一一赘述。

(二)变量关系

推理论证无论是运用归纳(类比)法还是演绎法,都需要由此命题到彼命题的推断过程,这个过程需要很强的逻辑条理,即由此及彼,由因到果。因此,教学中引导学生学习推理论证很重要的要求就是要弄清楚推理的前因后果,因果之间的关系,在数学上称为因变量与自变量的关系。简单点说,自变量是"原因",而因变量就是"结果"。因变量是因为自变量的变化而产生的现象变化或结果。在推理论证中,由某一命题推断出另一命题的过程,某一命题就是自变量,自变量是前提。由自变量这一命题,才有了另一命题的推断,我们称其为因变量。

1.归纳推理,寻求本质属性关系

无论是基于一类的从具体到一般的归纳推理,还是基于两类的由一类到另一类的类比推理,或者是由一般到具体的演绎推理,都需要弄明白一个命题和推断出的另一个命题间存在的关系。归纳推理强调的是由一类事物的某一部分具有的特性,推断出这一类事物也具有该特性。因此,进行归纳推理时,通常由一个事例的特性引发出"这一类事物是否也具有这一特性?"的猜想,然后再验证。如何验证?需要方法,更需要处理关系。举例子、举出多个例子都是方法。重要的不是随便的例子,而是这些例子之间要有关联,它们应该同属于一类事物的范畴,而且这些特殊例子一定是具有共同特性。这样,才能保证推断出"这一类事物也具有同样特性"这一结论的正确性。如果用一个集合来表示这一类事物,那么这一类事物的某一部分即所说的"具体部分",则是构成这一

集合的所有元素中的某一个元素。用符号表示为：$a \in \mathbf{A}$，$b(c、d) \in \mathbf{A}$，因 a、b、c、d 具有 $\mathbf{B}$ 集合的属性，则 $\mathbf{A}$ 类事物具有 $\mathbf{B}$ 集合的属性。

2.类比推理，比拟对象相似关系

同样的道理，进行类比推理时，被比的一类和另一类之间，也要具有相同或相类似的属性关系。如概念类比，学生理解了反比例的概念，如何用关系式表示反比例关系，可以引导学生与正比例关系式"$\frac{y}{x}=k$"进行类比思考，从而得出关系式"$y=kx$"。再如，小数与整数的类比是基于它们间的密切联系：都采用十进制计数，都是计数单位的累加，它们四则运算的法则也有许多相似之处。还有，学习小数、分数的运算定律时，都可以通过直接与整数运算定律进行类比得到，再举例子验证即可。

3.演绎推理，理清前因后果关系

再比如，让学生计算一个三角形的一个内角（已知两个内角，求第三个内角是多少度）度数时，这个问题的解决看似是计算而已，其实这里面蕴含着怎样的推理过程呢？首先，这是一个省略了大前提的演绎推理：任意一个三角形的内角和都是180°（大前提），这个图形是三角形（小前提），所以，这个图形的内角和是180°。其次，依据这个命题，可以推断出"用180°连续减去已知的两个内角和的度数"即可求出第三个内角的度数。最后的这个结果如果理解成是因变量的话，那么，谁是自变量呢？因变量会随着自变量的变化而变化。所以自变量自然就是三角形的另外两个内角，这两个内角的变化会导致第三个内角的变化。而"三角形的内角和是180°"是不变量。

(三)逻辑演算

通过运算或计算结果进行的推断实际上也是一种推理，可以纳入演绎推理和归纳推理的范畴，如果仅仅是计算过程的推理则属于演绎推理，如果是多个运算结果寻找共性的推断则属于归纳推理。如，计算"308+25×16"的过程，其实就是演绎推理的过程。两级混合运算的顺序是先乘(除)后加(减)(省略了的大前提)，"308+25×16"是一道含有两级的混合运算题(小前提)，所以，这一道题，应该先算乘法"25×16"，再算"308与25×16的和"(结论)。只不过，这是一个省略了大前提的演绎推理。而通过多个算式的运算之后,进行"一个算式中如果又有加(减)法又有乘(除)法,应该如何计算"的模型建构过程的推理就属于归纳推理。之所以单列出来成为另一个路径,一是很多教师还没有很好地认识到运算的本质属性是推理,二是其推理的逻辑性依据学生认知特点和差异来判定。

对于问题的解决,或者说接近问题本质的理解,学生可以选择一个符合自己认知的数学方法并进行适当的运算,以期得到自己希望的结果。不同的学生采用的方法不同,可能有的沿用的是自己之前的方法,有的可能就会产生新的不同的方法,亦即使用不同数学工具解决问题,这其实也可以理解为如上述的数学多元表征。只不过运用的是不同运算方法的多元表征,如有的运用形象直观的图式帮助自己认出一个模式或趋势,有的则可能认知到模式中他们熟悉的一些东西,但认知里可能缺乏直接推断或演算的依据。

例如,上述百分数意义的第三次表征过程,也是学生进行逻辑演算的过程。当教学到了"运用通分的方法比较出三个选手的能力水平"时,学生已有了对两个量之间倍数关系的初步感悟,下一步的教学就是要帮助学生理解更为普适的百分数的意义,并建立百分数的意义模型,即"命中率表达式——一个数是另一个数的百分之几",通过添加第4位选手的信息(投中次数为19,投球总数为40)再次引发运算后,出现了多种计算方法:有的学生继续运用通分得到分母是200的分数,有的同学运用之前的"一半"作为基准来比,还有的(或者说教师可以设置)照样通分为分母是100的分数,即为$\frac{47.5}{100}$。最后一种方式就是我们所说的学生认知到模式中有熟悉但又有点不可理解的东西(分数的分子不能为小数)。这时候,教师顺势引导学生进行讨论和思辨,从而聚焦到虽然写法不行但思路、方法可行的认同上。通过这样逻辑推演的过程,学生能真正感悟到重新引入并认识一个新的数即百分数的必要性。从而水到渠成地帮助学生真正理解作为百分数意义模型的普适性意义。

在数学求解应用中,不同运算方向、不同元素应用、不同模型选择都可能会导致结果的差异,必须强调运算的合理性,以科学性规范运算习惯。这种算法的不同一定程度上代表了学生数学思维品质的高低。教学要遵循学生的思维及认知发展的规律,遵照一定的逻辑层次,引导学生解剖运算过程,从运算的对象、方向、程序和验证等多个方面逐项提升。

三 回归案例

推理论证的过程对学生而言是抽象的,教学要帮助学生获得推理的体验和感悟。体验演绎推理的严谨,有助于培养思维分析能力,需要逻辑条理性;体验创新的意识和快乐,需要猜想和归纳,需要直觉思维。这些,都需要在实践的过程中进行,而分析、实践和创新等三种思维能力的培养将因此回归案例或在具体情境中进行,这也是推理论证的必然要求。

1.推理,要有逻辑性

推理由三部分组成,即前提、方法、结论。推理不是主观臆断,更不是胡猜乱想,而是要有一定的逻辑性,具体表现在以下几方面。

(1)经历过程,体会前提的可靠性。前提是推理的起点,起点若经不起推敲,利用再严密的推导方法得出的结论也难以令人信服。

如,在探究圆的周长与直径有什么关系时,某教师组织学生测量了几个圆的直径和周长,并算出比值,得到如下结果:直径1 cm的圆周长约3.14 cm,圆的周长约是直径的3.14倍;直径2 cm的圆周长约6.28 cm,圆的周长约是直径的3.14倍;直径3 cm的圆周长约9.42 cm,圆的周长约是直径的3.14倍;直径6 cm的圆周长约18.85 cm,圆的周长约是直径的3.14倍……最后,学生归纳概括出:圆的周长大约是直径的3.14倍。

这一过程看似既满足典型的归纳推理特征——从多个实例中归纳出圆周长与直径比值的规律,又符合典型的统计推理特征——从圆周长与直径之比的样本数据特点推测出总体数据的特点。但是,实际课堂教学中,只要是组织学生真实测量过圆周长与直径的,或者有着实际测量经验的教师会很容易发现,这里提供的周长与直径之比是人为编造的,不是实际测量周长与直径得来的比值。

前提不可靠,结论自然要受到质疑。因此,教学中一定要让学生经历探究的过程,真正做到实际操作。在学生通过归纳仍无法找到共性之处时,及时结合讲述数学家探究结论时,无数次的失败和周而复始的过程,让学生从获取的实际数据中感知数学家创造发明的艰辛和严谨。以此,体会数学结论推理过程的严谨性。

(2)把握前提,感受方法的可行性。推理方法是利用已知推测未知的工具。

方法的可行性主要体现在两方面：一是基于已有的前提；二是方法本身合理科学。由于小学阶段很多推理的结论不太难，教师常常"揣着结论找过程"，因此推理方法的合理性常常被忽略。

如，某教师教学加法的交换律时，在学生得出"3+4=7、4+3=7、4+3=3+4"后，他要求学生再举几组加法算式验证这一结论是否成立。多数学生认为这一结论成立，并分别列举出了"$2+\frac{1}{3}=\frac{1}{3}+2$""0.5+1.9=1.9+0.5"等十余个等式。

验证的过程本来是学生感受推理的过程，是为得出"交换两个加数的位置，和不变"服务的。但是学生直接利用交换2和$\frac{1}{3}$、0.5和1.9等的位置"证明"结论的成立，走入了"循环论证"的误区。探究加法交换律时，正确的推理方法应该是：先分别计算出等式左右两边算式的值，再根据两个算式的值相等得到两个算式相等，进而以这些实例为基础推出"交换两个加数的位置，和不变"。可见，在小学阶段，引导学生根据已有前提推理，掌握一定的推理方法进行推理，显得非常重要。

（3）反例检验，确保结论的可信度。小学阶段的推理多数是基于事实表象或有限个实例展开的，这就难免使所获得的结论具有某种局限性，令人难以彻底信服。那么，弥补的方法就是尽可能多地举更多的例子，想方设法找出反例，一旦学生没有办法找到反例时，再得出结论，此时更容易让人信服。如果是高年级的内容，可适当引入中学的证明，即演绎推理。

如，教学六年级"数与形"一课时，学生通过观察几个算式，得出"几个奇数相加的和就是几的平方"或"几个连续奇数相加的和就是几的平方"的结论。这样的结论正确吗？教师不可急于评价，可要求学生举出反例，如"1+5+7+9不等于4的平方"或者"3+5+7不等于3的平方"等，以此证明结论不正确。这样，学生就得继续寻找这些例子其他的共性之处，确保最后得出"从1开始，几个连续奇数相加的和就是几的平方"这样正确的结论。此时，还可以继续寻找反例，直到举不出反例为止。

可见，通过寻找反例，能够弥补归纳推理得出结论的或然性。当然，结论不可信还有一个主要因素，即所提供的材料不具备客观性或科学性（如根据统计表进行预测时，有些特殊因素的干扰），或推理方法本身存在问题（如上述所说的加法交换律案例）。

2.推理,要有创新性

数学知识内部结构化过程亦即数学建模过程,从现实情境抽象出数学问题,围绕着研究对象所呈现的数量关系和变化规律或空间形式,进入数学抽象层面的符号化结论之前的推理过程。借助推理,培养学生的创新意识,是建模教学很重要的任务之一。这个过程,学生经验归纳和直觉思维起重要作用。首先,寻找相关的特殊实例,使之成为教学研究的一类对象,这是归纳推理的重要内容;其次,引导学生发现这一类对象的共性之处,进而抽象概括出结论,这是归纳推理的重要结果,为演绎推理论证该结论是否具有普适性奠定基石。而在归纳推理的过程中,寻找实例,发现共性,概括结论,学生始终处于思考状态,创新思维能够得到培养。

如,教学人教版五年级上册"平行四边形的面积"一课,学生从现实情境中抽象出数学问题"这个平行四边形的面积怎么求?"后,就可进入如下几个环节的探究:

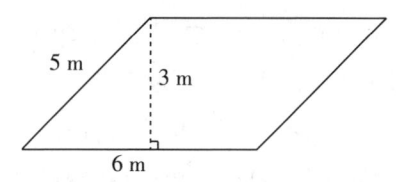

(1)验证本案例中的两种猜测"6×5"或"6×3"。引导学生数方格,特别是对数方格时用到的剪拼法进行验证后,再借助填写表格,观察数据,思考:"你有什么发现?"使学生不但发现"6×3"这个答案正确,而且发现"这个平行四边形的面积正好是底乘高的积"。

(2)猜测平行四边形的面积。此时,教师追问:"看来这个平行四边形的面积与它底乘高的积有关系。由此,你有什么想法?"教师继续追问:"是啊,是不是所有的平行四边形的面积都可以用底乘高计算呢? 你有什么好办法验证下?"

(3)多个案例验证平行四边形的面积。引导学生完成如下要求:数一数,这几个平行四边形的面积各是多少? 填写表格,你发现了什么?(在方格纸图上准备好三个标有底和高的平行四边形,图略)

(4)概括得出平行四边形的面积计算公式。此时,学生通过观察表格中面积与底和高间的关系,可以推导出"平行四边形的面积=底×高"。

(5)剪切法直接推导验证。除了举例验证外,你还有什么办法直接验证推

理得出平行四边形的面积计算公式?(运用剪切法将平行四边形转化为长方形进行推导)

上述五个教学环节,学生经历了两次猜测,三次验证,除了最后一次的演绎推理,其余基本是借助教学实例,和学生所举的案例,利用数方格和观察数据,引导发现这些平行四边形的面积都和它的底、高存在着一定的关系。由此推理,概括出平行四边形的面积公式,即"面积=底×高"。这里,案例因为具体直观,易使学生产生思维直觉,引发猜想,易于找寻共性,迸发创新的火花。

由上所述,推理论证在数学内部结构化过程中的确扮演着重要角色,归纳推理能够透过现象探寻本质,即寻找到知识内部各要素间的共性关系;演绎推理则从一般结论出发运用于问题解决或在问题解决中验证结论的正确性。两种推理论证都是使知识、方法以及思维得以结构化处理的核心要义所在。长期经历和感悟归纳推理过程和演绎推理过程,不仅能够积淀数学基本活动经验,更重要的是能够形成一定的思维模式,进而建立一定的数学直观。数学思维模式的最高层次是形成数学的直觉。数学基本活动经验的积淀,主要在于形成这种思维模式,在遇到类似的问题,或新的问题时能下意识地回忆或联想,能直观作出一定的判断。这个数学内部知识结构化的过程,还是一个学生合作交流、规则意识、责任担当等理性精神彰显的过程。在经过日积月累的锤炼后,对于每一个受教育者的综合素养提升,以及最终成为对社会有用之人所必备的关键能力和意志品格的形成,奠定了坚实的基础。

第四节 符号演绎

符号是一种数学的语言,也是一种数学的工具,更是一种数学的方法。因为它的高度概括,数学变得简洁、清晰,运算和推理具有精确性;因为它的国际性,数学交流也更为顺畅。常用的符号主要有:数量符号(如0—9,未知常量a、b、c等,变量x、y、z等,圆周率π)、运算符号(如+、-、×、÷)、关系符号(如=、≈、≠、>、<、∥、⊥)、结合符号[如小括号( )、分数线—]、性质符号(如正号+、负号-)、省略符号(如三角形△、角∠)等。[1]使用符号进行运算和推理,是进行数学思考的重要形式,得到的结论具有一般性。这一结论如果是反映数量关系或变化规律的符号表达式,其就是我们通常所说的狭义的数学模型。常用的数学模型符号表达式有:数与代数中的数的运算,如$a+b=c$,运算定律$a+b=b+a$,方程$ax+b=c$,数量关系$s=vt$等;图形与几何中的用字母表示公式,如$C=2(a+b)$等;还有数学广角中植树问题的三种情况,棵树=间隔数,棵树-1=间隔数,棵树+1=间隔数等。

数学符号或语言作为符号系统,常用来对数学知识或模型进行编码。用数学符号对知识模型进行编码的过程可称之为"符号演绎"或"符号化结论",即从一种已知符号到另一种新的数学符号的演变过程。因为"已有知识基础或经验"作为一种符号结论,是学生建立另一种(或新的)符号结论的前概念。如,平行四边形面积计算公式模型的建立,经历了从文字语言到符号层面的表述,即从"平行四边形面积=底×高"到"当底为a,高为h时,则平行四边形的面积=ah",两者都属于符号性编码(或表征)。而这个符号化的结论则是依据它与"长方形的面积=长×宽=ab"这一已有的符号化结论(前概念)之间的关系演绎得到的。从长方形面积到平行四边形面积之间的符号演绎,得益于"先行组织者"所起的作用,即所提供的材料能够和学生已有的知识或认知经验建立联系,这样有利于促进学习和迁移。这里,先行组织者是一种图式,它源自学生将已有的平行四边形图通过剪拼转化为长方形图后的过程性经验,这种经验驻留在学生的头脑中成为"图式"。学生借助直观图示和经验图式,发现转化前后的图形面积不

---

[1] 王永春.小学数学与数学思想方法[M].上海:华东师范大学出版社,2014:17.

变,平行四边形的底和高分别相当于长方形的长和宽,理解概括得出平行四边形面积计算公式,并使之符号化。

一 内涵

据此,符号演绎本身是一种思维方式,同时也是思维活动的一个过程。其内涵包含以下三点。

(一)抽象概括

学生经历从问题情境抽象出数学模型的过程,先要经历用语言文字抽象表达数量关系和变化规律的过程。如平行四边形的面积计算公式推导,在上述谈到的借由多个案例归纳出计算公式的基础上,再进一步通过剪拼法验证,抽象概括出了平行四边形面积计算公式等于底乘高这一结论。但这一结论尚不具备一般性或普适性,它仅是符号化结论的前站。重要的应该是符号化结论的过程。这一过程的重要意义在于:一是真正调动学生运用数学的符号、概念、公式去表达现实世界中所存在的数量关系和变化规律的意识和主动性;二是有助于提高学生运用代数知识解决实际问题的能力,促进学生抽象思维能力的提升。

(二)符号性表征

符号性表征就是使用数学符号或语言这些符号系统对知识进行编码。如,用"$s=vt$"表示路程与速度、时间之间的关系;如用"$C=4a$"表示正方形周长与边长的关系。其主要益处在于它可以使学习者用一种比其他方式(如操作性表征和图像性表征)更为灵活的和有力的方式来表述和转换知识。[1]但这是基于学习者具备这样的发展水平的表征。通常,在学生能够理解抽象的数学符号之前,可以让他们参加操作性表征(如动手拼摆)或图像性表征(图示、图片等)的数学活动。因此,符号性表征其实是一个从具体到抽象,从特殊到一般的探索和归纳的符号化过程,或者说是模型化过程。比如说,用"$a+b=b+a$"表示加法交换律

---

[1] 戴尔·H.申克.学习理论(第六版)[M].何一希,钱冬梅,古海波,译.南京:江苏教育出版社,2012:445

的过程,是在让学生计算几道交换加数的加法题,引导学生能够发现和提出什么问题后,或者说让学生经历先猜想后验证的过程后,再进行归纳和概括,并用符号这一简洁的方式表达出来的。

(三)揭示本质关系

符号演绎不仅是一个符号化结论的过程,更是一个结论的本质关系被揭示的过程。运用符号表示结论,使得结论具有普适意义。而这个具有普适意义的结论并非学生自然就能理解的,它需要教师具有"捅破一层窗户纸"的意识,需要教师加以重视和培养。如,依据长方形的面积"$S=ab$"等推断出平行四边形的面积"$S=ah$",之后,还要进一步理解平行四边形的面积和长方形的面积一样都是指图形面的大小(回归意义)、是单位面积的累加(回归本质)。再如,为预防学生学完面积之后与周长混淆,就要在对周长进行模型建构时,让学生对概念的本质,即"周长其实是指长度的累加",有清晰、透彻的理解。笔者在教学过程中设计了这么一个环节——让学生合作测量三角形、四边形、圆形的周长。在学生动手操作完成后,引导他们发现:用绳子绕图形的一周之后,再将绳子打开,图形的周长就是其各条边长度的和,相当于一条线段的长度。这个环节看似简单,却经常被忽略。这有利于后续学生将周长与面积"划清界限",避免概念混淆,从而降低周长含义的理解难度。最后,笔者利用几何画板,沟通正多边形与圆之间的联系,打通"周"与"长"之间的关联,让学生从"累加"的角度去思考周长,也就对周长的概念有了更深层次的理解。

二 思维路径

由上内涵即可明确符号演绎不仅仅是一个将结论进行符号化的过程,而且还涉及从具体到抽象的概括过程,以及回归本质作进一步解释结论的表达过程。由此可知符号演绎使得内部知识各要素间的关系得以明朗化、意义化、本质化,是数学知识内部结构化的终极表现。当然,学生经历这个思维的过程需要遵循基本的逻辑与抽象,主要是指结论概括的逻辑和符号表达的抽象。

(一)结论概括的逻辑

数学知识和数学结论是以逻辑推理的方式展现在我们面前的,而人们在发现数学知识和数学结论的过程中离不开逻辑推理。所有的数学过程,无论简单还是复杂,都有自己的逻辑要求。数学具有内在逻辑体系和抽象性,学习数学的过程本质是一个思考的过程,且小学生正处于由具体形象思维为主向抽象逻辑思维为主的过渡阶段。因此,帮助学生更好地完成这一过渡是值得思考且有意义的。笔者以为,抽象概括恰恰是由推理到结论的思维中介,这是一种基于逻辑的抽象,属于数学抽象的第二个阶段。抽象必须关注研究对象的共性(即共相)以及和其他事物的差异(即异相)。把握共相、明晰异相,把所要研究的对象从诸多的事物中分离出来形成集合,对集合以及集合中的运算进行命名,这就是对研究对象进行抽象的思维过程。[①]这样来看,"抽象概括"也可以称为"概念定义"。

1.下定义

加涅(1985)提出,概念学习涉及一个多级序列。第一阶段,刺激的特征,作为概念的实例和非实例一起呈现给学习者(具体水平);第二阶段,学习者识别实例和非实例(识别水平);第三阶段,使刺激的特征(将变成概念)有所变化,仍然和非实例同时呈现(分类水平);第四阶段,要求学习者识别某一个类别的几个实例(必须是以前学习中没有使用的刺激),以检验学习者是否掌握了这个概念(规范水平),这个阶段就是给概念命名和确定概念的限定性特征,给概念下定义,以及具体说明区分这个概念与其他密切相关的概念的特征。

定义有两种方法,一种方法是基于对应的,另一种方法是基于内涵的。所谓基于对应,是指通过若干具有同质特征的实例,给研究对象取个名字,这样的方法不涉及研究对象的本质特征;所谓基于内涵,是指把握研究对象的本质特征,述说研究对象是什么。[②]

比如,三年级初步认识分数时,对于什么是分数,是这样描述的:像 $\frac{1}{2}$,$\frac{3}{5}$,$\frac{12}{13}$ 等,这些都叫作分数;而五年级再次学习分数的意义时,就给"分数"下了定义:

[①] 史宁中.数学基本思想18讲[M].北京:北京师范大学出版社,2016:14.
[②] 戴尔·H.申克.学习理论(第六版)[M].何一希,钱冬梅,古海波,译.南京:江苏教育出版社,2012:284.

像把一个单位"1"平均分成若干份,其中的一份或几份就可以用分数来表示。

前者属于对应定义,后者则属于内涵定义。数学知识模型的建立,首先是从现实问题出发,经历观察、发现、猜想、验证、归纳等过程的推理,其次经过抽象概括下定义,再次将结论符号化,最后在分析解释中使得结论性模型具有了一般性。这也就是为什么说推理的过程离不开抽象本身。

可以说,数学模型的建立是通过一系列的数学活动由已知条件推理得出的,这样的数学建模教学有助于帮助学生形成言之有理、论证有据的良好思维习惯,对今后更好地进行良好的逻辑思维具有奠定基础的作用。正如美国课程所言:从儿童最早期的数学学习,就应帮助他们理解需要根据理由得出结论,这样做是十分重要的,学生必须懂得在数学课堂中什么是可以接受的、恰当的推理,这是理解数学推理要依据明确的假设和逻辑规则的第一步。更重要的,我们还要这样把握数学概念产生的思维过程:数学概念的形成是从特殊开始的,数学概念的思维是从直觉开始的。对于数学的抽象而言,构造的理性知识,或者说,具有结构的理性知识是非常重要的,因为数学最终要形成抽象结构,这个抽象结构包括对象以及对象的关系或者运算法则。[1]基于此,数学内部知识得以结构化。

2.找反例

但是,仅仅概括或呈现出定义并不能保证学生能够学会这一概念(法则或数量关系等),因为,要真正理解掌握概念,不仅仅是概括内涵还要能区分外延。为了培养学生的识别能力,防止学生把概念的外延扩大(把非实例归为实例)和把概念的外延缩小(把实例也归为非实例),通常,在呈现定义之后,还要列举一些例子,并且各个例子的可变属性有很大不同,而非实例与实例在一小部分关键属性上也有所区别。特别是要呈现一些与正面实例明显不同的反例。

如,给三角形下定义(三角形是由三条线段围成的图形)后,要及时出现一些相关图形,除了给出一些大小不同、位置不同的三角形外,还要有一些如四边形或三边不都是线段围成的图形等反例,以强化三角形的内涵(三角形不受大小和位置影响,只要由三条线段围成即可),同时又区别出其外延(大大小小的三角形、随意摆放的三角形都叫三角形,只要不是三条线段围成的图形都不是

---

[1] 史宁中.数学基本思想18讲[M].北京:北京师范大学出版社,2016:17.

三角形)。

概念教学如此,法则、数量关系等模型的教学亦是如此。模型一旦概括并形成符号化结论后,要进一步巩固理解深化认识,通常也是进入模型原型的情境进一步解释和检验,当中蕴含有容易混淆或完全不同的生活原型情境;或者对学生问题解决中出现的错例进行辨析,深化对模型的认识。如,上述教学"数学思考"一课,建立了"n 点可以连 $1+2+3+\cdots+(n-2)+(n-1)$"这一模型后,练习中除了出现实例巩固模型外,还融入了与正面实例明显不同的反例,即"每2个人互发短信,5个人一共要发几条短信?"这样的辨析,有助于学生对模型的深入理解并拓展新模型。再如,三角形的面积计算公式模型建立后,设计一个练习,求三角形的面积,呈现学生的错例(只用了"底乘高",忘了"除以2"),这样,通过辨析,强化学生对三角形面积与平行四边形面积关系的正确理解,远远比只练习不辨析效果要好。由此,反例的出现提升了学生区分一个模型与其他模型的能力,是一个有效的途径。寻找反例,应该作为符号具象的一个教学要求。

(二)符号表达的抽象

数学符号就是数学抽象的产物。通常经过两个层次的抽象过程:第一个层次是直观描述,从"数量"中抽象出"数字符号";第二个层次是符号表征,从"数字符号"到"数学符号",此时,符号表征已经脱离了具体内容的限制。在问题解决的过程中,除了要让学生经历知识概念或关系的直观表述外,还要及时经历数学符号表征的抽象概括(下定义),即明确了知识或概念的内涵之后,还需要进入概念抽象的第二阶段,即"去掉具体内容,利用符号和关系术语进行简约化表达"的符号阶段。这一阶段的符号抽象为模型具有普适性奠定符号基础。

1.符号表达

数学是一门高度抽象的学科,也是一门离不开符号的学科。符号就是针对具体事物对象而抽象出来的一种简略的记号或代号。数学符号则是数学的抽象语言,用于表达和交流思维过程、探索和求证数学结论,在数学学习和实际问题解决中起着重要桥梁作用。教学实施时,引导学生经历抽象概括之后,就要及时进入符号化结论阶段,运用符号简约表达模型以及模型各要素间的关系。

数学内部结构化需要学生有较强的建模意识,对符号表达的抽象能力也提出了更高的要求。因此,符号表达意识的培养需要不断在日常教学中渗透和训练。可以通过活动感受字母、符号的丰富作用,在辨析比较中认知字母、符号的深刻意义,在相互转化中体会字母、符号的代数思想,这样,就能在建模教学中面对需要用字母、符号归纳概括抽象建模的时候,自觉调用这个方法。并产生用字母、符号表达数学结论的需要和意识,克服对字母、符号抽象的心理障碍,深刻感悟字母、符号的代数思想。进而,通过一节节数学建模教学,创设多种问题情境,不断让学生经历字母、符号表达的过程,就能帮助学生逐渐摆脱对具体数量的依赖,加深对字母、符号含义的深刻理解,从而实现数学抽象化历程中的又一次巨大飞跃。如此,学生对数学建模内容的学习就不再只是结论的记忆和习题的操练,而是成为教育学意义上的探索、体验、感悟和创造的生命实践活动;学生的数学思维也就不再只是停留于具体的数,而是在具体的数与抽象的式的相互转化过程中,学会代数的抽象思维与表达。

2.分析解释

美国符号学家皮尔士(Charles Sanders Peirce)从符号学的视角提出符号就是对象的表征(representation),他认为符号包含符号(symbol)、对象(object)、解释(interpretation)三个主题,对象是现实事物或者另一个表征符号,而符号与对象的联系基于符号使用者头脑中产生的解释。分析解释属于高阶思维层面,表明学习者在心智活动或认知能力的表现处于高层次认知水平上。考察使用者对于符号本身的分析解释,有助于提升运用表征符号解决问题的正确性。分析本身具有指向性和情境依赖性,解释是考察对符号本身意义的理解程度。在课堂教学中,对于已经简约化了的符号化结论,还需要进一步引导学生对该结论进行分析解释,以促进学生对符号化结论的数学理解。数学理解是为了抽取数学对象的本质特征及规律,将其外部表征构建成相应的心理表象,在实现新旧知识相互联系的过程中,对心理表象进行改造、重组,再次达到新的认知平衡[1],构造并使之成为学习者内部知识网络的一部分。通过对符号化结论的分析解释,进一步理解符号化结论即数学模型的普适性,亦即不仅能够理解所学习的基本运算模型和较复杂模型的结构是普适的,可用来解释和解决一类问题;而且能够理解模型的学习经验是普适的,都需要经历模型建构的过程,能识别现实情境,提取信息进行表征与关联,以数学的方式进行分析解决,并形成对一类

---

[1] 陈琼,翁凯庆.试论数学学习中的理解学习[J].数学教育学报,2003,12(1):17-19.

问题的解决方法的思考。①因此,教学时可设计比较复杂的情境,并针对其中的可能引发的盲区、误区,引导学生从多角度、多层次进行分析、区分、比较,收获更高层次的发现。并在一般意义上描述一类事物的特征或规律,使模型各要素及其之间的关系得以明朗化、本质化或模型化。

例如,百分数的意义一课,设计了一个"推荐投篮选手,你会选几号?"的真实性问题情境,教学从开始给定不足信息,由学生启用已有认知的个体分析,到明确需要再给出一个信息亦即需要"投篮次数"和"总次数"这两个信息的交互分析中,经历了多元表征、多元表达、数学求解、归纳推理、抽象概括等过程,直至建立百分数概念模型,即百分数就是一个数占另一个数的百分之几,可用百分号来表示。此时,教师并没有就此打住,而是设计了多重问题引发学生对百分数概念模型展开更为深入的分析解释。首先,读写百分数,感悟百分数的便捷;其次,交流生活中的百分数,解释其中的含义并感悟分母并非一定是具体的量,而可以是同类量,也可以是不同类量的百分数;然后,多层次、多维度感悟百分数的统计意义即数据的随机性。这是对百分数意义认识的再升华。教学通过多次提问:"再次投篮,命中率还会一样吗?""只投一个,就中一次,命中率是100%吗?""怎样才能知道选手的投篮水平?""从如下表格中,你认为选手的命中率是多少?""哪一个命中率为50%的选手可以作为代表?"

投中次数	投球总数	命中率
5	10	50%
24	50	48%
102	200	51%
250	500	50%

在多重问题情境下,层层分析与解释让学生明确了选手的投篮水平即命中率这一数据是不确定的,具有随机性的。这样,将学生对百分数理解由原来心中的"确定性"向"随机性"深化扩展。在问题逐层解决中,不仅学生的探究技能得到提高,其分析的能力也得到提升,不难发现,多角度劣构问题情境的设计是分析能力形成的基础。

由此看,符号表达的抽象,其符号表征模式不仅可以使学习者用一种比其

---

① 章勤琼,陈肖颖.小学数学模型意识的内涵、表现与教学——兼论核心素养的表现性目标[J].课程·教材·教法,2024,44(1):106-113.

他方式更为灵活的和有力的方式来表述和转换知识。[①]更为重要的是透过分析解释理解知识背后的道理,发现背后的规则或规律,这是"分析"的更高层级。

例如,上述建立平行四边形面积公式模型"S=ah"就是一个符号化结论的过程。为使抽象结论中每一个符号所具有的含义及其算理能得到直观化的理解,并且挖掘其背后更为深刻的道理,可以尝试进行如下教学。

师:如果平行四边形的面积为S,底为a,高为h,邻边为b,那么,面积如何表示?(S=ah)

师:你怎么理解这个公式?为什么不是S=ab(平行四边形的大小是由底和高决定的)?

师:说得好。我们来看看。(演示:出示一个长方形,拉动后变为平行四边形,底不变,邻边不变,但是图形逐步变小。分析:发现了图形越来越小,底不变,但是高越来越小。结论:平行四边形的面积是由底和高决定的,底不变时,高越小,面积就越小。反之,高越大,面积就越大。)

师:从课件演示中,我们更加直观地看到平行四边形的面积是与它的底和高有关,而不是邻边,所以平行四边形的面积应为S=ah。

师:对于如上结论,你们还有什么疑义吗?(提供提问的机会)

师:对此,我们可以这样思考,长方形的面积=ab,a和b是两个邻边,为什么长方形是跟两个邻边有关,而平行四边形是跟底和高有关?(如图1和图2)这不是很矛盾吗?

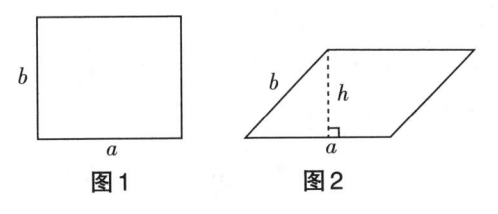

图1

图2

师:很有道理(可依据学生回答作出评价)。谁还有补充吗?

师:是的,长方形的两条邻边即长和宽是互相垂直的,平行四边形的底和高也是互相垂直的,平行四边形可以转化为长为a,宽为h的长方形(如图3)。所以说其实是不矛盾的。长方形是特殊的平行四边形,长方形和平行四边形的面

[①] 戴尔·H.申克.学习理论(第六版)[M].何一希,钱冬梅,古海波,译.南京:江苏教育出版社,2012:445.

积都可以看成底和高相乘的积。因为底相同,但高不同,所以面积不相等。

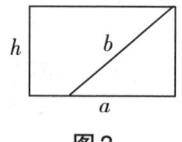

师:到这里,你还有疑问吗?

师:这个同学的问题具有思考性。他说这两个图形的面积不同,那周长会一样吗?同学们可先思考,一会儿我们再来讨论。

图3

经历一步一步符号演绎的过程,最终要建立符号化的结论,即建立数学模型并解释模型,这是该环节的主要任务。用符号表达只是水到渠成,关键在于模型的解释。能否真正理解模型,很多时候,运用反例加强辨析,是不错的方式。本案例就是通过"为什么不是$S=ab$"这一问题,让学生阐述自己的理解,教师借由课件动态演示拉动长方形成为平行四边形,从中看到"面积不断变小,高也随之变小"的现象,让学生更加直观地理解了为什么平行四边形的面积和邻边无关,而与底和高有关的道理。再通过进一步地追问:那长方形的面积为什么是跟两个邻边有关?明白了长方形是特殊的平行四边形,其两个邻边其实就是底和高,沟通了图形之间的联系,即长方形和平行四边形的面积大小都是由它们的"底和高"决定的。最后再将平行四边形转化为长方形,让孩子更直观感悟到,邻边相同的两个图形,面积不一定一样。同时,蕴藏了一个"面积不一样,周长一样吗?"的问题,为后面沟通新旧知识间的联系埋下伏笔。

教育是一个系统的培养工程。教学不仅是为了当下的学习,更要考虑长远。这也是为什么《数学课标2022年版》强调以核心素养为导向的教学的意义所在。只有通过系统的教学行为才有可能帮助学生在一个个长段的教学过程中实现教育养成。由于这样的长程教学往往需要通过几年的时间才能完成,而这样教学的同时学生也在不断地长大,所以教师要建立起这样的意识,认识到小学数学建模教学对学生数学学习的价值与意义,通过日常数学建模教学,努力帮助学生形成数学学习基本的逻辑与抽象,不仅有助于小学阶段高年级的相关数学学习,也有助于将来初中阶段的更深层次的学习,为更好实现小学数学与初中数学的衔接打下良好的学习基础。

第五节 案例分析

本章前几节围绕着"数学内部结构化"阶段的几个学习路径即"化繁为简、多元表征、推理论证、符号演绎"展开知识、思维、方法等结构体系建构的探索,下面将以"圆柱的体积"教学为例进行解析。

圆柱的体积公式

课一开始,即师生谈话:我们可以将圆柱形的橡皮泥捏成长方体或正方体,但如果遇到不容易变形的圆柱,比如想知道我们学校的一根文化柱(圆柱)用了多少石头,那又该怎么办?

引出了圆柱的体积计算后,进入下面公式模型推导环节。

(一)猜想——与旧知关联

师:大胆猜测,圆柱的体积计算可能与什么有关?

生1:我们看到底面积越大的圆柱,体积肯定更大。

生2:还有跟高度肯定也有关,因为高越大的圆柱体积肯定更大。

师:你的意思是底面积越大,高度越高,体积就越大,对吗?那就是说圆柱体积大小和什么有关?

生3:圆柱体体积大小跟底面积和高都有关。

师:好,能否再大胆猜测,圆柱体积跟底面积和高有什么关系?

生1:长方体的体积等于底面积乘高,那么圆柱的体积应该也是底面积乘高。

生2:我也觉得圆柱的体积是底面积乘高。可是,圆柱能转化成长方体吗?

师:有想法,也问得好!不但敢于猜想,也敢于质疑。就像平行四边形转化为长方形后面积就得到解决一样,如果圆柱能够转化为长方体,那么圆柱的体积一定与长方体的体积相关,这样就可以得到解决了。所以,现在关键问题是什么呢?

生:看看圆柱能不能转化为长方体?

(二)联想(类比)

师:是啊,圆柱是一种含有曲面的几何体,能不能转化为直面的长方体?我们可以借鉴之前也有学过哪种曲面图形的探究?

生1:对了,圆的面积公式的推导。

师:那记得我们是把圆转化为什么图形来推导圆的面积的吗?

生2:把圆转化为近似长方形后推导出来的。

师:你还记得圆是怎样转化为长方形的吗?

(生答出)

师:很好,学过的知识你们记得很牢。怎么才能表达得更清晰些呢?我们一起看看课件,回顾圆是如何转化为长方形的?

(师生回顾,课件演示过程)

师:现在谁能清楚表达圆是怎样转化为长方形的?

生1:把圆分成若干等份,分得越多,拼成的图形就会越接近长方形。那么,只要根据长方形面积公式就可以推导出圆的面积。

师:不错,表达得很清楚。还有什么想说的?

生2:把圆等分成若干份,拼成一个近似的长方形,面积不变,长方形的宽等于圆的半径,长等于圆周长的一半,因为长方形面积等于长乘宽,所以圆的面积等于底面周长的一半乘半径,$S=\pi r^2$。

生3:我想,是不是可以把圆柱的底面分成许多相等的扇形,然后切开后再来拼呢?

师:哦,看来他是想把圆柱转化为长方体了,其他同学呢?你们是不是也要把圆柱转化为长方体?或者转化为已经学过的什么立体图形呢?

生4:如果把很多个圆重叠起来可以形成一个圆柱,圆分成若干等份可以拼成一个长方形,我认为圆柱也可以分成若干等份拼成一个长方体。

师:太棒了,非常善于动脑,思维灵活并且联系了前后知识。

(三)表征表达——新旧知识转化

1.自主探究

师:(课件演示)当这个圆垂直升高的时候就可以形成一个圆柱。把圆柱的底面分成若干的等份,沿圆柱的高切开,就分成了近似的三棱柱,怎样才能将圆柱转化成长方体呢?请同学们拿出自己的学具动手试一试。

师:小组同学先交流下各自的操作和想法,一会儿派代表进行分享。

2.合作交流

师:现在哪组先来汇报?汇报时要说清楚你们把圆柱转化为什么图形?是

怎么转化的？能推导出圆柱的体积计算公式吗？

组1：我们是把圆柱转化为长方体的，就是把圆柱沿着底面平均分成16份，再将这16份拼成一个近似长方体的图形（学生操作演示），可是，它不是长方体，怎么求体积呢？

师：为什么圆柱拼成的是一个近似的长方体？

生1：因为它的这条棱不是直的，它的底面是一个圆形拼成的。

师：怎样才能更像一个长方体？其他的组也说说看？

组2：我们和他们基本一样，不过我们发现分成16份后，拼成的图形还是不太像长方体，但是，我们想，如果再切细点，比如切成32份的话，拼成的图形一定更像长方体。

组3：对，就是切成的份数越多，每一份底部的扇形就越接近等腰三角形，那么切开后拼成的就越接近长方体，份数无限多时，拼成的图形就是长方体了。

师：同学们真了不起。通过你们的思考和不断补充，使圆柱转化为由原来的"近似长方体"逐步地达到"就是长方体"的理由显得那么充分和合理，老师为你们点赞。那么，下面让我们来看看课件演示圆柱转化为长方体的过程，看看是不是像你们刚才描述的那样？

师：（课件演示，分成32等份、64等份……）这样继续分下去，当分的份数越多，底部扇形的弧度就越小，拼成的图形就越接近长方体，当平均分的份数我们用肉眼看不出来的时候，这个小弧形实际就是一个点，长方体的一条长就近似于一条线段，能发现圆柱拼成的图形怎么样了呢？

生1：好神奇呀，随着分成的份数越来越多，拼成的图形越接近长方体了。

师：没错，我们成功地将圆柱转化成了我们的老朋友——长方体。比较一下这个长方体与转化前的圆柱，什么变了？什么没变？

生1：形状变了，体积大小没变。

师：那么，我们求圆柱的体积就变成了求什么的体积呢？

生2：求长方体的体积。

师：很好，长方体的体积等于底面积乘高（$V=Sh=abh$），那圆柱的底面积是多少？高又是多少呢？

（学生疑惑）

3. 对比发现

师：没有想法吗？我们再仔细观察拼成的长方体和圆柱，注意仔细瞧瞧底面积和高（再一次动态展示转化过程），大家能不能发现什么？

生1:我发现长方体的底面积相当于圆柱的底面积。

生2:我发现长方体的高相当于圆柱的高。

生3:我发现长方体的底面积与圆柱的底面积相等,长方体的高与圆柱的高相等,长方体的体积等于底面积乘高,那么圆柱的体积也等于底面积乘高。

师:是的没错,"圆柱的体积=底面积×高"是正确的。

(四)符号表征

师:谁能用字母表示圆柱的体积公式?

生:$V_{圆柱}=S×h=Sh$

师:那圆柱的底面积和高分别是多少呢?圆柱的体积公式又该如何表示?

生:$V_{圆柱}=S×h=Sh=πr^2h$

……

本案例"圆柱的体积"是在学生学习了"圆的面积""长、正方体体积"和圆柱的相关内容的基础上进行教学的。《数学课标2022年版》强调课程内容的组织,重点是对内容进行结构化整合,探索发展学生核心素养的路径。在教学提示中特别指出:引导学生经历体积单位的确定过程,通过操作、转化等活动探索立体图形的体积和表面积的计算方法。[1]可见,操作感悟、转化运用以及知识模型建构是本课学生经历探索圆柱体积公式推导的有效路径。

纵观本案例的教学实录,基本达成"数学内部结构化"预期效果。该案例先引导学生经历猜想过程和联想类比。猜想不是胡乱地猜测,而是依据一定经验的预测,快速搜索新知与旧知的关联,能够缩小范围和边界,聚焦到可能影响圆柱体积大小的因素上,达成化繁为简的目的;类比则是让猜想变得更为可信的一条途径,通过回忆和关联圆的面积公式,模仿圆的面积公式的推导方法——等分拼组,唤醒学生已有的转化思想意识,帮助学生在圆柱的转化上获得一些启发,建立了立体与平面图形间的方法关联,避免后续验证的盲目性。某种意义上也增强了学生空间观念意识。而教师呈现等分拼组圆柱的课件演示,让学生观察,每等分拼组一次,都要让学生说出图形的形状,直到拼组的图形成为近似的长方体。这种等分拼组的过程,体现了对重要的数学思想——转化和极限思想的感悟。这为后续圆柱体积推导奠定了概念基础。

---

[1] 中华人民共和国教育部.义务教育数学课程标准(2022年版)[M].北京:北京师范大学出版社,2022:35.

动手操作、合作探究是学生对模型自主探究推导的重要手段和方式,能给予学生深刻的印象,在推导公式的同时提高学生的动手能力。尽管利用手中的学具进行操作转化,比起公式本身的推导要难得多,难的是如何分、剪、拼,学具如何支撑,要分几份,才能达到拼成长方体的目的。虽然有圆作为类比,学生基本能理解,但是操作依然只能分成可数的几份,导致拼成的图形只能是"近似长方体"而已,难以达成"就是长方体"的结果。这是本课学生操作的难点,但是教师仍然让学生进行这样的操作尝试,凸显教师对于学生体验和感悟的重视。如何突破难点?该案例通过师生对话补充使"分得尽可能多,让每一份尽可能小",并通过想象使学生初步理解最终拼成的图形就是长方体。但这还不够,因为想象毕竟替代不了直观。因此,该案例教学还特别重视借助课件的演示帮助学生获得"将圆柱分得尽可能小,一直小到每一份的曲线变成了直的线后,当然拼成的图形就是长方体"的体验,从中积累转化的经验。体现出多元表征与多元表达的重要作用。

那么,把圆柱转化成长方体后,对比转化前后圆柱和长方体之间的联系,即观察长方体和圆柱的体积、底面积、高之间的关系,指导学生悟出这个长方体的长相当于圆柱的底面周长的一半,宽是圆柱的半径,高是圆柱的高,圆柱的体积计算的道理,从而推导圆柱的体积公式也就水到渠成了。圆柱的体积公式模型的建立意味着圆柱体积与各部分要素之间的关系得以建构与明晰,建构依靠的是推理,明晰的是依据推理归纳运用符号表达的结论具有一般性或普适性。

当然,这个推导结论的过程更为多样化、个性化,思维更发散,才有助于圆柱体积及各要素间关联的理解。比如,在推导出圆柱体积公式"$V=\pi r^2 h$"后。继续追问:那么,除了用"$V=\pi r^2 h$"求圆柱的体积外,我们还能不能用其他的方法来求圆柱体积呢,请大家小组探讨一下?这样,就能引发出对将拼成的长方体"放倒""竖立",这个竖立的长方体的底面是由圆柱体的哪些部分围成的,这个长方体的高等于原来圆柱体的哪个部分的思考。还可以引导思考是否需将圆柱转化成"三棱柱"等。同理,这个方法的探索仍然需要信息技术手段的支持。

总之,该案例通过引导学生发现圆柱和转化的长方体的内在联系(即长方体的底面积就是圆柱的底面积,长方体的高就是圆柱的高),突出体积公式结构元素的来历,强化猜想、类比、直观感知、数据分析等活动,并巧妙渗透割补、转化、极限等数学思想,在破解教学难点的同时,丰富了直观感知,促使学生体悟了数学思想。

第五章

小学数学"三化"教学之数学内容现实化

《数学课标2022年版》指出:"数学模型可以用来解决一类问题,是数学应用的基本途径……"并十几次提及"模型意识",将其列为"核心素养"之一。可见,"数学内容现实化"作为核心素养落地的途径之一是有其必要性和重要性的。

在第二章中谈到了数学内容现实化,就是"从数学的概念、命题、思想、方法、观念等走向数学的外部世界(即现实世界,以及其他学科),主动寻找数学内容的现实原型,主动利用数学发现现实世界中的问题;提出数学问题,并加以分析和解决,其中的核心就是数学模型"。也给出了经历数学内容现实化过程的几个关键步骤:一是寻找原型;二是解决问题;三是回顾总结。以及与之相对应的、具体的思维过程即"三节三段六环":符号具象—寻找原型阶段——关联与转换;模型延伸—问题解决阶段——联结与融通;元认知反思—回顾总结阶段——监控与调节(如图5-1)。

图5-1 "三节三段六环"思维过程示意图

由以上"三节三段六环"不难看出,数学内容现实化的学习过程是一个螺旋递进、循环上升的过程。这个过程,不仅是学生对已有知识模型的巩固运用、关联、转换,使一类现实问题得以简化和解决的过程;还应该是所学知识与已有知识联结、融通,综合运用构建知识体系与拓展新模型学习需求的过程;更是引领学生回顾总结,提升学生数学学习自我监控和调节的元认知反思能力的过程。

每一环节每一阶段的发生都需要与之相对应的支持条件参与。符号具象—寻找原型阶段对应现实化的问题解决情境条件;模型延伸—问题解决阶段对应情境综合、开放、复杂、多元条件;元认知反思—回顾总结阶段对应元认知策略条件。如何基于"三节三段六环"展开思维路径解析,本章将分几个小节进行具体阐述。

第一节 符号具象

所谓符号具象,在本章节中定位为"将符号化结论形式变换为现实生活中的数学问题的具象物形式"。简单说,就是化抽象为具象。

教学问题的发现和提出应当是从具体可见指向抽象概括,生成符号化结论即解决一类问题的数学模型,而当这一数学模型被广泛应用于现实生活中,其模型意义和价值则更加凸显。因此,教师除了要推动问题成为教学主题,在此基础上打造一个数学情境,将数学符号、数学元素进行直观化处理,让学生在视觉刺激基础上进行逻辑判断和推理,从而提高对数学的敏感度外[1],更要及时将数学内容现实化,运用数学模型解决现实问题。这个现实化的过程,不是仅仅解决一个个的问题,而是解决这一个个问题间的关联,即通常成为"一类"的问题。一类问题的解决不是学生自然而为的,需要教师着重加以引导,将符号化的结果还原其符号化的过程,让符号与现实原型之间形成有机关联,可以相互转换。这个还原的过程可称之为"符号具象"。化抽象符号为具体可感的现实问题,引领学生经历这个创造性的过程,去感悟、体验、解释和应用,使模型得以被广泛应用,以此提升学生运用数学语言表达世界的能力。

一、内涵

据此,符号具象本身是一种思维方式,同时也是一个思维活动的过程。其内涵就是"化抽象为具象"。抽象的符号表达式是基于具体形象认知的水到渠成。同样地,高度抽象的符号化结论(或是数学模型)需要回归现实,得到检验和再认识,以进一步体验和感受数学模型所具有的一般性优势。任何一个数学模型都能够在现实中寻找到它的原型以及学习者已有的相关经验。寻找原型和已有经验的过程,就是一个个同类的实际生活问题不断得以解决的过程;也

---

[1] 王嵘,章建跃,宋莉莉,等.高中数学核心概念教材编写的国际比较——以函数为例[J].课程·教材·教法,2013,33(6):51-56.

是新知纳入旧知结构中构造新的知识体系的过程。

如"$C=4a$",当正方形边长 a 为任意长度时,都能找到相对应的周长 C(即 $4a$)。而且,可以在现实生活中寻找到如"给正方形镜框镶边""给正方体礼盒包装"等实例,在理解"镶多长的金边?""包装至少需要多长的彩带?"这些具体的现实的问题时,就能够激发学习者将已有的正方形周长概念(含方法经验)和计算公式建立起紧密联系,不但使问题得到了解决,还加深了学生对抽象了的周长概念和公式模型的进一步理解和认识。进而通过"增加礼盒再包装所需要的彩带还是依照正方形的周长计算吗?"这样的变式问题的思考和解决,把正方形周长计算自然纳入长方形周长计算公式体系中去,使长方形周长计算公式的普适性得到凸显。教学过程中还可进一步挖掘现实问题,如"用纸包装礼盒,需要多少的纸张?还是求周长吗?"就为后续面积计算奠定基础、埋下伏笔。

二 思维路径

构建的数学模型,需要在实际问题的解决中得到检验、解释和应用。这一过程,既要检验教学成果,从学生主体性出发,检验其解决问题的能力;又要提高他们运用模型思考和表达的意识。这是模型应用的第一阶段,通常是在解决相关联的一类问题中进行类比、迁移,深化对模型概念外延的理解。

进行符号具象,实则就是要运用数学内容即符号化结论或建立的数学模型在解决问题中与其现实原型建立关联;进行符号具象,要通过不断变换情境,转换思维方式,达成"情境不同、本质相同"的一类问题的简化和解决。

(一)建立关联

关联通常指两种或两种以上事物间存在的必然联系。各关键要素间的关联常表现为一种结构存在。其表现为一种知识之间内在的元素关系。而在"符号具象"下,"关联"则表现为一种符号与具象物之间的联系,是一种本质属性相同的关系,属于"同构"关系。

1.迁移运用

运用知识解决问题是数学学习的重要方面。一是巩固深化对知识的理解,发展数学思想;二是积累综合运用数学知识、技能和方法解决实际问题的基本活动经验,发展应用意识;三是在运用具体知识技能解决问题的过程中,使数学核心素养落地。

迁移是指将知识与技能以新的方式和新的内容在不同的情境中加以应用。迁移很重要,因为如果没有迁移,所有学习都只能应用于特定的情境中。认知理论假设认为,学习者只有懂得如何把知识应用于不同的情境中,迁移才会产生。

这个模型运用的第一阶段,与提高学生解决问题能力关系重大。一是奠定基础。将已有的数学知识纳入知识结构中,形成一定的知识体系,有助于促进整体性学习建构的形成。二是提升四能。新的课程标准将"发现问题、提出问题"能力提升到了和"分析问题、解决问题"同等重要的位置,这是凸显倡导"创造性思维"培养的重大变化。可以从"解决问题"和"说理表达"两个环节进行。

一是解决问题。将紧扣数学模型在现实中的原型问题,或者与之关系紧密但有所区别的现实问题等提供出来,让学生独立解决。只有学生自己经历独立思考,自主解决问题的过程,才能提升他们解决问题的能力。

二是说理表达。要求学生解答完实际问题后,能够进行说理表达,运用数学语言(模型)解释其中的道理,并呈现思维的过程。以此评价学生对数学知识(模型)的建构,是否是基于理解内化基础上的建构。

2.关联建构

在重要概念、原理等的具体运用中,帮助学生体会运用模型解决实际问题的过程,感受模型的魅力,提升模型思想的实际运用能力。数学内容现实化的关键,就是学生具有将现实问题与数学内容之间构建关联的主动意识和操作能力。[1]现实是复杂多变的,但是现实之间是彼此联系的,从众多看似不相干的生活问题中寻找共性,使问题得以简化,这是培育建模意识、使学生具有数学眼光并激发学习情感态度的有效路径之一。因此,将模型回归现实,除了让学生独立解决问题,说理表达外,还要从"纵向关联""横向关联"中,让学生经历模型应用的第二阶段。

一是纵向关联。构建关联的主动意识和操作能力是需要培养和指导的。

---

[1] 孔凡哲.有关模型思想若干问题的分析与解读[J].中学数学教学参考,2015(Z1):4-7.

除了在建构数学模型的求解阶段使用"化繁为简、多元表征、推理论证"等多种思维路径实现数学内部知识各元素的关联外,还要强化模型与现实原型的关联。新知识如概念、法则在实际运用中经常使用到,而且与之前学习过的知识关联紧密,为了检验学生是否真正理解其中的道理,也为了考查学生运用经验解决关联问题的能力,教学过程中可有意识地加以引导提问。

比如,运用小数计算解决问题后,提问:"小数加减时,为什么小数点要对齐?"有的学生能够结合已有经验或"购物"问题情境,将两个小数分别用元、角代替,从中得出结论"为了突出元与元、角与角分别相加,所以小数点要对齐"。有的学生迁移"整数加减法"的计算方法,分析"在计算整数加减时,相同数位上的数相加减,强调的是相同计数单位上的数要相加减",由此推理出"小数点对齐是为了要突出相同计数单位上的数相加减"。

这样的问题驱动,可以从中了解学生对知识的理解程度和认知水平,更能够通过进一步的交流互动,促进学生不仅实现对已有知识和经验的正迁移,沟通了整数与小数之间的联系,而且自主建构出了一个更为完整的知识结构体系,使运算的一致性目的得以有效落实。这样的关联建立在新知识与已有知识的紧密联系上,也建立在教师对知识体系有清晰的认知上,它有利于促进学生认知结构的形成。

二是横向关联。不同情境的现实问题的解决也需要进行实质关联。

比如,教师提供不同情境的数学问题后,通过提出大问题(或问题串),引导思考:"比较下这道(些)题和刚才的例题,它们是否有相同之处?也能用刚才的方法解决吗?为什么?"

为此,学生能够意识到原来要解决的一个个看似繁杂的问题,通过关联后就能将"情境不同,本质相同"的问题归结为一类问题,并使问题得以简化和解决。诱发学生进行模型与现实原型的自主关联后,教师还要及时帮助其梳理并寻找到一定的关联路径,即"关注情境,获取其中的核心信息——理清信息,把握关联——抽象概括,建立模型——简化运用,解决问题"。

(二)变换转换

变换转换,有转变、改变之意。这里的变换转换指的是数学模型运用于生活问题解决的过程中,问题情境的多元变换,思维、知识或方法以及审视问题角度等的转换。简单理解,就是在模型的实践应用过程中,学生要将头脑里面的数学思维进行内部的转换,如抽象思维转换为具象思维,或具象思维转换为抽象思维;还要将数学思维转换为现实生活的思维,数学知识转换为现实生活的知识,数学方法转换为现实生活的方法,数学的角度转换为现实生活的角度。概括之,就是把数学转向现实。

数学学习能否促进知识螺旋、循环上升,要看是否能提供层次分明、结构联结的项目,是否引导学生内化知识,巩固知识的落点、结构;能否通过"一模一样""多模一样""一模多样"的项目练习形成新的认识、见解和创意。指向知识的不确定性,走向知识学习的相近、相似与相通。这就需要教师要具有变换情境转换思维的意识和行动。比如,当建构数学模型后学生对模型有了一定的理解,还要及时将问题情境进行变换,以此考查学生对模型内在元素间关系的理解,加强对学生思维转换的训练。

以"希望小学的操场是一个长方形,原来长60 m,宽30 m,扩建后,宽将增加10 m。扩建后的操场面积有多大?"教学为例,谈如何进行情境变换和思维转换。(具体详见第四章中该案例的解读)

三 支持条件

数学知识(模型)最终要回归生活,在解决实际问题中得到检验和应用。主要是运用数学所创造出来的概念、原理和方法,来理解描述和解决现实世界中的一类问题,这样的一类问题往往蕴含着某种事物的规律性。那么,掌握模型思想就是:把握现实世界中一类问题的本质与规律,用恰当的数学语言描述问题的本质与规律,用合适的数学符号表达问题的本质与规律,最后得到刻画一类事物的数学模型。简而言之,模型思想就是用数学的语言讲述现实世界的故事。

(1)一类的问题情境支持。数学模型构建了数学与现实世界的桥梁,数学回归于现实世界依托的就是数学模型。因而,需要创设一种现实化的问题解决情境,即与新知识学习"本质相同"但不同形式的一类情境。这种情境要与学生的现实生活息息相关,利于学生用生活的思维进行思考。它应能够反映学生过去、当下甚至是未来生活中密切相关的实际问题,亦即情境里面包含有与学生实际生活相关的事件、实例、人和物的关系。通过数学教学,教师应引导学生将蕴含其中的数学问题抽象出来,以供教学数学知识,建立数学模型。建立模型后,教师再组织学生将数学模型还原为具体的直观或可感的数学现实,使已经构建的数学模型得以扩充和提升。

(2)数学与生活的相互转换。现实问题解决情境包含有许许多多的刺激因素,例如知识的、情感的、文化的、意识品质的等。这些诸多刺激因素利于激发学生的数学认知和生活认知,从而建立数学与生活的联系,促进数学向现实生活的转向。而这些刺激因素的出现,可能导致外界刺激因素与内在认知的不平衡,此时,学生要调动已有的认知结构,通过同化和顺应实现两者的平衡,从而使数学的思维转换为生活的思维,数学知识转换为生活的知识,数学方法转换为生活的方法,数学的角度转换为生活的角度,实现数学问题回归生活的目的。

因此,教师在课堂教学中不仅仅为解决数学问题,而是要注意为学生搭建一个现实化的问题解决情境。使建立的数学模型得以运用到实际生活中,让原本复杂多样的问题类型在归类中得到简化。让学生能够体会到学习数学的价值所在。

第二节 模型延伸

如果说符号具象，是数学内容现实化的第一个阶段，它使建立的数学模型与其现实原型建立关联，并达成"情境不同、本质相同"的一类问题的简化和解决，使模型概念的内涵和外延得以清晰化和形式化。那么，模型延伸则是数学内容现实化的第二个阶段，主要是要将数学模型的运用作进一步的变式和拓展，让其在解决现实生活纷繁复杂的实际问题中得到检验和应用，并孕育、衍生出新知识模型。模型延伸能够使数学内部体系建构更加联结多样，使知识运用更加综合融通，使数学学习更加有趣有益。使数学知识能够得以循环往复，让学生充分体验数学的意义价值。

一、内涵

模型延伸，其内涵意味着运用模型解决的不仅是与当下新知学习相关联的一类现实问题，而且是要拓展延伸到探寻新知识与其相关联的同单元、同领域、同学科或学科间的关联，帮助学生弄清知识元素之间的联系，厘清知识的来龙去脉，看清知识的生长序列，孕育新知识模型的学习需求，达成知识运用的融合、融通，感悟数学文化的经典、精髓，拓宽数学思维的深度、广度，提升数学学习的兴趣、自信。包含有"变式应用——模型拓展的经验迁移""延伸应用——模型活用的活动探索"两个层面的实践。

比如，教学相遇问题，"延伸应用—模型活用"在现实生活中会延伸出多种情况，如背向而行问题；相向而行，但不相遇问题；相遇后继续前行问题等。再如植树问题，教学"两端都栽"问题，可以延伸出"一端栽一端不栽"或"两端都不栽"问题等；即使教学"一端栽一端不栽"，还可以变式出不同形状的植树问题，如在正三角形、正方形或圆形边上植树等。借助该类问题，一方面打破学生思维定式，拓展相遇问题或植树问题概念模型的外延，拓宽解决问题的思路与方法，提高运用模型解决问题的意识与能力，培养学生的探索精神与实践能力；另一方面培养学生善用数学的眼光、数学的思维、数学的语言去观察、思考、解决现实世界中的实际问题,增强学生的应用意识和模型意识,培养学生的数学核心素养。

二 思维路径

(一)联想联结

联想不是空泛地想,而是基于一定条件刺激下的联想。是让数学模型运用于现实生活使之具有联结作用,由"已知→现知""现知→未知"的思维过程,通过大脑的联想让数学与生活产生联系。

格思里的理论认为:学习通过刺激与反应的成对出现而产生,这里的成对出现即为联结。成对出现的强度即为联结强度。

由此,联想和联结都需要有一定的刺激以及刺激下的反应。从中可知,联想的作用在于联结。格思里相信,在第一次尝试后建立起来联系的东西一定是一个或多个动作。情境的反复出现会增加一些动作,动作可以组成行动,然后再在不同的情境中加以应用。[1]

而联结是为了能够迁移。格思里的理论并不意味着学生一旦成功地解答了一个二次方程式或完成一篇研究论文就已经掌握了所需的技能。练习能把解方程式和撰写论文中所包含的各种动作联结起来。行动本身还有许多变量(如方程和论文的类型),最理想的情况应该是能够迁移,即学生能在不同的情境中解方程式和撰写论文。格思里接受了桑代克相同要素的思想。他认为,为了产生迁移,各种行为应该在将来需要运用的特定情境中练习,如在座位上、小组里以及在家里进行练习。[2]亦即,教学过程中不是机械重复地训练某一相同类型的解题,而应该重视"不同情境、同一本质"的一类现实问题的设计,更应该拓展到在"同一情境、不同本质"或"不同情境、不同本质"的现实问题情境的创设上下功夫,这样才能真正使学生通过一定的变式练习、活用练习,提升联想、联结的思维,提升自主迁移运用知识解决现实问题的能力。

---

[1] 戴尔·H.申克.学习理论(第六版)[M].何一希,钱冬梅,古海波,译.南京:江苏教育出版社,2012:80.
[2] 同[1].

1. 联想解决

在运用知识解决问题过程中，相关习题不要都由教师提供，以免学生产生依赖，同时不利于学生积极性和主动性的调动。可引导学生通过联想，将所学知识与生活实际进行联结，以促进学生已有经验的迁移并自主建构；还可以选用学生的作品作为习题提供给学生练习，以此激发学生的成就感。

例如，学完"体积"这一概念后，学生通过联想，能想到生活中一个容器能装多少水、多少油的问题；学完"三角形具有稳定性"这一知识后，就能联想到现实生活中修建房子时，房梁为何采用的是三角形的木架结构；认识了"两点之间线段最短"这一数学概念时，就能联想到实际生活中选择两地之间路线该如何优化的问题。通过联想表达后，进而提出要求，你能根据刚才同学们联想到的这些实际问题，自编一道或几道数学问题并解决吗？

要让学生亲身经历将实际问题抽象成数学模型并进行解释与应用的过程，进而使学生获得对数学理解的同时，在思维能力、情感态度与价值观等方面得到进步和发展。这充分说明数学模型是学习数学的一种重要的方法，情感态度价值观起重要纽带作用。学生通过头脑的"恰当"联想，体验到了数学与生活的紧密联系。在解决自己编拟的问题时，学生会带有一种自豪的情感或羡慕的感情，这种感情有利于培养良好的数学学习的情感和态度。当然，要使数学与生活成功建立联系，前提是将"联想"融入教学的常态，以唤醒并积累学生的生活经验，为他们后续相关的数学知识学习作好扎实储备。

2. 拓展联结

通过联想和模型解决与生活联系紧密的数学问题之后，更要以此作为媒介，进一步拓展情境或思维，一旦发现有些实际问题或数学问题运用新知识无法解决，或无法直接解决，就要调用已有知识或经验参与解决，或者需要学习新的知识以帮助解决。前者有利于将新知识纳入已有知识结构体系中去，后者能够衍生出新知识的学习或学习需求。因此，在教学时教师要适时选取或设计带有与模型相似或明显相反的数学问题。以"问题串"引导学生思考："为什么不能运用刚才的数学知识来解决？""那么它与所学的哪些知识有关联吗？""有着怎样的关联？"等，借助问题，联结情境，拓宽思路，变式思维，解决问题甚至于可能衍生新模型。

如,在教学"圆的周长与面积"这一单元时,遇到如下的一道题目:正方形的面积是6 cm²,圆的面积是多少?(见右下图)

一位教师设计了如下的教学片段:

师:你们能发现圆与正方形之间的联系吗?

生:我观察到正方形的边长就是圆的半径,如果正方形的边长用a来表示,那么a^2等于6,也就是r^2等于6。

师:那么,怎样算出圆的面积呢?

生:先求出圆的半径6÷2=3(cm),再计算3.14×(3×3)=28.26(cm²)。

师:到底对不对呢?(学生讨论、交流)

生:不对!r^2表示两个r相乘,并不是两个r相加,所以不能这样做。

师:有没有其他办法求出此圆的面积呢?

生:根据圆的面积公式,可以不求出r,直接把r的平方代入公式,即3.14×6=18.84(cm²)。

师:多么富有创意的想法!能否把它提高到一种规律性认识呢?(先思考再小组交流)

生:以正方形其中的一个顶点为圆心,以正方形的边长为半径的圆的面积=正方形的面积×3.14。

师:这位同学的概括性语言准确、简练! 真了不起!

在这道习题的讲解中,教师并不仅仅满足于得出答案,在巩固了圆的面积$S = \pi r^2$这一数学模型的基础上,进一步深度挖掘,让学生找出圆与正方形的内在联系,从而提炼出此类问题的新的数学模型。至此,还可以继续进行数学建模,对上述圆和正方形的位置关系进行变换,如在一个正方形里画一个最大的圆(如下左图),或者,在一个圆里面画一个最大的正方形(如下右图),又可以进一步将模型进行拓展。

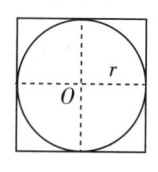

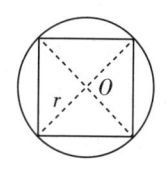

这样的习题练习赋予建模的机会,避免了学生就题做题,导致题目稍加改变就束手无策。有了建模意识后,学生对数学问题的解决就能从知识的本原去思考、去联结,更好地把握并灵活解决问题;而且还有助于学生建构整体性、关联性的知识模型结构。

现实问题数学化的重要任务之一,就是提升数学建模能力。培养建模能力,需要数学建模的眼界。情境、素材只是表面的,模型才是最为根本的。数学建模,是一种方法、是一种思想,更是一种观念、一种意识。

(二)融合融通

什么是融合?物理意义上指像固态金属熔化后合为一体那样融成一个整体。心理意义上指不同个体或不同群体在一定的碰撞或接触之后,认知、情感或态度倾向融为一体。什么是融通呢?指融合通达。由此,只需界定好融合的概念即可明晰融通的概念。从上可知,数学内容现实化目的之一是为了将数学知识与现实问题有机关联,使问题得以简化和解决,并且拓展到探寻各个知识领域,如同一领域或不同领域知识之间及学科之间的关系,由此达成数学知识整体性、形式化建构的融合与融通。那么,在这里,融合特指同一领域不同知识或不同领域知识间的融合;融通是基于领域融合之上的学科融通。

1.想象融合

同一领域的知识往往可以以不同的形式呈现,其目的就是透过知识概念的多个外延进而全面、深刻理解知识概念的内涵和本质。这个过程,可以通过联想、想象、融合等方式,提升学生已有经验的加工、改造或重构的能力,达到归类、简化、触类旁通的效果。

以"乘法分配律"教学为例,在模型的解释应用和拓展环节,除了基本运用,如简便计算:37×7+37×3;48×19+52×19;102×17。紧接着,提出如下要求。

(1)展开想象,联系长方形面积模型,这些算式可以想象成求什么?试着画出草图。

(2)这些算式除了解决生活中的长方形面积外,还能解决哪些实际问题?

(3)"希望小学的操场是一个长方形,原来长60 m,宽30 m,扩建后,宽将增加10 m。增加的部分比原来的面积少多少?"(列式为:60×30-60×10)

上述环节,除了巩固、解释模型的学习活动外,(1)(2)的设计,要求学生将所学知识和现实生活中的问题进行联系,这一"桥梁"搭建,促使他们调动头脑中的直觉反应,通过联想、类比,对原来的生活经验即实际问题与模型相类似的数学结构进行加工、改组或重构,这样,学生在解决不同情境中的实际问题中逐渐形成了乘法分配律的"数学形式",使复杂的问题得以简化,达到了化繁为简及触类旁通的效果。(3)的设计,是结合实际将求得的数学结果放到实际情境中去检验,不仅使模型具有实际意义,更重要的是还拓展了数学模型:乘法分配律同样适用于两个数的差。这是一个不断探索与发现的过程,体现了数学学习是学生用数学知识解决问题和发现新的数学知识的过程,拓展数学模型,联想融通,引领学生走向数学更深的本源。

2.融合融通

《数学课标2022年版》把小学数学内容分为"数与代数、图形与几何、统计与概率、综合与实践"四大领域,但是实际生活中涉及的可能不只是某一个领域,应该有领域之间的融合,甚至于有跨学科的融通。这就要求学生在解决实际问题时能够灵活运用各个领域的相关知识和方法。为促进学生融合融通能力的培养,教学时有意识设计融合性素材是教师重要的任务之一。

如,在教学"圆的认识"时,一位教师设计了如下问题(1):请同学们在方格图上画出一个圆(如下图),要求图上的点A和点B都在圆上(如①),请用数对表示这个圆的圆心O。学生独立完成并分享作品之后,再次提出问题(2):对比这几个数对,看看你有什么发现?从中我们还能想到什么?这两个问题需要学生综合运用圆相关元素的特征,结合数对的知识解决问题,且问题的答案并不唯一。刚开始,学生只能找到一个圆(如②),并且能用数对(5,5)表示出来,这是对学生学习的"在同一个圆内所有半径都相等"知识的及时巩固。然后经历交流、碰撞启发,学生又发现符合条件的圆不止一个(如③),圆心的位置在(5,4)时也符合要求,继续研究发现这些圆虽然位置不同,但是圆心都在与经过点A与B的直径相互垂直的一条直线上,并且有无数个(如④)。[①]

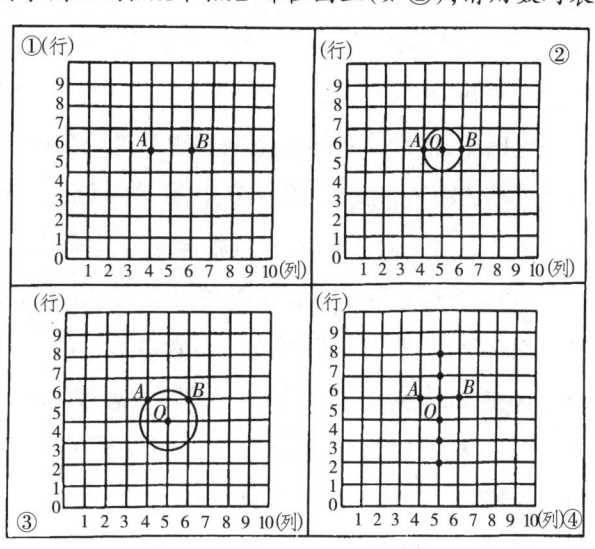

[①] 吴玉国.小学数学结构化学习的实践研究[M].南京:江苏凤凰教育出版社,2021:84-85.

研究过程中,学生对"圆心确定圆的位置"的数字特征感受强烈,第一时间一定先想到了点 A 和点 B 是通过直径的圆上的两个点,但是进一步思考还会有意想不到的发现和惊喜。这恰好是"圆的认识"这一课设计这个学习材料的亮点所在,既保证基础,使不同知识点得到巩固;又兼顾学生的个体差异,满足不同学生的发展需求和思维进阶;更重要的是能促进知识的关联融通,使不同领域的知识(图形与几何、数与代数)得以融合,还融通了数学思想方法,如数形结合思想、极限思想、归纳推理思想和整体思想等,很好地提升了学生综合运用能力。

三 支持条件

上述谈到数学知识回归现实生活,需要有现实问题解决情境作为支持条件,那么问题解决阶段,从数学知识模型的巩固运用到拓展延伸,其价值在于不仅仅是让学生解决现实问题,提升解决问题的能力,更在于将刚学习的新知(现知)与旧知以及后续要学习的新知(未知)之间建构起一个清晰的知识脉络或体系。也因此,借助于联结与融通实现数学模型的拓展延伸。当然,怎样有助于学生思维的联结与融通,没有综合、开放、复杂、多元的现实情境支撑,以及学生问题思考力的支持,恐怕这样的模型拓展是难以达成的。

(1)综合性。基于教育改革的价值观,"三化"教学更加强调"综合学习",通过建立多维的"联结",以增进学习者对所学内容的理解和把握,并在具体实践中将其充分应用。联结是根植于整体性思维的联结,各个部分经过多次联结形成一个整体。[1]如同上述圆的面积与正方形面积间的关系拓展到正方形与内切圆和外切圆之间的关系一样,正是通过多次的关联使圆与正方形之间关系得以清晰理解并能灵活加以应用。

(2)开放性。真实性问题情境常常根植于现实世界,而不是隔离于现实世界。因此,它必然是开放的。主要表现为:条件、资源以及反馈的开放。现实世界中影响问题解决的条件、信息多种多样,形态各异,有显性、隐性、静态、动态、

---

[1] 郭洪瑞,张紫红,崔允漷.试论核心素养导向的综合学习[J].全球教育展望,2022,51(5):36-48

现成、获取、清晰、模糊等；真实性问题情境也常因其资源的开放性，使得常常需要和他人合作来共同解决；而开放性反馈往往来自各方，包含同伴和自我。[①] 实际教学中除了可以体现现实问题情境的劣构性外，更多还应体现学生问题解决过程的问题开放，如上述的"在方格图上画出一个圆，要求图上的点A和点B都在圆上（如①）"能够引申使得问题的答案不唯一。

(3) 复杂性。正因为真实性问题情境是开放的，与外界环境始终保持交流，这也决定了它必然是复杂的。菲利普·伍德（Phillip Wood）从行为和信息角度清晰地描述了三种问题复杂性，即组成复杂性（解决问题所需的多种行为以及作出这些行为需要的多样化信息）、协调复杂性（各种解决问题行为以及信息之间关系的协调）、动态复杂性（随着时间的变化，各种解决问题行为和信息发生的各种变化）。因此，问题解决的复杂性在很大程度上就是要从纷繁变化的信息中辨别、梳理出主要信息，从中发现问题和界定问题，同时利用各种条件和资源解决问题，并在过程中根据信息的变化和行为的推进不断调整已有方案。[②] 复杂性必然具有挑战性，而挑战性必然更能激发学生的求知欲望，也符合学生最近发展区上的主动建构理念。

(4) 多元性。现实世界的问题解决往往具有多元性，首先体现在现实世界的劣构性，即目标、条件和途径往往需要人们自己界定和寻找，并且资源、条件等都是开放的，所以有无限的可能。而且现实世界的问题也常常有不同的类型，比如设计问题在一定程度就是要追求与众不同，和前人不一样。其次，现实世界的问题解决留下了巨大的空间，因此每一个人以及团队的兴趣专长、过往经历、能力水平、拥有的资源等都会影响问题的解决，因此问题解决必然呈现出多元性。而多元性又能增进互动性，容易诱发不同层次思维的碰撞，促进思维的不断进阶。

正是因为综合性、开放性、复杂性、多元性的真实问题情境，使得学习者获取的资源、信息更多、更杂，难度更深、挑战更大、思维更活。这样就有助于学习者运用所学知识关联现实原型，达成问题解决之目的，凸显联结效用；有助于学

---

① 刘徽，真实性问题情境的设计研究[J].全球教育展望，2021，50(11):26-44.
② 同①.

习者在意识到现有的知识解决不了的问题,亦即当个人能力、水平等原因无法解决问题时,能够激发团队合作的意愿以及拓展延伸出对新模型学习的内在需求。当解决问题的方式、方法多样时,产生合作交流的意愿,最终选择最优、最佳方法或方案,真正促进学习者思维的融合与融通。

第三节 元认知反思

元认知是指对认知活动有意识的控制(Brown,1980;Matlin,2009);亦即任何把认知或认知活动当作对象,对此进行调节的认知活动以及任何认知计划……它之所以称为元认知是因为它的核心意思是"对认知的认知"。当代认知心理学认为,反思属于元认知的概念范畴。反思的过程就是个体对认知结果进行再认知的过程,即元认知。反思贯穿于教学的全过程。在此,我们重点强调学生在经历"三化"阶段后回顾总结阶段的元认知反思。

一 内涵

从元认知角度来考虑,学习并不仅仅是对所学材料的识别、加工和理解的认知过程,它同时也是对认知过程进行积极的监控和调节的元认知过程。元认知过程实际上就是指导、调节认知过程,选择有效认知策略的控制执行过程。其实质是人对认知活动的自我意识和自我控制。其内涵主要有以下两点。

(一)自我意识

在元认知反思中,自我意识指的是对自己的认知水平或策略、方法使用有认知、有意识。也就是说能够认知或意识到自己诸如"解决问题的能力水平""运用什么方法、策略解决了什么问题?""该策略使用是否有效?是否更优?"等。这也就是为什么元认知培养有其重要的意义和价值。

(二)自我控制

尽管学习的构成成分"是什么""怎么做"的陈述性知识、程序性知识很重要,但是"何时""为什么"的条件性知识也同样重要。[1]条件性知识是自我调节

---

[1] 戴尔·H.申克.学习理论(第六版)[M].何一希,钱冬梅,古海波,译.南京:江苏教育出版社,2012:279.

学习中必不可少的部分。自我调节学习要求学生在从事一项任务前,先确定使用哪一种学习策略。当学生从事某项任务时,他们会利用元认知过程来评估任务的进展(比如,他们的理解水平)。当发现理解方面出现问题时,学生就会根据"什么可能更有效"的条件性知识来改变他们的策略。[①]自我调节的前提是自我控制,基于自我意识基础上的方法或策略控制,有助于调节元认知过程,改进元认知活动。

发挥元认知过程的自我调节作用,教师除了要充分引导学生自我反思外,也要对他人认知过程使用的策略、方法进行反思,通过对比、交流、碰撞,以利于学生自我控制并作出调节,进一步优化、改进、使用更优策略。这是学生元认知能力和思维水平进一步提升的有效路径。

二 策略

培养元认知,需要一定的认知和策略。

(一)了解元认知

1.元认知相关技能

元认知包括两组相关的技能。一组是,个体必须理解任务需要什么技能、策略和资源;另一组是,个体必须知道何时和如何使用这些技能与策略以保证任务得以成功地完成。这些监控活动包括:检查自身的理解水平、预测结果、评估努力的效果、给活动制定计划、确定如何安排时间以及重新考虑活动或转到其他活动以克服困难(Baker and Brown,1984)。库恩提出元认知技能是批判性思维发展的关键(Kuhn,1999)。

元认知技能是缓慢发展起来的。年龄小的儿童不能充分意识到各种不同的任务包含了哪些认知过程;年龄大的儿童或成人会更多地应用监控活动。但并不能总是监控他们的理解,甚至经常会有错误的判断。学习者更能监控他们执行中等难度任务时的活动,而不会监控其执行容易任务或复杂任务的活

[①] 戴尔·H.申克.学习理论(第六版)[M].何一希,钱冬梅,古海波,译.南京:江苏教育出版社,2012:275.

动。①也就是说容易的活动不需要监控,而面对太复杂的任务,学习者可能不知道怎么做或可能会选择放弃解决该任务,两者都达不到训练元认知技能的效果。比如,要完成一个加法问题的任务,如果学生读完题目马上回答出算式和结果,无须进行信息复述或计划制定的必要,则该活动是无须监控的;而如果给出的信息和问题的关联度不强,或解决该问题的知识超过学生已知范畴,运用复述或计划制定,甚至推翻多次还是很难解决的问题,属于复杂问题,学生因为难度过高导致畏难或失去信心而可能选择放弃监控该任务。因此,教师要充分了解学生的认知水平和知识基础,注重适合学习任务的设计,以便于学生真正且更好地运用元认知技能以监控他们自己的学习活动,从而提高元认知技能。

儿童的元认知能力大约从5—7岁就开始发展,并且贯穿儿童整个学龄阶段。不过每个年龄组的儿童之间有很大的差异。但是作为学校教育的结果,儿童会逐渐意识到他们可以通过使用策略来控制所学内容。儿童会形成有关他们的行为如何影响环境的一般概念。②这为教师促进元认知反思教学提供了有力依据。

2. 元认知影响因素

元认知受学习者(发展水平、监控能力)、任务(中等难度、记忆性)和策略(复述、精细加工)等因素的影响。任务、策略和学习者变量是相互交互的,当学生参与进元认知活动中时,学习者会考虑将要学习材料的类型和长度(任务),将要使用的可能策略(策略)以及使用各种策略的水平(学习者)。比如,列竖式计算和拆分计算通常是运算的好策略,如果他们相信自己擅长列竖式计算而不擅长拆分计算时,他们可能就决定列竖式计算;反之,如果学习者的思维更为灵活,意识到拆分计算能更加便捷和快捷,那么他们可能就会选择拆分计算。正如斯科尧和穆士曼(Schraw and Moshman,1995)指出的那样,学习者建构的元认知理论包括他们相信在指定情境下会有有效的知识和策略。③这样,当你觉得拆分计算更有利于学生思维的灵活性培养,那么你可以进行这方面的强化训

---

① 戴尔·H.申克.学习理论(第六版)[M].何一希,钱冬梅,古海波,译.南京:江苏教育出版社,2012:276.
② 同①.
③ 同①277-279.

练,通过元认知反思引发个体的交流与碰撞,以此帮助学生自我调节相信意识。

(二)培养元认知

元认知能力的进步是发展的一种标志性特征:儿童学会了监控自己认识水平的方法,他们向自己提问有关读到了什么的问题,并对信息进行归纳总结。他们学会了对不同的任务应该使用不同的策略。随着发展水平的提高,儿童更相信使用策略能带来更好的结果(Paris et al.,1983)。这也就是为什么进行元认知能力培养具有重要的意义。

学生如何对认知进行再认知?显然,需要元认知策略作为指导,以支持反思的发生,因此在课堂教学中,教师要注意引导学生建构元认知策略。倪高升认为:元认知策略是指与大脑思考过程和反思过程相关的策略[①]。元认知策略包括三个方面:计划策略、监控策略和调节策略。即对反思活动的计划——反思的内容,反思的角度,反思的方法是什么;对反思活动的监控——对反思活动进行反馈,反思得如何;对反思活动的调节——依据反思活动的反馈结果进行调节,及时改进反思策略。

1.计划

计划是最高层次的认知,其过程分为三个部分:产生、选择、执行。对反思活动的计划应该贯穿于整个教学过程始终。无论是在完成表现性任务前、中还是后,教师都需要有意识地从内容、方法及不同的角度上促进学生自我反思计划的产生、选择和执行。比如,当教师提出某一任务时,可提醒:对这个任务的要求(或者要如何解决这个问题)你是否已经了解了?认真读题,看清内容要求了?请评估,你自己有没有能力完成?你计划好怎么做了吗?以此,加强学生审题意识和计划意识。长此以往能够帮助学生形成良好的审题习惯以及有计划完成任务的习惯。在任务期间,也可适时再提醒:完成这个任务你一定运用了一些好方法,想想都有哪些?还有哪些好的资源可以用?以充分调动学生自身的元认知技能。当任务完成之后、交流之前,教师还要及时引导对完成任务过程的反思,可以提示:现在你觉得你已经很好完成任务了吗?都采用了什么

[①] 倪高升.中国大学生元认知策略的运用和英语学习[D].西安:陕西师范大学,2006:前言5.

好方法？如果让你对刚才完成任务的过程,比如"你的思考、操作或者解题过程"进行回顾,你会怎样反思？你会反思什么？这样的提问旨在帮助学生对学习全程更为全面地进行回顾与反思。

应该说,当教师起初引导学生进行这样的自我元认知反思时,学生肯定不太能明白教师的意图,这就需要教师的指导。可以进行更加细化的问题指引,比如,"我们如何进行反思呢？"可以教学生这样想：刚才在完成任务之前是不是认真细致看清要求,理解任务了？有没有不明白的地方却不敢问老师？有没有先想好怎么做了才动笔？完成任务(或做题)前有没有先做好计划想好方法再执行任务或解决问题？有没有思考这个任务(问题)会有几种解决方案(方法)？等等。一旦学生对自己的认知进入了有意识地再认知过程,那么元认知反思行为就能顺利开启,这样对反思活动的产生、选择和执行的计划过程,为学生对反思活动的自我监控奠定了良好的思维基础。

2.监控与调节

如果说教师仅仅教给学生反思"做什么""怎么做",而没有教给学生反思"何时""何地""为什么"这么做,这不仅仅会使学生感到糊涂,也会使学生产生受挫感。如果学生知道反思要做什么,而不知道反思何时、何地和为什么要做,他可能会对其在学校成功完成任务有较低的自我效能感。[①]这必将会影响到数学学习的兴趣和信心。除此外,反思"做得如何"也应该成为学生元认知反思的重要方面。

如果说上述的元认知反思计划策略主要是教给学生反思"做什么"和"怎么做",那么教反思"何时""何地""为什么"以及"做得如何"则应该是元认知反思中的监控策略所要完成的任务。

(1)监控。监控是指监测和控制。自我监控是指特别关注行为的某些方面,同时记录行为的频率或强度(Mace et al.,2001；Mace and Kratochwill,1988)。在这里,对反思活动进行反馈与表达,就是自我监控。自我监控是指学生对自己"何时""何地""为什么"完成这个任务(或开展这个活动、解决这个问题)以及任务或活动"做得如何"即完成的效果等进行的自我反思。

[①] 戴尔·H.申克.学习理论(第六版)[M].何一希,钱冬梅,古海波,译.南京：江苏教育出版社,2012:279.

比如,当学生进行反思活动计划之后,教师可提问:谁来交流下你都反思了什么? 学生反馈,如:我再次检查了计算过程,我发现我的计算没有问题(我发现计算过程有一步错了;我不太清楚我做对了吗?);我刚才这道题没有做出来,现在还是不会做("做得如何");除了现在用的这种方法外,我又发现了另外一种算法;我知道刚才那道题做错的原因了,因为没有注意审题,把一个信息理解错了,本来应该用加法计算我却写成了减法了("为什么");回顾整节课的学习,我发现自己对所学知识都能理解和掌握了,也知道学习新知识所用的方法;等等。交流之后,教师再提醒:你觉得刚才的表达同学们能够听懂吗? 为什么? 你知道刚才表达时哪个地方有问题? 怎样改变才能让人听懂? 完成这个任务你觉得哪部分难,哪部分易? 等等。

而当学生自我反思没能达到预期的反思目标时,教师要再适时地进一步引导,可以通过展示对比学生多种不同方法或方案等作品,引发学生自我反思:①对比这几种方法(方案),我会更喜欢这一种? 因为……("为什么")②我知道了在什么情况下使用哪一种方法更好("何时")。比如,学生通常运用圆柱体积公式"$V=Sh$"或长方体体积公式"$V=abh$"分别解决问题。但是,通过引导反思,他们能知道什么情况下可以用"$V=Sh$"既解决圆柱体积又能解决长方体体积的问题("何时")。再如前述教学"数学思考"时,引导反思后,学生知道"连接线段"这个知识在两两握手这个情境中可以使用,但是在互送礼物情境时却不能使用("何地")。

(2)调节。调节是对自我反思活动的调节,是对反思活动的反馈结果进行调节。也可以理解为是自我监控后的行为跟进或行为调整。这样的好处在于能及时改进反思策略。

比如,当学生意识到自己刚才仅仅是反思计算的过程或解题的思路是否正确,而并没有去反思自己所用的方法是否得当、是否多样,哪种方法更优、更好。这时候,他们依据对反思活动的反馈结果进行自我的调节,告诉自己下次要从哪些方面进行自我元认知反思,总结出几条经验:既要对整个学习结果作反思,还要对学习过程再反思;既要对知识获得情况作反思,还要对学习方法或策略作反思;既要对某一任务或问题解决作反思,还要对整体学习作反思。当然,还可以引导学生从完成任务的团队协作或情绪感受等方面进行反思等。

总体而言,对学习全程的自我监控与反思对提升学生的核心素养奠定了重要的经验基础,为思维进阶做好了准备。

首先,有助于积累基本活动经验。计划认知活动最根本的属性就是情境性,其功能在于运用模型主动关联并在解决现实问题的过程中促进自身素养的形成。这一功能主要通过创造在真实情境中解决问题的机会、引起学生的积极投入与主动建构、支持学生的自我调节学习来实现。[①]当学生经历了真实情境问题解决的学习过程后,借助监控与反思、梳理与总结,不仅掌握了知识,更是获得了方法、策略,特别是体验亲历了过程的美好,积累了基本活动经验。这样,能够不断激发他们学习的热情和信心,有助于其将获得的知识和经验有效迁移应用到解决现实生活的问题中去。

同样地,引导学生自主去创设真实情境所获得的经验同样也能够实现有效积累和迁移。进行这样的元认知反思时,就要有意识地引导学生围绕关键问题,对其自主创设真实情境和自主学习的全过程进行自我监控与反思,积累创设真实情境的重要经验,为未来的数学学习积蓄力量。

如,在完成"平均数专题复习"这节课的学习后,由于是复习课,学生已有知识经验和基础,也为了调动积极性和激发挑战性,一位教师在课前让学生自主创设问题情境。于是,课堂呈现了多种情境作品。"情境1:小王同学和几个伙伴想要一起去吃火锅,正在挑选聚餐地点,于是大家利用点评软件收集了一些信息。请你根据数据,给小王同学提出比较合理的建议(两家餐饮店的相关数据图示,略)……"复习后,在"回顾与反思"中,发现这一情境的学生围绕自主创设过程发表了自己的感受:"我最近在选取餐厅时,发现了饭店的评分都是使用平均数进行统计的。通过对这个评分的了解,我发现平均数原来还可以帮助我们做一些决策,有很大的用处。我建议大家今后寻找和学习有关的生活实例时,可以从自己的身边寻找,特别是要注意寻找那些我们有可能会用到的实例,这样同学们就更容易理解和接受,学起来也更快。"提出另一情境的学生认为:"通过自主学习,自己能够理解AA制中的平均分其实是对一个总量进行平均分配,这个总量是一定的,是一个确切的数据。而统计中的总量是通过一个个数据加起来,然后再移多补少得到的。"[②]……通过基于真实情境的自主学习过程以及学生自我监控与反思,学生不仅积累了基本活动经验,而且认知发展实现了从

---

① 周文叶,毛玮洁.表现性评价:促进素养养成[J].全球教育展望,2022,51(5):94-105.
② 郭学锐.真实情境:让学生学会自主创设[J].基础教育课程,2022(24):29-36.

数学化到结构化的进阶,完成了对平均数认知的多维建构和整体关联。

其次,有助于体会数学基本思想。学生在元认知水平上的思维,是学生以自身思维活动过程和结果作为思维对象的思维活动,这有助于学生对自身思维活动结果和过程的认知与体验,有利于学生体会所学数学知识中蕴藏的数学思想、方法,加深对数学知识的理解。通过对活动过程的回顾反思,学生体验到从生活中的具体实例抽象出数学问题并建构出数学知识(模型)概念的过程,体验到通过对特例解决过程的分析,归纳共性并建构模型公式的过程,进一步分析、解释最终建构形式化模型。通过回顾与反思,学生更加深刻体会到抽象是量化模式建构的主要手段,是人们数学地看世界的重要方式,认识到从特例解决过程中归纳共性(合理性)来指导一般问题的解决是数学中重要的研究方法。①

以三角形的面积计算为例,本课教学一开始通过创设情境抽象"这个直角三角形的面积如何计算?"这一数学问题后,学生尝试解决,并解释算理:将直角三角形转化为长方形,发现他们面积之间存在2倍的关系,经过推导得到了"直角三角形面积等于底乘高除以2"这一结论。教学到此,许多老师通常的做法就是直接提问"那么锐角三角形、钝角三角形的面积又该如何计算呢?能不能也运用转化的方法试试看?"然后就进入到下一环节的探索了。但其实这样学习的体验真的够吗?毋庸置疑,仅仅停留在知道"是什么"的知识演绎是不够的,怎样让每个学生都清楚和明白呢?可以问题激发自我反思:你们想过为什么要把直角三角形转化为长方形吗?转化为其他图形可以吗?你们又是怎么转化的?通过反思,学生能够明白未知转化为已知是问题得以解决的常用的、有效的策略;通过反思,真正寻找到"两个完全一样的直角三角形可以拼成一个长方形"是新知识与旧知识之间的联结点。通过反思,明白直角三角形不但可以拼成长方形,还可以拼成平行四边形,转化为长方形时不仅可以用拼的方法,还可以直接把这个直角三角形进行剪拼(如图)。更重要的是为后面的锐角三角形和钝角三角形转化成平行四边形的探索扫清障碍,为顺利达成目标打下坚实的基础。这整个反思的过程就从"是什么"向"怎么做""何时""何地""为什么""做得如何"的知识获得的思维进阶过程。

---

① 赵绪昌.构建现实主义的"数学化"[J].数学教学通讯(中等教育),2015(30):2-4.

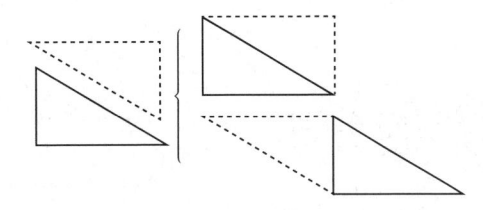

尽管教学不一定要让学生掌握所有的方法,但是,通过反思还能够让学生想到教学以外的更多的方法,就恰恰说明学生思维的广度和深度还有待充分挖掘,那么,长期坚持养成自我反思的习惯,一旦学生自主把未知问题归结为一类已经解决或较易解决的问题中去时,将不会受到所学知识和方法的限制,便能够更加灵活地选择有效的方法,使问题最终得以解决。这就是元认知反思在提升学生数学建模意识所扮演的重要角色和作用。

元认知反思要求学习者通过回顾和反思自己的真实体验,用一种全新方式去分析和理解同一内容;且需要由一些即时特定的提示、循序渐进的问题、巧妙合适的情境、有组织的讨论及其他相关活动来引导,以促进学习者深层次、系统化地思考某一问题。①回顾与反思让学生打破思维的"天花板",提升元认知的水平和层次,生长出新的认知结构和思维结构,让核心素养可见、可测和可评。经常性地训练,可以有效帮助学生提高自我意识或自我监控的水平和能力。

---

① 郑旭东,王美倩,饶景阳.论具身学习及其设计:基于具身认知的视角[J].电化教育研究,2019(1):25-32.

第四节 案例分析

数学内容现实化的过程,是通过知识运用解决现实问题中,深化对概念、法则等知识模型的理解的过程;是将相关联的一类问题进行归类、简化,感受数学的简洁美,培养模型意识的过程。这个过程,不仅要看学生会不会用知识,如何用,还要看他们是否懂得关联,更要通过元认知反思,促进学生知识、方法、思维的结构化。下面将以"数学思考"为例进行案例解析。

数学思考

在建立两点连一条线段,n 点可以连 $1+2+3+\cdots+(n-1)$ 条线段的数学模型之后,教学进入模型巩固运用和拓展延伸阶段。

(一)巩固运用

1.举例子

可以这样提问:生活中还有哪些现象可以用我们刚学习的知识来解释?或者:你能用今天学习的知识解决生活中的哪些问题?举例说明一下。还可以:你能不能自己编一个利用今天所学内容能够解决的问题?等等。并留足时间给学生思考和表达。

2.关联运用

教师再出示如下一组练习。

(1)六年级6个班进行篮球比赛,每两个班比赛一场,一共要进行多少场比赛?

(2)快毕业了,同学们要拍照留念。全班43人,每两个人合影一次,一共要合影几次?

(3)6个小朋友,每两个小朋友互赠一张"六一"贺卡,这些小朋友一共需要准备多少张贺卡?

师提问:仔细阅读这三道题目,你能用刚才学习到的方法解决吗?如果能,请列出算式。如果不能,请说明理由。

(学生思考完成后)师:已经有很多同学完成了。现在谁来说说?

生1:我认为题(1)、(2)可以用刚才的方法解决。题(3)不行。

师：和他一样想法的同学请举手。好,那请说说你的想法。

生1：题(1)我这样列式"1+2+3+4+5=15(场)";题(2)我这样列式"1+2+3+4+…+42="(还没算出结果);因为"每两个班比赛一场"和"每两个人合影一次"和"两点连成一条线段"意思是一样的,所以,可以用刚才的方法列式。

生2：对,我补充下,题(1)的6个班比赛几场,题(2)的43人合影几次,都跟n点可以连成几条线段的问题是一样的。所以可以用。

生3：那为什么题(3)不行呢？我觉得可以呀。

师：嗯,反问得好。你一定是认为也行,对吧？那你先说说你是怎么想的,好吗？

生3：我认为"每两个小朋友互赠一张"不是跟"两点连成一条线段"一样的道理吗？也照样可以用"1+2+3+4+5=15(张)"呀。

师：说得很有道理呀。你们为什么说不行呢？

生1：不行不行,"每两个小朋友互赠一张"是什么意思呢？它和"两点连成一条线段"意思是不同的。大家想一想,什么叫互赠？互赠就是我赠送一张给你,你也得赠送一张给我。那这样就要准备两张贺卡才行呀。而两点连成一条线段,就是只画一条线段而不是两条线段哦。

师：嗯嗯,听听,是不是很有道理？

师：事实上,你们听出来了这两个同学所解释的不同在哪里了吗？

生4：我听懂了,两人互赠贺卡,说明连成的线段要算两条。比如,用A、B代表两个点,从A到B算一条,从B到A算另一条,总共两条。

生5：我也听懂了,就是两点连成一条线段,是没有先后顺序的,而互赠贺卡,是有顺序之分的。

3. 联结转换

师：大家听明白了吗？是不是已经同意这个观点了？是呀,这两个同学理解得好,也表达得很清楚。

生6：老师,我听懂了,而且我也知道了题(3)应该怎么算了。可以用"6×5"来计算。

师：哦,发现算法了,真棒！请解释下算式的意思吧。

生6："每两个人互赠一张"的意思就是"每个人都要向其他的同学赠送一张贺卡",也就是说,每一个人都要分别向其中的另5个人赠送一张,六个人就要赠送"6×5",也就是30张。

师：大家听明白了吗？还有什么想说的吗？

师：比如，类似题(3)这样的，你发现它们的算法有没有什么规律？还比如，这两种不同类型的问题解决的方法有没有什么关联？四人小组可以互相交流。

组1：我们发现了解决题(3)这样的题目有规律，比如，每两个人互赠一张贺卡，n个人就可以用"$n(n-1)$"来计算。

组2：我们也发现了题(1)可以用题(3)的方法，然后再除以2。也是就"$6×5÷2=15$"。

组3：对对，我们也发现了题(1)、(2)的计算规律，除了可以用刚才的方法，还可以用题(3)的方法列出算式再除以2就行了。比如题(2)，还可以这样算："$43×42÷2$"。

组1：也就是说，解决题(1)、(2)可以用"$1+2+3+……+(n-1)$"计算，也可以用"$n(n-1)÷2$"来计算。

师：同学们可真了不起！发现了这么多规律，并能用这些规律来解决问题。建议给我们自己鼓鼓掌吧。

师：通过刚才的练习，老师发现同学们不仅能够运用知识解决一个个问题，而且能够对这一个个问题进行归类，使问题的解决更为简洁和便捷。更可贵的是，在发现不同类的问题解决时还能进行比较、转换、关联已有知识或方法并发现新的方法和规律。的确很了不起！

(二)模型拓展

师：敢再继续挑战吗？

师：好，那下面这道题要怎样解决呢？

(出示：实际多场次的比赛，在短时间内是无法全部安排单循环赛的。所以把32支球队进行抽签分组，平均分成4组，组内进行单循环赛。一共要进行多少场单循环赛？如果分成8组呢？还可以怎么分组？)

师：时间关系，课堂上无法完成，同学们可以回家再好好思考。

(三)回顾总结

师：回顾今天这节课，你有什么收获？不仅可以谈谈收获的知识，还可以谈谈学习过程、学习方法、学习困惑或者学习经验。

本案例"数学思考"是人教版六年级下册第六单元整理和复习的内容之一。是整个小学阶段最后的复习内容，属于数与代数领域。本课教学旨在激活学生已学过的数学思想和方法，比如化繁为简、数形结合、归纳推理、抽象概括以及迁移学习、多元表征等思想方法,以帮助学生进行有条理的思考并简捷地解决问题。而本案例描述的是学生已建构模型之后的理解、运用模型和拓展、升华模型的"数学内容现实化"过程。

纵观整个案例教学实录,可以说基本达成"数学内容现实化"之目标。该案例在进入模型巩固运用阶段后,先是教师提问"你能用今天学习的知识解决生活中的哪些问题?举例说明一下",就将学生带入自主寻找知识现实原型的思考和表达进程。由于给足思考时间,学生图式中已有的相关现实问题被一定程度激活,因此,当聚焦相类似的现实问题解决时,如上(1)(2)(3)题,学生思维活跃,在互动交流中,运用类比推理关联信息和问题,有效寻找到"不同情境,相同本质"的一类问题的关键要素,即"每两个班比赛一场"和"每两个人合影一次"相当于"两点连成一条线段";而"6个班比赛几场?""43人合影几次?"相当于"n点可以连成几条线段?"。由此,迅速迁移所学知识模型解决了一类的现实问题。不仅巩固所学知识模型,而且通过与反例的对比辨析、互动交流,学生获得思维启迪:解决"两点连一条线段,n点可以连几条线段?"的数学问题不仅可以用"$1+2+3+\cdots+(n-1)$"计算,还可以用"$n(n-1)\div 2$"来解决,进一步地,关联两种模型,学生获得最为本质的理解,模型认识得以不断深化。这样的学习过程,很显然,对凸显本质,明晰外延,整体建构数学知识结构是有很大益处的。

上述案例中的变式题,虽然情境相同,但蕴含的信息量增大,隐藏信息不少,思维难度有所增加,既要"求出组内一共有几支球队参加循环赛",还要理解"一共比赛几场"是"指4组或8组的球队,而不是指1组的球队"。这对学生综合运用能力必定具有挑战性,尽管可能由于时间的关系无法在课堂上完成,但是某种意义上却推动着爱学习或思维反应敏捷的学生有效地进行了一次思维的磨砺。

第六章

小学数学"三化"教学实施案例

小学数学"三化"教学主张力求改变"现实问题过早标准化、数学学习更多点状化、知识运用倾向线性化"等现状,是为解决学生"四能"发展不均衡,基本经验获得不充分,解决现实问题能力不足等问题而提出的。核心要义是创设"真情境、真问题",促进"真思考,真探究,真合作",达成"真解决,真自主"。如何达成这样的目标愿景,唯有进入课堂实践的研讨,经历不断打磨的过程,才能真出成效、真出精品。也因此,基于"三化"教学"三阶五环八步"的教学模式在实践运用中的确起到了一定的效用,产出了一些较好的案例。鉴于本书篇幅有限,仅从其中选择一些具有代表性、由笔者亲自执教或亲自指导并亲自修订的案例作为本章节的教学实施案例。选择的案例力求涵盖小学数学四大领域的教学内容;且在实践研讨中经多次磨砺,取得过较好教学效果。如,有参加市级、区级研讨获得认可的;有在上百人的全国性在线研究平台上展示交流并得到专家好评的;有参与片区竞赛获得评委一致赞赏的;还有在省级示范或送教交流中同样取得同行认可的。

第一节 "比的意义"教学案例

人教版六年级上册第四单元"比的意义"隶属于"数与代数"领域中的"数量关系"。数量关系的教学重点是在解决问题的过程中,通过对现象的分析和比较,在把握其本质的基础上进行抽象和概括,从而发展数感,形成模型意识、推理意识和应用意识。

"比的意义"是分数含义的扩充与丰富。在小学阶段,分数的认识大致分为三个阶段:第一阶段为初步认识分数,侧重理解分数的份数定义,即从把整体平均分后部分与整体的数量关系上认识分数;第二阶段为分数的再认识,侧重理解分数的商的定义,即分数表示两个整数相除的商;第三阶段为理解分数的比的定义,即分数表示两个整数的比。所以,理解比的意义也是对分数认识的再丰富。

比的学习是小学生数学学习的一个关键节点,正确认识比的意义,感受比在生活中的重要作用,对丰富小学生解决问题策略,提高解决问题能力,深入开展对动态数据的研究,进一步提高抽象思维水平,发展数感、形成推理意识都有着重要的作用。

一、学理分析

1.内容要求
在实际情境中理解比和按比分配的含义,能解决简单的问题。

2.学业要求
能在具体情境中判断两个量的比,会计算比值,理解比值相同的量,能解决按比分配的简单问题。

3.学业质量标准

能用字母表示数量关系和规律,理解常见的数量关系,形成符号意识。

4.单元内容结构化分析

(1)单元内容概述。

"比的意义"这一单元主要包括:比的意义,比的读、写法,比与分数、除法的关系,比的基本性质,求比值,化简比,按比分配。其中比的意义是本单元的核心内容,是学习掌握本单元其他内容的基础。(图6-1)

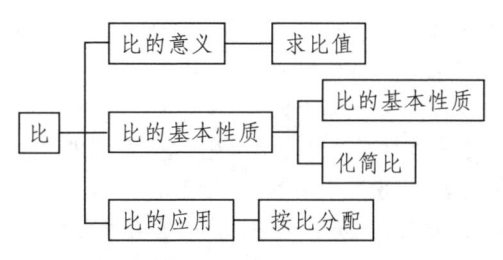

图6-1 "比的意义"单元主要内容

(2)前后知识关联。

"比的意义"是在学生已经掌握了除法的意义与商不变的性质、分数的意义与基本性质、分数与除法的关系等知识,会进行分数乘、除法的计算方法、会解答分数乘法实际问题的基础上进行教学的。本单元的教学既加强了知识间的内在联系,又为后面学习比例的相关知识打下基础。(图6-2)

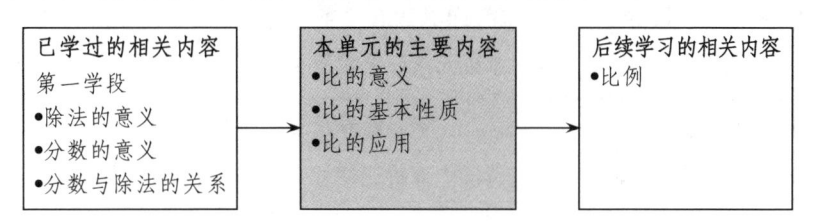

图6-2 "比的意义"单元前后知识关联

5.比较不同版本教材(清晰课程形态)

(1)内容编排。

对比人教版和北师大版教材,都将"比的意义"作为独立的单元,知识脉络基本遵循了"比的意义—比的性质—比的应用"的认知发展过程。

北师大版将"比的意义"纳入理解分数的第三阶段,即分数表示两个整数的比,借助比的认识,发展学生对除法和分数的认识,沟通知识间的内在联系,加强对现实生活中数量关系的理解和认识。

(2)单元目标。

在单元目标方面,人教版与北师大版教材的对比见表6-1。

表6-1 人教版和北师大版教材单元目标对比

人教版单元目标	北师大版单元目标
1.理解比的意义,知道比与分数、除法的关系。 2.理解并掌握比的基本性质,会求比值、化简比,能解答按比分配的实际问题。 3.在理解比的意义、探索比与分数和除法之间的关系以及比的基本性质的过程中,体会类比法、推理意识,积累数学活动经验,体会数学知识之间的内在联系,把握数学知识的本质。 4.经历用比描述生活现象和解决问题的过程,感受数学知识在日常生活中的应用价值。	1.经历从具体情境中抽象出比的过程,体会认识比的必要性,理解比的意义及其与除法、分数的关系,感受比在生活中的广泛应用。 2.会运用商不变的规律或分数的基本性质化简比,并解决一些简单的实际问题。 3.经历与他人交流算法的过程,能运用比的意义解决按比进行分配的实际问题。 4.在解决问题的过程中,初步养成乐于思考、勇于质疑的学习习惯。

6.单元核心素养及主要内涵

本单元核心素养及主要内容,详见表6-2。

表6-2 本单元核心素养及主要内容

数学知识	核心素养及主要内涵
比的意义	数感:能够在真实情境中理解比的意义及其数量关系。
比与除法和分数的关系	推理意识:知道可以从一些事实和命题出发,依据规则推出其他命题或结论。
比的基本性质	推理意识:从事实出发,依据规则推出其他结论;通过法则运用,体验数学从一般到特殊的论证过程;对自己及他人的问题解决过程给出合理解释。
比的应用	推理意识:对自己及他人的问题解决过程给出合理解释,养成讲道理、有条理的思维习惯,增强交流能力。

7.课时核心目标及其具体表现

(1)课时核心目标：

理解比的意义。

(2)核心目标具体表现：

①能够关注到事物的性质是由两个量之间的关系决定的；

②能够通过对比,发现这样的一种关系是由乘法(或者除法)决定的；

③能够知道这样的一种关系可以用比来表示,并能理解前后项的意义；

④能利用比理解、解释生活中更多的现象。

二 学情调研

1.前测题设计

前测题一：在日常生活中,你听说过哪些比？你能写出几个？并举例现实情境进行说明。

前测题二：你所认识的比与学过的哪些知识有关联？你是怎么想的？

2.前测评价框架及分析

(1)前测评价框架。

前测题一的评价框架如下。

水平划分	包含的内容要素	具体描述	百分比
水平0	无	写不出来。	1.8%
水平1	直观识别水平	理解的比是生活中的两个量之间的差比关系,如："生活中一个物体比另一个物体重"或"比赛中的比分"。	62.9%
水平2	描述概念水平	列举现实情境中的比时能描述"比"是两个量之间的倍数关系,但未解释其具体意义。	21.8%
水平3	解释概括水平	列举现实情境中的比时不仅关注到"比"是两个量之间的倍数关系,且能用自己的语言描述比所表示的具体意义。(如糖与牛奶的比例为2:3,指如果糖是2 kg,牛奶就是3 kg,糖是牛奶的$\frac{2}{3}$)	11.7%

续表

水平划分	包含的内容要素	具体描述	百分比
水平3	解释概括水平	列举现实情境中的比时不仅关注到"比"是两个量之间的倍数关系,且能用自己的语言全面地描述比所表示的具体意义。(如:生活中一些饮品的配方有糖和水之比为1:3之类的,说明糖1 kg时,水3 kg,糖2 kg时,水6 kg,水是糖的3倍。)	1.8%

前测题二的评价框架如下。

水平划分	包含的内容要素	具体描述	百分比
水平0	无	不知道,不太清楚,写不出来或与分数、除法无关。	32.35%
水平1	直观识别水平	直觉与分数或除法有关,但无法说出想法。	20.59%
		能从外形上判断与分数或除法有关。(比如:比号加分数线"÷")	17.65%
水平2	描述概念水平	能列举现实情境中的比,能将比转化成除法和分数,但不能描述比所表示的意义。	12.70%
水平3	解释概括水平	能列举现实情境中的比,能将比转化成除法和分数,且能描述比所表示的意义。	16.71%

(2)前测分析。

表格数据说明以下几点。

针对第一个问题,1.8%的学生表示"写不出来",其余作答想到的都是同类量相比,包括两种情况:62.9%的学生比大小、比多少(含球类比赛的比分),35.3%的学生想到了倍比。针对第二个问题,已作答学生包括两种情况:32.35%的学生不清楚或没有想到与分数和除法有关,67.65%的学生想到了比与除法、分数有关。

可以得出:学生在生活中了解到比大多是球类比赛的比分或糖、水的配比;对同类量的比有所了解,对不同类量比缺乏了解;学生对比与分数、除法相关之处有所了解,但对比的深刻含义缺乏了解,因此才出现了67.65%的学生想到了比与除法、分数有关,但同时有62.9%的学生写的是赛场的比分,可见学生的已有经验与"比"的数学本质之间存在不小的差距。因此,本单元应重点关注学生对比的意义的自主构建、深刻感悟、全面理解。

三 学习路径分析

比是小学数学中的一个重要概念,要让学生真正理解比的意义,具有一定的难度。

本案例将"比的意义"拆分成"比的意义"和"比与分数、除法的关系"两部分内容,并且比的意义又分为在探究比是同类量倍数关系的表达中,体会比产生的必要性以及在构建不同类量比的意义时,沟通与同类量比的联系,重构对比的认识。(图6-3)

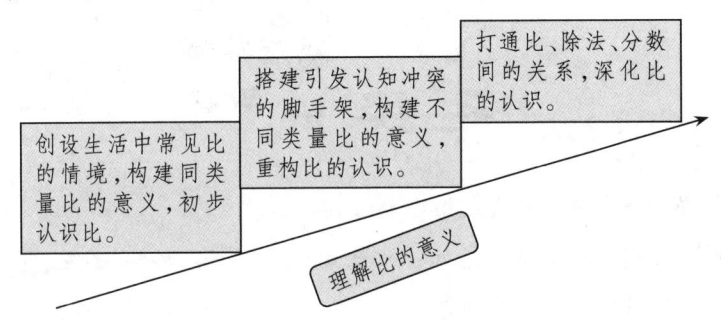

图6-3 "比的意义"学习路径(递进式)

本课时具体路径见图6-4.

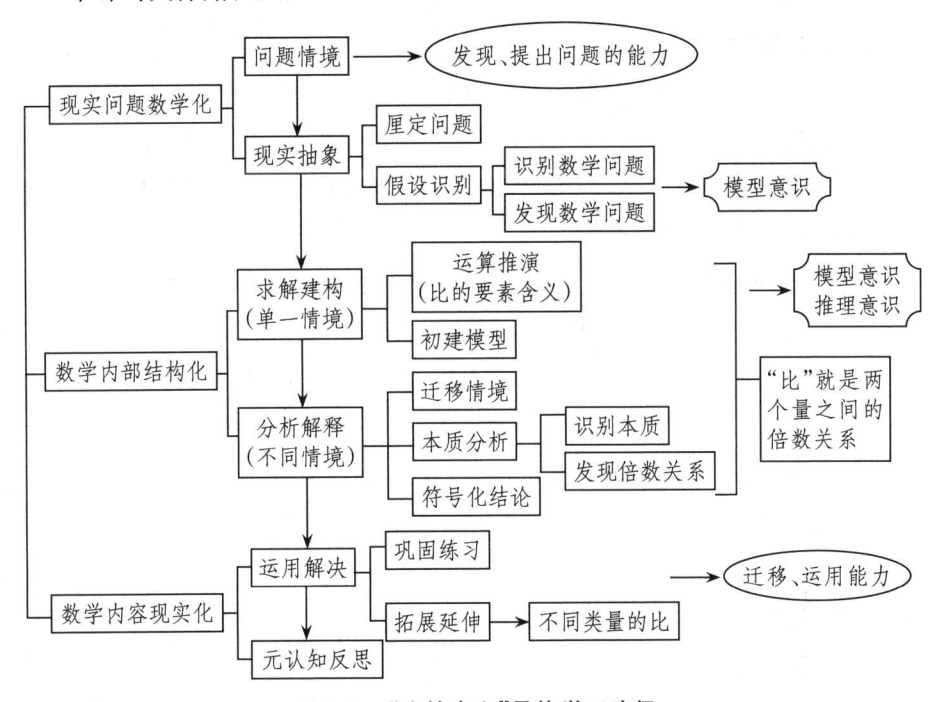

图6-4 "比的意义"具体学习路径

四、教学过程

（一）厘定问题

1. 创设问题情境

教师给出"要将图片放大或缩小,怎样才能做到?"这一问题情境。学生随机回答后,教师并不急于评价,只是出现了5张图片(如下图)。

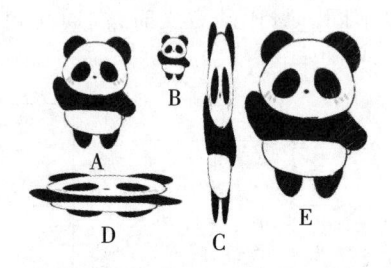

教师再问:一张照片放大或缩小要做到什么才行?

生回应这个问题,有多种感知,如:改变宽度、外形(形状)不变、宽度和长度同时放大或缩小(同样的数),等等。

教师相机板书,并引导规范表述,如"外形不变"即"形状不变"等。

2. 厘清现实问题

(1)教师陆续再提问:下面这些图都是放大或缩小吗?哪几张图片与B像?为什么有些图片不像?

生回答前,师可先提醒:题目看懂了吗?当学生表达后,继续问:你听懂了吗?谁能解答这些疑问?等等。

学生可能有多种回答,如:腰细、身高、矮胖、长和宽的比例不对,等。

层次一:学生凭感觉说出两幅变形的图一幅太长,另一幅太扁。

层次二:学生能说出图看起来太长或太扁是因为另一条边相对较短。

(2)师追问:C太长的原因是什么?D太扁的原因是什么?

(通过拖动图形与图B对比发现C与B宽度一样,D与B高度一样)

然后,教师相机对应关联,并板书:长、宽的比例变了。

（二）假设识别

1. 识别数学问题

师:那怎样才能有把握地告诉别人哪几个图片是从B来的?

生:如果给出图片的长和宽,就有把握。(教师可顺势给出数据)

可继续追问:为什么需要这两个信息?(可以清楚长与宽之间的关系)

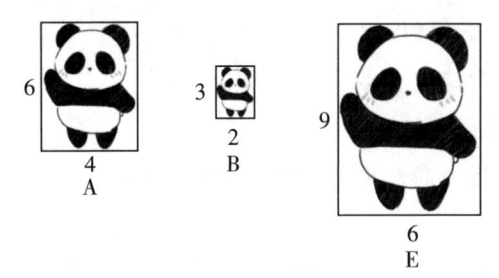

(1)表征关系。

任务一:刚才你们说图A和图E与图B像,请你从中选择其中一幅图说明为什么像?

学生先独立探究,在研究单上记录,将自己的想法在四人小组内交流,全班汇报。

层次一:用加或减来说明问题或用同比减少来说明问题,自己表达不清,其他同学也不一定看明白。

层次二:用计算周长的方式说明两图形状相同。

层次三:通过乘法或除法计算每幅图长和宽的倍数关系

层次四:用画图或计算面积的形式说明。(如图A的面积是图B的4倍,所以图B与图A形状相同)

(2)交流互动。

①讨论层次一、层次二学生的作品。

问题1:你是怎么想的?(相关学生按层次交流想法)

如果学生作品是计算周长的,可追问:是否只要一个图形的周长是图B周长的2倍,这个图形就一定和图B图像?

(学生回答后,教师可利用"数形结合"的方式说明周长相等但长变很长、宽变很短的过程,形象体会比周长的方法行不通。)

②讨论层次三、四学生的作品。

如果学生作品是用乘法和除法的,如"3×2=6,2×2=4";或"6÷3=2,4÷2=2"。

可追问:两种算式差别在哪里? 相同点在哪里?

生1:一个是乘法,从图B到图A;一个是除法,从图A到图B。

再追问:为什么这样可以说明像?

生2：因为长放大2倍，宽也放大2倍；长缩小一半，宽也缩小一半。都是等比例放大或缩小。

③依据情况，相机提问。

问题2：他们的想法你同意吗？说说你的理由。

（学生独立思考后小组交流、全班汇报）

问题3：你能看懂他的想法吗？你同意吗？谁能说一说？

2.发现数学问题

提问：现在你知道两幅图相像的原因所在了吗？（或者说图形放大和缩小与什么有关？）

（明确：图A或图E跟图B相像是因为每一幅图的长都是宽的1.5倍，或者两幅图对应长之间的倍数和对应宽之间的倍数是相等的。）

(三)求解建构

1.运算推演

任务二：如果我们把原图即图B的长和宽用3∶2的形式记录，找找看和图B相像的两幅图片中有没有3∶2（如下图）？如果有，"3"在哪里？"2"在哪里？

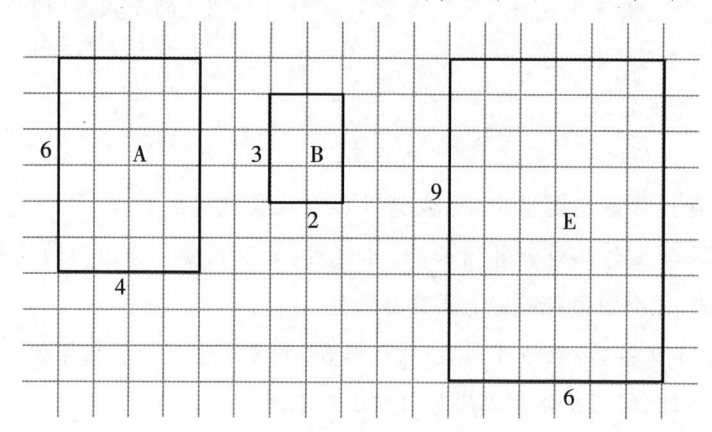

(1)任务要求。

①找一找：A、E图中的"3"和"2"在哪里？请你找出来。（温馨提示：试着用画一画、算一算等方法）

②说一说："3"和"2"是什么意思？将你的想法跟四人小组内的伙伴们说一说。

(2)理解题意。

同学们,任务要求明白吗?有没有不懂的?

(3)表征表达。

预设1:　　　　　预设2:

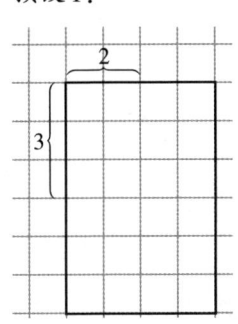

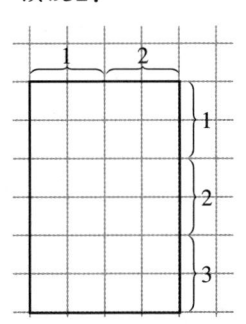

追问:这两种方法是一个意思吗?哪一个更能说明3∶2?

(四人小组交流讨论后全班汇报,如不能说明,可提供拐杖:对比一眼能看出来3∶2的图B,你同意哪种画法?为什么?)

2.初建模型

(1)提问。

与图B相像的图除了这几幅外,还能画出其他的吗?

(2)思考。

与图B相像的图都能找到"3"和"2",它们的长和宽的关系也都能用"3∶2"来表示。那"3∶2"中,长必须是3,宽必须是2吗?"3∶2"到底在说一件什么事?

明确表达:"3"表示长是3份,宽是2份,"3∶2"表示所画熊猫图中长是宽的$1.5(\frac{3}{2})$倍,这样的图可以画很多。

(3)认识比的各部分名称。

交流:中间的":"叫作"比号",比号前面的数叫作比的前项,比号后面的数叫作比的后项;

之前求的$1.5(\frac{3}{2})$其实就是3∶2这个比的比值,比值应该怎么求呢?

明确:比值=前项÷后项

(4)回顾。

刚刚我们是在研究这些数据之间的什么关系?(板书:倍数关系)

追问:谁和谁的倍数关系?谁来总结下?

总结:通过对相像熊猫图中长和宽的研究,我们认识了比,它反映的是长和宽之间的倍数关系。也就是说,只要是与图B的熊猫图相像,它们长和宽的比值都是一样的。不管它们如何放大或缩小,它们的形状都是相同的。

(四)分析解释

1.迁移情境

进一步追问:在相像图形中有"比"这一知识外,其他哪里还有?谁能来说说?(洗不同尺寸的照片,做馒头面粉和水的配比等)

2.本质分析

任务三:下面材料中的比,有些能表示倍数关系,有些不能表示倍数关系,你能辨别出来吗?

做馒头时,面粉和水的质量比是2:1。 　　一场足球比赛的上半场结束了。场上比分是2:1。 　　搅拌混凝土,沙子、石子和水泥的质量比是3:5:2。

(1)任务要求。

以四人小组为单位,思考并选择3个材料中的一个,将自己的想法记录下来,并在组内交流自己的想法。

(2)交流互动。

①运用分析:

◆中国队和日本队足球比赛的上半场结束了,场上比分是2:1。

预设一:认为是倍数关系。可以参照国旗问题两数同时扩大。

预设二:认为不是倍数关系,若参照国旗问题两数同时扩大,本来相差一球,变成相差更多,不公平。

引导:下半场继续踢,可能会发生怎样的变化?

(板书学生说的比)

明确:理由一,两数无法参照国旗问题两数同时扩大,不存在倍数关系比的变化特点;理由二,下半场继续踢,这两个数的变化没有规律,只能表示两队进球的具体个数,可以看出相差多少,不表示倍数关系。

◆混凝土中的比。

预设:最后一个的比也是可以像3:2那样变化。5:3:2可以是5吨、3吨、2吨,也可以是10吨、6吨、4吨。

提问:如果不按这样的关系搅拌混凝土,会发生什么情况?

预设:这样我们的工程就会不安全。

②凸显本质:

追问:"比"在这里起到什么作用?

预设:这个比就像是一个标准。按这个标准来搅拌混凝土,就会牢固。

小结:面粉和水的质量"比"、馒头的"比",其实讲的就是标准。

追问:搅拌混凝土的比,是可以像这样变化的。那么,它有没有倍数关系呢?

明确:连比中的倍数关系,要选其中的两个数来看,所以一个连比可以写出多个倍数关系。

3.符号化结论

师:请你根据前面的学习经历,思考人们为什么喜欢用比来表示它们之间的倍数关系呢?好处在哪里?

熊猫图中长和宽的比是3:2。

做馒头时,面粉和水的质量比是2:1。

搅拌混凝土,沙子、石子和水泥的质量比是3:5:2。

预设一:用比表示比较简单。像混凝土,如果说倍数关系,那要说很多,很麻烦的。

预设二:用比表示好操作,像熊猫图片的长和宽,按比就能画,不会改变形状。

小结:因为比有这么多的好处,生活中人们经常使用它,比如,熊猫图片的长和宽的比,馒头中面粉和水的比,混凝土中沙子、石子和水的质量比。

追问:这些比都有什么共同点?

建模:"比"就是量之间的倍数关系。

(五)运用解决

1.巩固运用

(1)提问。

师:下面的信息中有比吗?为什么?请说出你的理由,并将比写出来。

◆有一种组装玩具,画到说明书上放大了2倍。

◆篮球海报的宽是长的$\frac{3}{4}$。

◆火车4小时行驶了600 km。

(2)互动交流。

◆玩具中的比

①两种可能:

预设一:玩具实际大小和说明书上大小的比是1∶2。

预设二:说明书上大小和玩具实际大小的比是2∶1。

追问:这里"放大"指的是什么放大?(玩具图形的长和宽)

②思考:同样的两个量,写出的比不一样,你发现了什么?

(学生思考后交流,明确:比是有顺序的一定要弄清楚比的前项和后项具体表示的是什么)

◆海报中的比

①两种可能:

预设一:宽与长的比是3∶4。

预设二:长与宽的比是4∶3。

②明确:在分数中也能看到比。

2.拓展延伸

◆行驶问题中的比

(1)学生独立思考完成。

预设一:认为火车行驶问题中两个数据的单位不一样,不能表示倍数关系,因此不能写成比。

预设二:从"比"表示两个数相除的角度思考,可以写成比。

预设三:从火车行驶的路程和时间同样扩大(或缩小)相同的倍数,但保持固定标准的行驶要求角度思考,可以写成比。

(2)交流互动。

①出示不同的想法,由学生质疑、解惑、评价。

②明确:这个情境中的两个量也可以写成比。

③追问:这个比的比值和我们之前学的比的比值有什么不同?

发现:两个单位不一样的量组成的比的比值是一个新的量,两个单位一样的量组成的比的比值是指量之间的倍数关系。

④思考:你对"比"有什么新的认识?

小结:比有"同类量"的比和"不同类量"的比两种情况,不同情况的比值有不同的意义。

3.回顾反思

师:回顾这节课的学习,你有什么收获?可以从知识掌握、学习方法以及策略使用上说说你的反思。

附:后测评价

1.后测题设计

后测题:学习完"比"这个单元后,看到"12:2"这个比,你想到了生活中的哪些现象?请你尝试写出不同类别的生活情境,并说明"12:2"在该情境中表达的意思。

2.后测评价框架及分析

(1)后测评价框架。

实验班与对照班理解"比的意义"水平后测比较情况如下。

水平层次	包含的内容要素	具体描述	赋分	实验班六(2)班 (平均分:2.36)		对照班六(3)班 (平均分:2.04)	
				人数	百分比	人数	百分比
水平0	无	学生无法将比与现实情境联系起来。	0	0	0%	0	0%
水平1	直观识别水平	能将比与某种现实情境有机联系,但无法说明自己的理解。	1	0	0%	3	5.4%

续表

水平层次	包含的内容要素	具体描述	赋分	实验班六(2)班(平均分:2.36)		对照班六(3)班(平均分:2.04)	
				人数	百分比	人数	百分比
水平2	描述概念水平	能将比与某种现实情境有机联系,并能说明比在该情境中表达的意思。	2	35	63.6%	47	85.5%
水平3	解释概括水平	能将比与不同的生活情境进行联系(同类量的比、不同类量的比),并能较全面说明比在相应情境中表达的意义。	3	20	36.4%	5	9.1%

(2)后测分析。

后测情况表明,实验班与对照班的学生对比的意义的理解是有明显差异的(平均分相差0.32)。这说明在单元整体教学设计时对"比的意义"的探讨花够力气,下足功夫,为后续的有关比的学习奠基这一教学策略是有效的。同时约有63.6%的同学对不同类量的比没有形成下意识反应,这说明还需要在单元复习时继续加强。

五 教后反思

本课属于概念教学。设计实施以"三化"教学为依据,创设真实情境让学生经历从现实问题入手抽象数学问题的数学化学习过程,进而围绕研究对象即图形缩放(或怎样的图形是相像)与什么要素相关,展开了数学知识内部结构化的进程。首先引导学生观察感知图形,发现核心要素即相像熊猫图的长与宽有一定的关系,进而让学生自主展开多元表征及多元表达的逐步演算及推理等分析解释过程,厘清数学知识间的本质关系并建立具有普适意义的结构模型;进一步将数学知识运用于不同情境之中,在解决问题中巩固和拓展对模型的认识,并强化对学生元认知反思的培养。实际教学效果不错,并在"研师三人行"平台展示,得到专家好评。

结合实际,对实施"三化"教学的成效、亮点以及困惑作如下反思。

①真实问题情境助力"研究对象"的挖掘和提炼。教学一开始并没有马上

围绕"怎样才是跟图B相像的熊猫图?"展开,而是通过情境对话逐层揭开,首先,看似不经意地提问"要将图片放大或缩小,怎样才能做到?",接着,出现图示再问"一张照片放大或缩小要做到什么才行?"陆续再问"下面这些图都是放大或缩小的吗?""哪几张图片与B像?""为什么有些图片不像?"等等。问题的逐层深入和具象,除了唤醒不同学生已有的经验,更是展现出学生个性化经验的表达和不同水平层次的具体体现,这样通过互动、交流、引导,学生能逐步趋于运用规范的数学语言表达,能使低层次水平的学生有机会向高层次水平跃进。最重要的是从对现实问题的逐层剖析,能够逐渐逼近于问题的核心要素,如"照片放大或缩小就是形状不变"——"形状不变,就是要看长和宽的比例"——"解决图片缩放问题,即图片相像的问题,其实就是解决图片的长与宽的关系问题。"这使得抽象出数学问题能够得以水到渠成。

②多元表征表达助推知识、方法及思维结构化。不同的学生对问题的解决可能有不同表征方式,即便相同的表征方式也可能层次不同。因此,不仅要让学生自主表征,更要让学生自主表达其表征的含义。多元表征贯穿于教学始终,探究相像图形中长与宽的关系(有加减、乘除,以及周长和面积等),让学生进行多元表征,从中发现学生对这一关系有不同的理解,呈现不同的水平层次,因此,通过互动交流,在表达中明确比是长与宽的关系,且是一种乘法或除法的关系。在探究相像图形的比(3:2)的含义时,通过画图或计算等多种表征,讨论辨析后明晰"3"和"2"的含义,即它们并不是具体的数量,而是份数,继而,还引导列举了许多种与图B相像图形的比。在抽象中理解了"3:2"表示的是所画的熊猫图的长是宽的1.5($\frac{3}{2}$)倍。对不同情境的比的分析,指向的不仅是理解与表达,而且是对比的深化理解,即从两个量的比到三个量的比。为建立对比的本质理解奠定了坚实的基础。由上所述,不仅看到了本课所学知识"比"的进阶关系结构,"是长与宽的关系"—"是乘法(或除法)关系"—"比的前项和后项表示份数而不是具体量"—"比表示的是两个量之间的倍数关系";而且,也呈现了"观察、假设、表征、表达、概括"一系列学习的方法结构,更是符合学生从"直观—程序—抽象—形式"的思维特点。

③数学内容现实化解决的是一类的现实问题。当学生建立了比的概念模型后,还要及时回归到生活中去加以运用或在运用中得到检验,而运用的过程重在将数学内容或知识与"不同情境、本质相同"的一类现实生活原型关联起来;重在将新知识纳入已有旧知结构中,重建知识网络结构的综合运用。同时

拓展对模型的新认知。本环节中的亮点之一在于对比这一模型"两个量"的认识,从不仅是"同类量的比"升华为可以是"不同类量的比"。这样,对比含义的理解就上升到更为普适的层面。

④教学评一致性使得核心素养目标基本落地。"比的意义"是"比"单元中最重要的核心内容,从核心素养的角度看,"三化"教学所要实现的核心素养恰恰对应"三会",即会用数学的眼光观察、会用数学的思维思考、会用数学的语言表达。从上述反思看,再从前测确定路径、后测量化结果来看,通过这样的教、学、评一致性,使得本课核心素养基本可以落地。核心任务推进多维结构化,每一个核心任务都对应"核心目标具体化"的表现性目标,学生在一个个真实的、开放的、顺势而为的任务群中实现知识的进阶、方法的建构、思维的开放,逐步提升学生面对不确定、不熟悉的复杂问题时的关键能力和意志品格,促进核心素养的进阶。

当然,实施"三化"教学需要的三个阶段,并非都能在一个课时中完成,可能需要一个课时,或两到三个课时。比如本案例教学就需要2—3课时完成。这应该取决于核心任务的设计情况,所以教学需要从单元视角进行设计,不仅从外在的单元课时划分,更要从内在的衔接入手,逐步实现"三会"核心素养。

第二节 "同级混合运算"教学案例

人教版二年级下册第五单元的"同级混合运算"属于"数与代数"领域中的"数与运算"。数的运算重点在于理解算理、掌握算法,经历算理和算法的探索过程,感悟数的运算以及运算之间的关系,形成运算能力和推理意识。

同级混合运算是数学学习中的一项重要内容,在数学中占有重要的地位。同级混合运算包括加、减或乘、除等多个运算,学生通过掌握相应的运算法则,解决各种复杂的数学问题。在同级混合运算中,核心素养的内涵是推理意识和运算能力。

一、学理分析

1.内容要求

混合运算在第一学段(1—2年级)出现,《数学课标2022年版》中规定:在具体情境中,了解四则运算的意义,感悟运算之间的关系;在解决生活情境问题的过程中,体会数和运算的意义,形成初步的符号意识、数感、运算能力和推理意识。

在数学课标中,"了解"就是从具体事例中知道或举例说明对象的有关特征;根据对象的特征,从具体情境中辨认或举例说明对象。"感悟"就是在数学活动中,通过独立思考或合作交流,获得初步的理性认识。

2.学业要求

能描述四则运算的含义,知道减法是加法的逆运算、乘法是加法的简便运算、除法是乘法的逆运算。

3.学业质量标准

能描述四则运算的含义,能进行简单的整数四则运算,形成初步的数感、运算能力和符号意识。

4.单元内容结构化分析

本单元是二年级下册第五单元的内容。它是在一年级学习连加、连减、加减混合的基础上，进一步总结两步计算中混合运算的运算顺序，为之后学习两步以上的混合运算打下基础。(图6-5)

单元		主要内容
四下第一单元	四则运算	认识中括号，能进行简单的整数四则混合运算（两步以上）
二下第五单元	混合运算	掌握简单的整数四则混合运算顺序（两步）
二上第二单元	100以内的加法和减法（二）	学习竖式，掌握简单的四则混合运算（两步）
一下第六单元	100以内的加法和减法（一）	认识小括号，口算含有小括号的两步加减混合运算
一上第二单元	6~10的认识和加减法	结合具体情境，体会连加连减、加减混合的运算顺序

图6-5 人教版"混合运算"相关内容知识体系

本单元的具体内容分为三个层次：第一个层次主要是掌握同级、两级和含有小括号的混合运算的运算顺序，第二个层次主要是掌握脱式计算，第三层次主要是让学生借助色条图学会列综合算式解决简单的实际问题。之后的练习，形式多样，贴近生活实际，激发学生学习兴趣，并加强脱式计算书写格式的规范性(图6-6)。

数据收集整理	表内除法一	图形的运动一	表内除法二	五 混合运算	有余数的除法	万以内数的认识	克和千克	数学广角——推理	总复习
				例4 解决问题					
				例3 含有小括号的混合运算					
				例2 两级混合运算					
				例1 同级混合运算					
一	二	三	四	五 混合运算	六	七	八	九	十

图6-6 知识所在单元之间与单元内部例题之间的结构关联

5.比较不同版本教材（清晰课程形态）

人教版与北师大版教材有关四则运算内容的教学安排是存在差异的。这个课时的内容在人教版中是二年级下册第五单元，而在北师大版则安排在二年级下册第二单元。(见表6-3)

表6-3 同级混合运算内容在人教版和北师大版的教学安排

版本	一上	一下	二上	二下	四下
人教版	连加连减、加减混合	小括号	竖式（连加连减、加减混合）	混合运算	四则运算
北师大版	乘车试一试	竖式（套圈、乘船、乘车、收银台）		小熊购物、买鲜花、过河	

（1）相同点。

《数学课标2022年版》指出：数学教学活动必须建立在学生的认知发展水平和已有的知识经验的基础上。为了更好地体现和落实以上数学课程的理念与特点，两种版本教材在选材上都注重与现实生活相联系，所创设的情境都是学生所熟悉和感兴趣的情景，让学生在情境中理解和体会四则运算的运算顺序。

（2）不同点。

①内容上，人教版的编写循序渐进，层层深入，贯穿于整个第一学段。教材采用依次计算连加、连减、加减混合的混合运算基础上，再进一步抽象出混合运算（同级、两级、带有小括号）运算顺序的教学编排。北师大版则更加重视两级和小括号的混合运算顺序的教学，它舍弃了同级混合运算顺序的学习，并且二年级下册之前学生并未接触到小括号，所以对学生来说更为抽象。由此看，北师大版教材跳跃性大，思维更开放。

②标题上，人教版讲"混合运算"就以"混合运算"的方式呈现，例如一年级上册讲"连加、连减"标题就是"连加、连减"，标题纯数学。而北师大版的标题则生活化，例如在讲"连加、连减"时，是以小标题"乘车"命名的。可见，北师大版比人教版更关注生活化数学，更加重视学生的生活体验。

基于两种不同版本的分析与比较，笔者认为可以借鉴北师大版的生活情境创设，更有利于唤醒学生的生活体验，更加开放；可以以劣构问题的情境呈现，更有利于激发求知欲，更有助于锻炼学生的思维；可以通过迁移类推、自主联系（编题），更有利于学生自主建构新知。

6.单元核心素养及主要内涵

本单元核心素养及主要内涵,详见表6-4。

表6-4 本单元核心素养及主要内涵

数学知识	核心素养及主要内涵
同级混合运算	数感:能够在真实情境中理解同级混合运算顺序的意义和道理。 推理意识:从事实出发,依据规则推出其他结论;通过法则运用,体验数学从特殊到一般的归纳过程。 运算能力:根据法则进行正确运算的能力。
两级混合运算	数感:能够在真实情境理解两级混合运算顺序的意义。 推理意识:通过法则运用,体验数学从特殊到一般的归纳以及从一般到特殊的演绎过程;对自己及他人的问题解决过程给出合理解释。 运算能力:根据法则进行正确运算的能力。
含有小括号的混合运算	数感:在真实情境中理解含有小括号的加减混合运算顺序的意义。 推理意识:通过法则运用,体验数学从特殊到一般的归纳以及从一般到特殊的演绎过程;对自己及他人的问题解决过程给出合理解释。 运算能力:根据法则进行正确运算的能力。
解决问题	推理意识:对自己及他人的问题解决过程给出合理解释,养成讲道理、有条理的思维习惯,增强交流能力。

7.课时核心目标及其具体表现

(1)课时核心目标:

掌握同级混合运算顺序。

(2)核心目标具体表现:

①知道同级混合运算(只有加、减法或只有乘、除法)的运算顺序是从左往右计算;

②能够借助情境解释同级混合运算应该从左往右计算的道理;

③在理解算理、迁移运用的基础上,自主推理、建构同级混合运算的运算顺序模型;

④初步理解综合算式的概念,认识并会用脱式进行计算,体会数学的规定性和严谨性。

二、学情调研

1.前测题设计

你会计算吗?

"同级混合运算"前测练习

班级：　　　　　姓名：

1.试着口算下面2题,并填空。

(1) 23-10+56=

我是这样想的:先算(　　　　),再算(　　　　)。

(2) 3×4÷2=

我是这样想的:先算(　　　　),再算(　　　　)。

2.上面的两道算式,为什么要这样算呢?你能选择一题举例子(给一个情境)来说明吗?

(1)_____

_____

(2)_____

_____

3.你有什么好办法可以让小朋友一眼就看出这两道算式的运算顺序呢?尝试着动笔写一写吧。

(1) 23-10+56　　　　　　　(2) 3×4÷2=

2.前测评价框架及分析

(1)前测评价框架。

前测题一:主要是调查学生对一年级接触过的同级混合运算的运算顺序掌握情况。

水平划分	包含的内容要素	具体描述	百分比
水平0	无	不会。	2%
水平1	直观识别水平	会从左往右算。	98%

前测题二：主要是调查学生对同级混合运算顺序的理解。

水平划分	包含的内容要素	具体描述	百分比
水平0	无	看不懂题目。	9%
水平1	直观识别水平	不能恰当举例子，说清楚理由。	47%
水平2	描述、解释概念水平	能通过列举现实情境中的问题来说明为什么同级混合运算要从左往右计算。	44%

前测题三：主要是想调查孩子是否有预习的情况，但大多孩子还是采用一年级学过的第一步先"划线"写得数，再算第二步的方法，极少数孩子运用脱式计算。

水平划分	包含的内容要素	具体描述	百分比
水平0	无	计算出错。	2%
水平1	直观识别水平	会从左往右算，但计算格式有误。	43%
		会从左往右算，并且计算格式正确。	55%

（2）前测分析。

表格数据说明以下几点：

针对第一个问题，2%的学生表示"不会"，其余均能作答正确。

针对第二个问题，有9%的学生无法准确理解题目含义，无作答，还有91%的学生作答，但是出现两种情况：47%的学生举了例子，但是理由说不清楚；44%的学生能通过列举真实情境来说明同级混合运算的运算顺序。

针对第三个问题，2%的学生"计算出错"，其余均能作答正确，但过程出现两种情况：43%的学生会计算，但是计算格式仍采用一年级学过的方法，一步到位；55%的学生想到了用脱式进行计算。

可以得出：对于同级混合运算，孩子是有一定基础的，只是个别会在计算方面上出错，但对于通过举例来说明该道算式的运算顺序，对于孩子们来说，是稍微有点难度的，因此才出现了只有44%的孩子知道通过举例进行说明，而大部分孩子对于只有加减法的算式为什么要从左往右计算，通过举例是可以理解的，但对于只有乘除的算式，需要教师的逐步引导，通过画简图来帮助理解。因此本单元应该重点关注学生对混合运算顺序的理解、感悟。

三　学习路径分析

基于以上分析,对本课时的学习路径做了相应调整与优化。

首先,创设实际情境,让学生初步学会借助直观图等方式分析、表示数量关系,列出分步算式,经历在实际情境中抽象出综合算式的过程。

其次,掌握同级混合运算脱式计算的方法,并在实际情境中将脱式计算的过程与分步运算的过程进行一一对应,感受解决问题策略的多样性,明确脱式计算书写格式,培养有条理地叙述自己思考过程的能力。

再次,通过自主建构模型、迁移情境、分析解释,明确同级混合运算"从左往右"计算的运算顺序,体会运算规定的合理性。

最后,通过运用进行知识巩固,层层深入,由扶到放,逐步扎实运算顺序,提升学生的运算能力;再通过拓展延伸,提升学生灵活运用所学知识进行迁移的能力。

学习路径图式如下:(图6-7)

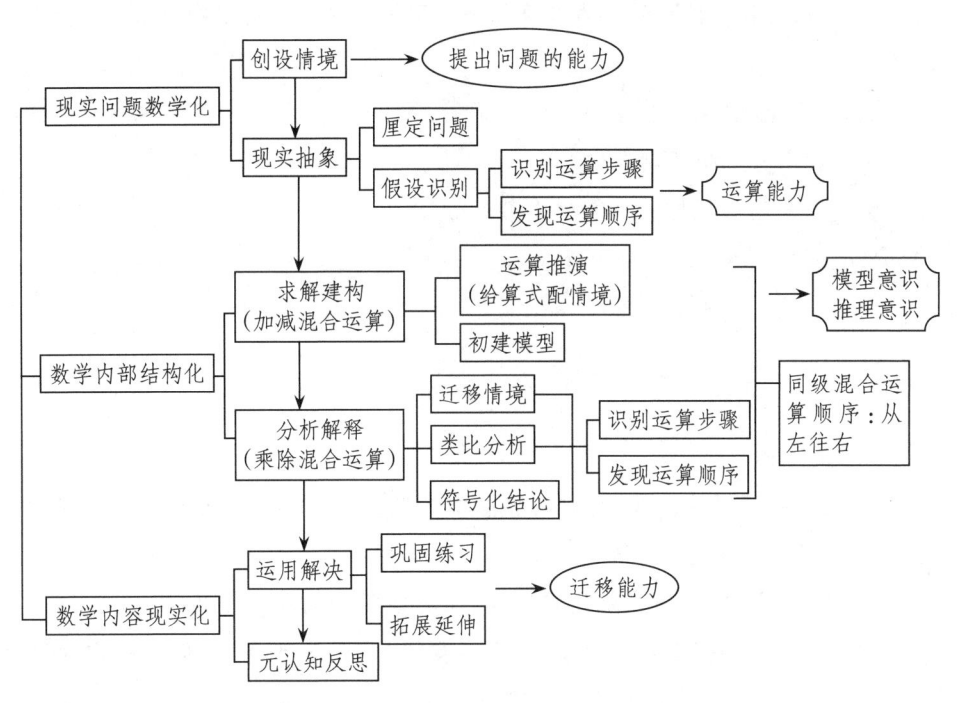

图6-7　"同级混合运算"具体学习路径图

四 教学过程

(一)厘定问题

1.创设问题情境

哆啦A梦带我们来到了——图书馆。

图书馆上午有53人,中午走了24人。下午又来了26人。

师:瞧,图书馆里好多的小朋友在看书呢。说一说你获得了哪些数学信息?

生1:图书室里上午有53人,中午走了24人。

生2:下午又来了26人。

生3:中间的桌子,每张坐2个人。

师:小朋友获取信息的能力可真强啊!那根据这些信息你能提出什么数学问题呢?

生1:图书室里现在有多少人?

生2:图书室中午还剩多少人?

生3:下午的人数与中午的人数相差几人?

生4:图书室里下午一共有多少人?

生5:一共可以坐下多少人?

……

2.厘清问题

师:你们提出了这么多的问题,那依据这些已知的信息,都能够解决这些问题吗?好,你们想先解决哪个?

师:看来有些问题一步就能解决了,而有些问题没那么容易解决。刚才有很多同学想要解决"图书室里现在有多少人?"这个问题,我们就一起来看看吧。

【设计意图:通过设计贴合学生生活实际、数量关系较为简单的情境,唤醒学生对已有的加减混合运算顺序的回忆,培养学生提出问题的能力,给教师指导学生进行观察和处理信息提供了很大的方便,突出新旧知识间的联系,并且有情境图这个直观的媒介,学生大多能比较清楚地阐述自己待解决的思路,为接下来学习同级的混合运算顺序奠定基础。】

(二)假设识别

师:谁能把已知信息和这个问题再完整说一遍?那要求这个问题该怎么列式呢?开动你们的小脑筋,完成下面的任务。

任务一:先独立列式计算,并和同桌交流你的想法。(学习单上的第一题)

1. 识别运算步骤

呈现以下几种情况。

方法一:	方法二:	方法三:
53-24=29(人)	53-24+26=55(人)	53+26-24=55(人)
29+26=55(人)		

问:你是怎么算的?(先算什么,再算什么)为什么这样算?

2. 发现运算顺序

师:你们瞧,这样一个问题,我们有这么多解决方法。

任务二:以小组为单位,观察这三道算式,说说有什么相同和不同的地方?

组1:方法一和方法二计算思路相同,都先算53-24,再算29+26。但列式写法不同,一种是分两步写,一种是合并一起写。

师:像这样分两步计算的我们把它叫作分步算式。两个算式合并一起写的就叫作综合算式。

组1:我有补充,方法一和方法二都是先算减法,再算加法。

组2:方法二和方法三都是列综合算式,一个是先算减法53-24,再加上26;另一个是先算加法53+26,再减去24。

小组学生回答后,教师适当板书如在53-24下画横线,在53+26下也画横线。

师:还有什么发现?计算的顺序有没有共同点?

组3:我发现了它们都是先算前面的算式,再算后面的算式。

组3:都是从左边到右边。

组4：都是只有加减法算式。(板书)

师：观察这两道综合算式，我们发现了一道算式里，只有加减法，就要怎样计算？

生1：从前往后算。

生2：从左往右算。

师：你们能确定如果算式里只有加减法，就都从左往右计算吗？

师：是呀，通过两道算式得出的结论一定是正确的吗？看来咱们得给这个结论打上一个大大的问号！到底是不是这样子呢？目前这只是我们的一个猜测或假设。

【设计意图：看似简单的同一情境，学生却有着不同的思路和方法。顺势引导学生在解决实际问题过程中尝试去观察、感悟和理解综合算式的概念，旨在培养学生的发散思维和运算能力；并在引导对比中，学生初步经历发现运算顺序，进行大胆猜测的过程，为后续模型建构奠定思维基础。】

(三)求解建构

1.运算推演

师：哆啦A梦也有同样的疑问，为什么不能是从右往左算呢？于是它从右往左计算，先算24+26=50，再算53-50=3，你们觉得对吗？

任务三：你能解答疑问吗？请你先独立思考，然后在小组内交流。

学生先尝试表达。

教师适时引导：24表示什么？(走了24人)24+26能表示什么？(表示又来了26人)跟情境不符合，不能将24和26相加。也就是说，如果从右往左算，是不符合题意的。只有2个同样都是"走"的或者同样是"来"的数据，才能合并起来。

师：那现在我们可以明确什么？对了，在一道算式里，只有加减法，就要从左往右计算。

任务四：计算25-12+30，并编题说理。自己编一道数学题目来说明这道算式是从左往右计算的吗？先自己想想，再把你编的题目跟同桌说一说。(请两位学生分享自己编的题目)

生1：公交车上原本有25人，到站后下车了12人，又上车了30人，那这辆公交车现在有几人？

生2：小区A栋住户原本有25名，但因为疫情暴发离开了12个人，后来小区的建设越来越好，又搬进了30人，请问现在小区A栋的住户有几人？

2.初建模型

师:你们瞧,借助这么多的情境我们更加确定了,一道算式里,只有加减法,就从左往右计算。现在,这个问号能够擦掉了吗?

师:回顾以上过程,我们怎么验证这个结论是正确的?

总结:是的,在哆啦A梦的帮助下,我们通过观察两道算式,得出"一个算式里,只有加减法,就要从左往右计算"这个结论。是不是所有的都这样子呢?我们进行了质疑,有人通过反例,有人再举例计算,然后我们以计算25-12+30为例,让同学们编题目来解释,最终确定结论是正确的。

师:这种学习的方法我们之后还会经常用到哦。

【设计意图:不要小看低年级孩子学习习惯的培养。看似简单的问题,其实蕴藏着深刻的道理,那就是思维习惯是在思维意识培养的基础上形成的。本环节运用创作故事情境的方式,让冷冰冰的算式"活"起来,让数字和运算符号不再枯燥、乏味,而是鲜活的、灵动的,因为情境就存在于生活中。在这样不断地说理过程中进行运算推演,层层递进,引导学生初建模型:观察—质疑—猜测—运用—举例—结论,培养学生的推理意识。通过自主探究、合作交流等方式理解同级加减混合运算的运算顺序。】

(四)分析解释

1.迁移情境

任务五:(1)你会计算3×4÷6和8÷4×2这两道算式吗?动笔算看看。(2)并说说与刚才学的综合算式有什么不一样的地方?

展示学生作品。

作品一:计算从左往右,结果正确。

作品二:第二题有从右往左算的,计算结果错误(8÷4×2=1)。

师:先说说与刚才学的综合算式有什么不一样?

生:前面的算式只有加减法,这两个算式没有加减,只有乘除。(板书)

师:那计算顺序一样吗?

师:运算顺序也是从左往右吗?从右往左真的不行吗?请你也编一道数学题目或画图来说明你的运算顺序是正确的。

2.类比分析

交流:你是按什么顺序计算的?为什么?

作品展示。

生1:有3个盘子,每个盘子里有4个苹果,把这些苹果平均分给6个人,每人分了几个?

生2:8个苹果平均分发到4个盘子里,像这样分,2个盘子里有多少个苹果?如下为学生作品简图。

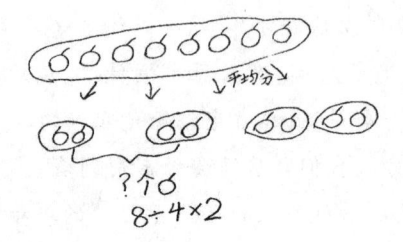

生3:根据分苹果图,如果从右往左计算,那么4表示4个盘子,而2也表示2个盘子,4×2没有意义,与情境不符合。也就是说,如果从右往左算,不符合题意。

(表扬)

师小结:通过大胆的猜测还有编题目说明,我们知道了一道算式里,只有乘、除法,也是按从左往右顺序计算的。

3.符号化结论

(1)揭示课题。

师:像这样一道综合算式里只有加减或者只有乘除符号,这样的运算称为同级混合运算。(板书)

(2)归纳总结。

一道算式里只有加减法或只有乘除法,都从左往右计算。

(3)完善表达。

在没有括号的算式里,只有加减法或只有乘除法,都要从左往右按顺序计算。(齐读)

【设计意图:通过任务式核心问题的引领,为学生设计连续、递进的子问题串,让学生在解决问题的过程中,在已有模型建构基础上,进行迁移、分析、解释、运用,关联数学思想,接近数学本质,丰富又深刻地理解了数学,培养了学生的迁移能力。并在"给算式配情境"这个过程中,抽象出同级混合运算的运算顺序,让学生理解并掌握同级运算的运算顺序,知道其运算顺序"从哪里来"又到"哪里去",逐步提高学生提出问题的意识和能力。】

4.学习脱式计算格式

任务六:学习脱式计算格式。

(1)自学脱式计算。

看学习单上的资料卡,学习脱式计算书写格式,看懂之后尝试着运用脱式计算完成题目。

> 为了便于看出运算顺序,可以写出每次运算的结果。
>
> $25-12+30$ $15÷3×5$ $8÷4×2$
> $=13-30$ $=5×5$
> $=43$ $=25$

(2)讲解脱式计算的书写格式。

师:谁来当小老师,根据自学的要求到黑板上来跟同学们说一说脱式计算的书写格式呢?

(学生分享)

师:你们都听懂了吗?跟他一样的举手,不一样在哪呢?等号("=")的位置写错位置的抓紧改一改哦。

师:那在脱式计算的书写格式上还有没有什么疑问需要小老师帮你们解决的?

师:现在通过自学,再通过小老师的讲解你们是否掌握脱式计算的书写格式了呢?

(3)规范书写练习。

(4)错例反馈。

展示学生的错误作品(投屏)。

师:对这些小朋友的作品你们有什么想说的?

生1:"="要写在算式的左下方。

生2:"÷3"没有照抄下来。

温馨提示:结果在这里已经呈现了,就不用在横式上再写答案。

(5)总结。

师:脱式计算在书写时,应该注意什么?注意等号是写在算式的左边,并且上下对齐。横式无"="。

【设计意图:学生首次接触脱式计算,因此,在自学后,教师加强板书示范,采用下划线、标箭头等方式来帮助学生掌握脱式计算的书写过程,指导学生学会脱式计算的书写格式。通过错例反馈对比,加深印象。同时通过自主探究、合作交流等方式提高学生思维能力、计算能力和自学能力。】

(五)运用解决

1.巩固练习

师:让哆啦A梦带着我们坐上时光机回忆巩固今天所学的知识。

(1)先填空,再列综合算式。

师:我们来到哆啦A梦"百宝袋变变变"。请你们先填空,然后列出综合算式。

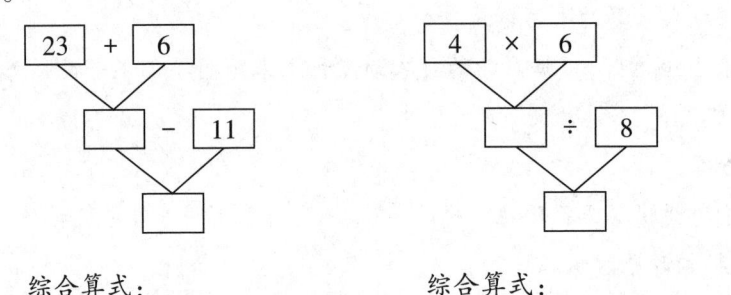

综合算式:_____　　综合算式:_____

(2)判断对错。

师:我们来当小医生,帮哆啦A梦治病。哆啦A梦看你们学得这么认真,收获这么大,可开心了,所以一不小心吃多了。肚子里太多东西堆积在一起了,现在你们能帮哆啦A梦找到肚子里的坏东西,帮他恢复健康吗?

师:学习单(如下图)上习题①的计算对吗?如果不对,把它改正过来。

学习单		
① 34−17+3	② 3×8÷4	③ 18−4×3
=34−20	=24÷4	=14×3
=14	=6	=42

师追问:为什么错?

生1:得从左往右计算。

师问:为什么得从左往右计算?

生1:因为这是一道只有加减法的综合算式。

2.拓展延伸

师:同学们,学到这里我们知道了只有加减法或只有乘除法的综合算式是如何计算的。那最后这一道"18-4×3",也是从左往右计算的吗?为什么不行呢?是呀,算式里既有加减法又有乘除法,应该如何计算呢?下节课我们再继续学习。

3.回顾反思

师:回顾这节课,你收获了什么知识?是怎么学习的?还有什么疑问吗?

【设计意图:学以致用,思知不足。"学"是为了"用","用"中促学,要更好地"学","用"中才能真正体现"学"的价值;思考和反思才能知道不足所在,进而改进和提升。学生学习的过程就是"学""用"不断地深入、上升的循环过程,在"学"中获得认知,在"用"中加深理解,促进思考,并在反思中提升素养。因此,通过设计不同层次的练习,强调脱式计算的书写格式,加强对同级运算的运算顺序和脱式计算格式的掌握。最后,通过反思,交流所学、所获与不足,激发进一步学习的潜在动力,不断提升自身素养。】

附:后测评价

1.后测题设计

"同级混合运算"后测单

班级:　　　　　姓名:

1.快速进行计算。

(1)21+45-13　　　　　　(2)6÷3×5

2.上面这两道算式,为什么要这样算呢?你能选择一题举例子(给一个情境)来说明吗?

_____

_____

3.根据今天所学知识,尝试计算下面两题。

(1)54÷6+5　　　　　　(2)32-3×4

---

2. 后测评价框架及分析

(1)后测评价框架。

后测题一:主要是调查学生对同级混合运算的运算顺序掌握情况。

水平划分	包含的内容要素	具体描述	百分比
水平0	无	不会,计算格式出错。	5%
水平1	直观识别水平	从左往右算,格式正确。	95%

后测题二:主要是想调查学生对同级混合运算从左往右计算算理的理解。

水平划分	包含的内容要素	具体描述	百分比
水平0	无	不会。	2%
水平1	直观识别水平	不能说明理由。	11%
	描述、解释概念水平	能通过列举现实情境中的问题来说明为什么同级混合运算要从左往右计算。	87%

后测题三:主要是想调查学生对知识拓展延伸的迁移情况。

水平划分	包含的内容要素	具体描述	百分比
水平0	无	不会。	12%
水平1	直观识别水平	会计算,但不能说明理由。	33%
	描述、解释概念水平	会计算,能通过列举现实情境中的问题来说明为什么两级混合运算要先算乘除,再算加减。	55%

(2)后测分析。

表格数据说明以下几点。

针对第一个问题,在学完同级混合运算顺序之后,学生的掌握情况较好,只有5%的孩子格式、计算出错。

针对第二个问题,发现有2%的学生课堂学习效果较差,有87%的学生已经学会借助真实情境说明运算顺序,沟通数学与生活的联系,掌握较扎实,而还有11%的孩子举例过程中前后不一致,没有真正掌握。

针对第三个问题,主要查看学生的迁移能力如何或者是否提前预习,发现已经有88%的学生已经学会了计算,但在本节课的基础上学会迁移情境的也只有55%的学生。

可以得出:对于两级混合运算,孩子也是有一定基础的,知道要先算乘除,再算加减。但在"给算式配情境"中,大部分的孩子还是无法迁移、运用已学的模型自主建构新知,这还需要教师进行进一步的指导。

五　教后反思

本课属于"同级混合运算"教学,它是在一年级学习了连加连减、加减混合的基础上进行学习的。但大部分学生对这样的算式要从左往右计算只是停留在经验上的知道,并不理解为什么这样规定。也就是说,他们有一定的感知经验,但还需要进一步的抽象化理解。因此,本课的教学给了笔者一定的反思和实践经验。

1.法则"只是约定俗成的吗?"

以往传统经验的教学,同级混合运算的运算顺序是直接由教师呈现的,给出的理由是约定俗成。真的是约定俗成吗?难道没有学生能够理解的方式和途径讲道理吗?当然不。数学来源于生活,用生活来解释不仅学生容易理解,更是在学生初学数学的过程中帮助其建立一种意识:任何事物都是基于一定经验基础的本质建构的,都需要一种科学合理的解释。同样地,学生的学习需要一种科学的习惯养成。为贯彻和培养学生从小说理的习惯,哪怕是一种简单或者看似不需要的说理,学生一旦经历并养成习惯后,将有助于在面对复杂事物时运用讲理的方式来解决。因此,本课更多是基于"三化"教学理念,创设真实问题情境,通过任务驱动方式,给学生充足的时间去探索、去表征、去感悟、去说理、去表达,引导学生在经历观察、对比、质疑、举例、验证、推理、抽象的全过程中促进良好思维习惯养成,提升问题解决的意识和能力。

2.立足起点"连续",搭建经验性情境

学习数学就是学习数学化,通过创设真实问题情境(如求图书馆现在有几人?)驱动学生问题解决意识的生成,调动了学生原有的知识经验参与;并引导学生结合情境对所列的算式进行分析和解释,在观察、对比中初步明确了分步算式和综合算式的区别;聚焦分步算式和综合算式以及同样是综合算式的同与不同,展开了学生经验的碰撞,最终达成认知的共识,实现经验、认知与方法的连续性和进阶性,让学习真正发生。

3.聚焦方法"关联",促进结构化理解

数学内部结构化过程,聚焦在"是不是所有的加、减法综合算式,都从左往右计算呢?"带着对问题的思考,学生在观察、质疑、运用、举例、概括结论的过程中,深刻体会到了语言表达是可以从感性理解向抽象概括迈进的,真正达成对概念与法则的结构性建构。学生经历了"从左往右计算这一运算顺序"的酝模—初模—成模—用模的全过程,从而发展了学生的模型思想。

同理,只有乘、除法的混合运算顺序又是怎样的呢? 教学并不是简单的重复,而是放手让学生在已有学习经验的基础上,主动去猜测、去探索,去迁移、去归纳、去表达,最终得以建构同级混合运算的法则模型。

在形式化层面的学习,如脱式计算的教学中,通过让学生自学的方式,带着问题边学边尝试计算,并通过小组合作和小老师的讲解,在反馈中明确脱式计算的书写格式,培养了学生的自学能力。

4.关注练习"循环",实现内化迁移

数学内容现实化过程,通过设计纠错内容,并在追问中回归本质,引导学生灵活运用所得结论,巩固运算顺序和脱式计算的书写格式,促进知识内化迁移。并巧妙设计融合已知、新知和未知的乘加、乘减的综合算式,采用多种变式练习,围绕"是否运用从左往右计算模型?"展开辩论和说理,不仅激发学生学习兴趣,更是增加了对未知模型进一步探究的欲望,让知识不断循环往复,促进学生数学学习情感的升华,实现真正的深度学习。

5.教学评一致性,凸显素养导向

如果说本课教学还有一个亮点的话,那就是教、学、评的一致性。基于前测量化数据进行学情调研,以确定教学起点和目标定位;教后学习效果通过后测量化数据进行诊断;学习过程中通过观察、调控等手段,促进学生思维由低层次向高层次的迈进,使核心素养导向能够在课堂中较好地落地。

总之,整节课以学生已有的知识经验展开数学学习活动,紧扣同级混合运算的运算顺序本质,关联数学思想方法,从生活中来,回到生活中去,整体关联,不断提升学生对同级混合运算顺序的理解和掌握,实现学习的再循环,促进学生核心素养的较好生成。

第三节 "图形的转化"教学案例

五年级上册第六单元"多边形的面积"是小学阶段"图形与几何"领域中"图形的认识与测量"的重要内容之一,其本质是把未知图形的面积通过割补、倍拼、分割等方法转化为已知图形的面积。"图形的转化"是本单元的单元准备课。在探究具体图形的计算公式前,以整体教学的视角,整合平行四边形、三角形、梯形与不规则图形等研究对象,让学生通过观察、操作、猜想等方式,萌发转化意识,初步体会转化思想。以下从小学数学"三化"的角度介绍如何积累数学活动经验,发展推理意识与空间观念。

一 学理分析

1.内容要求

探索并掌握平行四边形、三角形和梯形的面积公式;会估计不规则图形的面积。

2.学业要求

会计算平行四边形、三角形和梯形的面积,能用相应公式解决实际问题。

3.学业质量标准

本单元具体表现为能认识常见的平面图形,计算图形的面积,形成量感、空间观念和几何直观。强调关注学生转化思想的形成过程,通过转化意识的产生,转化方法的丰富、优化,形成转化策略,发展学生的空间观念和推理意识。此外,同时关注问题解决能力,注重实际问题的应用,将知识与实际情境相结合。

4.单元内容结构化分析

(1)本单元与跨年度相关知识单元间的结构关联。

本单元是五年级上册第六单元的内容。它是在三年级下册学习了面积概念和长、正方形面积的计算,四年级学习了平行四边形、梯形和三角形特征的基础上的学习内容,其核心的目标是把未知图形转化为已知图形,渗透转化的思想。为之后学习立体图形侧面积、表面积和体积的计算以及圆面积计算等奠定转化基础。(图6-8)

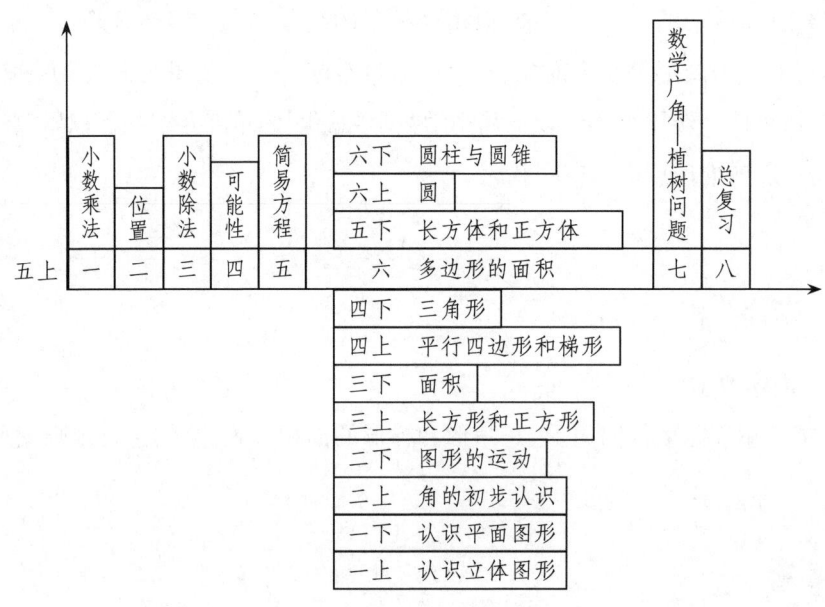

图6-8 本单元与跨年度相关知识单元间的结构关联图

(2)"多边形的面积"在小学阶段空间维度的前后关联。

图形的认识与测量是现行教材中图形的认识、测量两个部分内容的整合。包括立体、平面图形的认识,线段长度的度量,图形的周长、面积、体积计算。"多边形的面积"单元是二维图形探索中的重要一环,能够在感受面积度量中,提供归纳、类比,猜想或发现未知图形和已知图形之间的联系,进而推导多边形的面积计算公式。(图6-9)

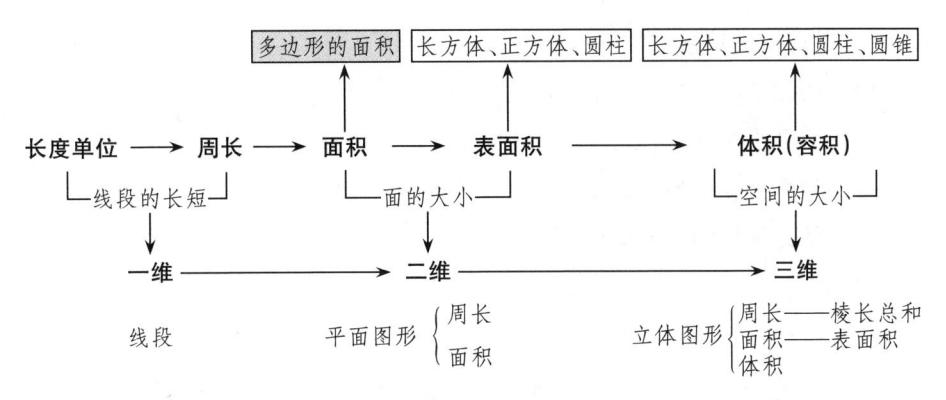

图6-9 "多边形的面积"在小学阶段空间维度的前后关联

(3)"多边形的面积"单元课时设计思想。

本单元的核心目标是运用转化思想探索多边形面积的计算方法,单元整体设计应更关注学生转化意识的形成过程,使学生真正掌握转化的思想、方法。在这一阶段的教学中,学生要经历以下四个层次(如图6-10)。

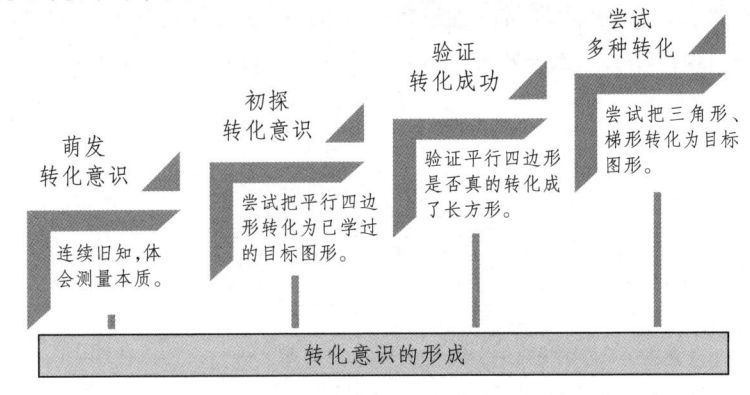

图6-10 "多边形的面积"教学过程中学生经历的四个层次

5.比较人教版和北师大版教材内容

人教版和北师大版教材中的"多边形的面积"内容比较,详见图6-11。

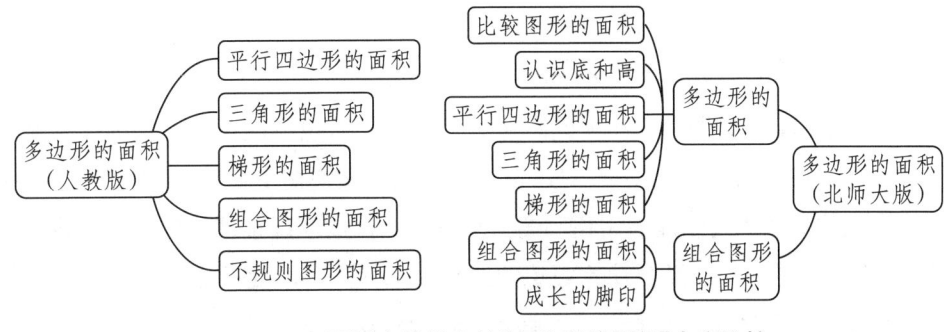

图6-11 不同版本教材中的"多边形的面积"内容比较

(1)共性——单元教学内容基本相同。

单元的教学内容主要涵盖以下三个方面：

①探究多边形的面积公式，会用面积公式解决问题；

②会计算组合图形的面积；

③会估计不规则图形的面积。

(2)区别——单元编排结构不同。

人教版教材：在第1课时直接教学平行四边形的面积；

北师大版教材：在第1课时先铺垫了数方格及割补法在图形面积探究中的应用，帮助学生积累探索图形面积的活动经验。

综上，人教版教材和北师大版教材在教学内容的安排、学习顺序和难度上有所不同。人教版教材更注重基础知识和逻辑性，北师大版教材更注重引导学生从生活问题出发，逐步过渡到教学内容。所以在笔者目前的教学工作中，结合新课标的要求，对人教版教材内容进行了重构，在平行四边形面积计算前，新增了帮助学生积累探索图形面积的活动经验，把无形的转化意识有形化（如图6-12）。

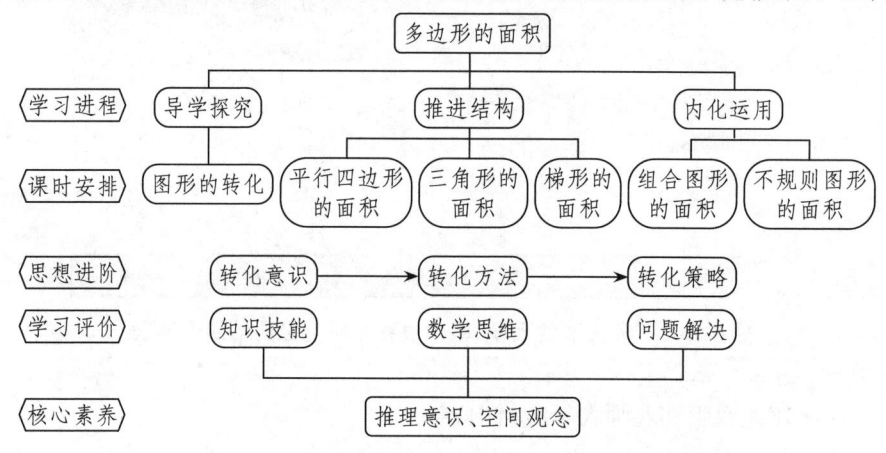

图6-12 人教版"多边形的面积"教学思维导图

6.单元核心素养及主要内涵

面积度量的实质就是计算该图形包含多少个面积单位。推理意识作为这一单元的核心素养，主要是指"对逻辑过程及其意义的初步感悟"，在"图形与几何"领域的具体表现是能够用化归的方法形成局部的演绎推理。化归是指将所研究的图形转化为已经会计算面积的图形来求面积。转化的思想可以从转化意识、方法与策略等角度渗透。本单元核心素养及主要内涵，见表6-5。

表6–5　本单元核心素养及主要内涵

数学知识	核心素养及主要内涵
图形的转化	空间观念:基于对空间物体或图形形状、大小的认识,能通过割补、平移、旋转等方法变换图形。 推理意识:能通过简单的归纳或类比,猜想或发现一些初步结论。
平行四边形的面积	量感:理解度量的意义,能够比较面积的大小,描述大小,知道面积单位,会计算面积,能够用转化的方法求面积。 推理意识:能通过简单的归纳或类比,猜想或发现一些初步结论。 模型意识:知道数学模型可以用来解决一类问题,是数学应用的基本途径。
三角形的面积	推理意识:能通过简单的归纳或类比,猜想或发现一些初步结论,可以从一些事实和命题出发,依据规则推理其他命题或结论。
梯形的面积	推理意识:能通过简单的归纳或类比,猜想或发现一些初步结论,可以从一些事实和命题出发,依据规则推理其他命题或结论。
组合图形的面积	推理意识:初步形成逻辑表达与交流的习惯。 模型意识:知道数学模型可以用来解决一类问题,是数学应用基本途径;能够认识到现实生活中大量的问题都与数学有关,有意识地用数学的概念与方法予以解释。
不规则图形的面积	推理意识:初步形成逻辑表达与交流的习惯。 应用意识:解决现实世界中的问题;能够感悟现实生活中蕴含着大量与图形相关的问题。

7.课时核心目标及其具体表现

(1)课时核心目标:

在探索多边形面积的过程中积累数学活动经验,初步体会转化思想,发展推理意识与空间观念。

(2)课时核心目标具体表现:

①形成转化意识。在探究平行四边形面积的过程中,能通过割、补、拼,有意识的转化成目标图形。

②掌握转化方法。在探究三角形面积的过程中,能在把现有图形转化为目标图形的过程中总结出转化方法,丰富转化经验。

③学会选择合适的转化策略。在探究梯形和组合图形面积的过程中,能对转化前后的图形特点进行分析,使图形的转化有根有据,方向明确、道理明晰,再遇到新图形的面积计算,会选择合适的转化策略。

二 学情调研

1. 前测题设计

"图形的转化"前测练习

班级：　　　　　姓名：

1. 这个图形的面积是多少？

   （平行四边形图，底5 cm，方格边长1 cm）

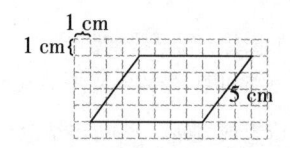

   小明是这样做的：7×4=28（cm²）
   (1) 你觉得小明是怎么想的？
   (2) 你同意小明的做法吗？为什么？

2. 这个图形的面积是多少？用尽可能多的方法计算该图形的面积。

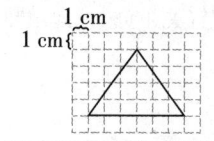

   （三角形图，方格边长1 cm）

2. 前测评价框架及分析

（1）前测评价框架。

前测题一的评价框架如下。

水平划分	包含的内容要素	具体描述	百分比
水平0	不会转化	写不出来。	1.96%
水平1	有初步转化意识没有转化方法	模仿长方形面积公式，用邻边相乘计算；或借助数格子计算面积。	37.25%
水平2	能把现有图形转化成目标图形	成功把平行四边形转化成长方形。	29.41%
水平3	不仅能转化，而且能对现有图形和目标图形进行比较	能找到平行四边形和转化后长方形之间的联系，计算出面积，正确说理。	31.37%

注：百分比为计算结果，表中此栏仅保留两位有效小数，导致总计结果不为100%。

前测题二的评价框架如下。

水平划分	包含的内容要素	具体描述	百分比
水平0	不会转化	写不出来。	7.84%
水平1	能把现有图形转化成目标图形	成功把三角形转化成长方形或平行四边形。	43.14%
水平2	不仅能转化,而且能对现有图形和目标图形进行比较	能找到三角形和转化后图形之间的联系,正确计算面积。	19.61%
水平3	能用多种转化方法解决问题	能用两种及以上的方法计算三角形面积。	29.41%

(2)前测分析。

表格数据说明以下几点。

针对第一个问题,1.96%的学生未答,已作答包括四种情况：37.25%的学生模仿长方形面积计算公式用邻边相乘计算平行四边形面积,或借助数格子计算面积;29.41%成功把平行四边形转化成长方形;31.37%成功转化并能找到平行四边形和转化后长方形之间的联系来正确说理。

针对第二个问题,有7.84%的学生未作答,已作答学生包括三种情况：43.14%的学生把三角形分成两个直角三角形后转化成长方形计算;19.61%的学生能找到三角形和转化图形之间的联系,正确计算面积;更有29.41%的学生能用2种及以上的方法解答。

可以得出：从转化意识和转化方法两方面来看,学生在给出"底×高"的说理背景下,是能有78.5%的学生有意识对平行四边形的面积计算产生转化意识,并且在格子图的帮助下正确转化成长方形进行研究,但是仅有31.37%的学生能够正确找到转化前后的联系,正确说理。并且在锐角三角形的面积研究上,绝大部分的学生用数格子的方法来数出面积,没有转化的意识,转化的目标图形都是长方形,方法单一局限。

因此,本课时应重点关注学生转化意识的萌发,即关联现有图形和目标图形;同时关注转化方法的学习,找到转化前后的联系,丰富转化经验,在此过程中发展空间观念和推理意识。

三 学习路径分析

学生在一年级时认识平面图形、立体图形;二年级时初步认识角,掌握简单图形运动中的平移和旋转;三年级时利用网格图学习正方形和长方形的面积、周长;四年级时给平面图形作高,认识直线、线段、射线;而且学生在学习小数乘法、内角和等内容时,均体验过"转化"这一数学思想,有了这些学习图形与几何的基础,学生具备一定的探究几何图形的方法和数学素养。本节课的主题是"转化",又侧重图形的"转化",旨在培养学生有意识地使用"转化",为后续学习图形的面积、体积等奠定基础,同时,转化思想的感悟还能辐射到其他课程中,对整个数学学习都具有深刻的影响。具体从以下课时路径进行。

①厘定问题:激活度量经验,蕴含转化起点;
②假设识别:沟通已学的面积计算方法,萌发转化意识;
③求解建构:在平行四边形转化成长方形的过程中,小结转化方法;
④分析解释:运用多种转化方法解决三角形和梯形面积,形成转化策略;
⑤运用解决:利用转化思想解决问题,丰富转化经验。

本课时具体路径图式如下。(图6-13)

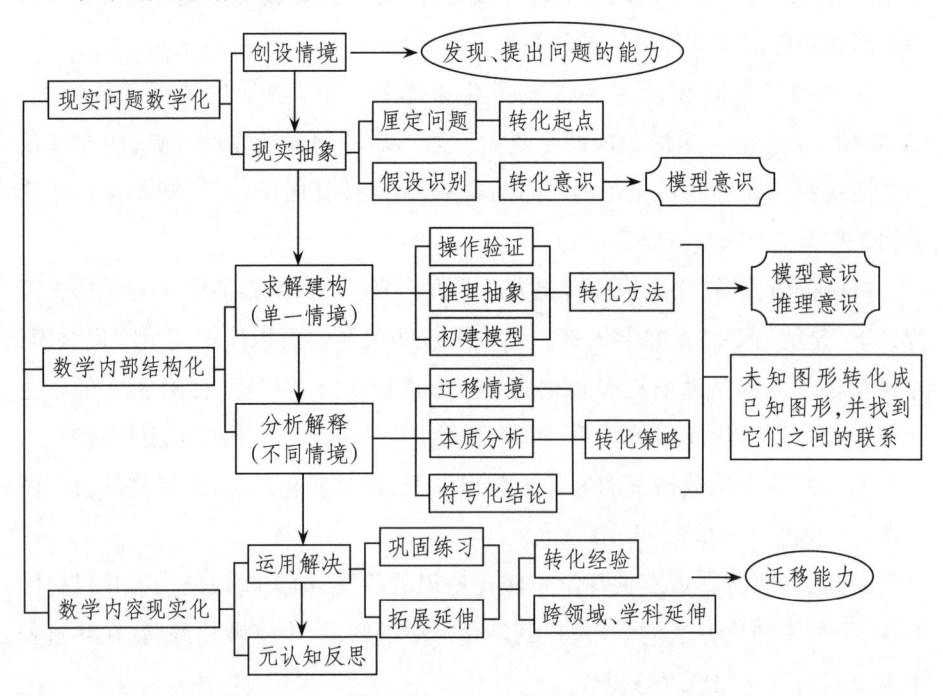

图6-13 "图形的转化"具体学习路径图

四 教学过程

(一)厘定问题

1.创设问题情境

七星园是我们学校的劳动基地,今年七星园要进行改造升级(如下图),改造后可以培育更多品种的蔬菜。从改造后的设计图中,你想知道和了解哪些相关的数学知识?

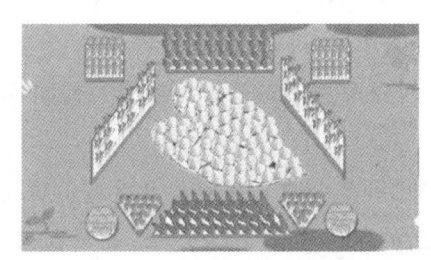

2.厘清现实问题

预设:

①改造后七星园的总面积有多大?

②这块平行四边形(梯形/三角形/爱心形)菜地的面积有多大?

③长方形菜地的长和宽各是多少?

④种花菜的这块地是什么形状?

⑤长方形菜地的面积和梯形菜地的面积是一样大的吗?

……

【设计意图:提供复杂多元的真实情境,情境中涵括小学阶段认识的平面图形,通过改造升级的情境设置,唤醒学生已有的面积和周长等度量经验,同时也激发学生求解图形面积的需求。复杂多元的菜地情境可以连续贯穿整个单元的学习需求,后续联系土地面积测量可进一步开展项目式主题学习。】

(二)假设识别

1.识别数学问题

师:同学们,你们提出了这么多有意义的问题,它们可以分成哪几类?

(预设如下三类:①改造后菜地有哪些图形? ②这些菜地的边各是多长? ③不同形状的菜地的面积是多少?)

追问:哪些问题你们已经可以解决了?(菜地的形状)

师:改造后都有哪些形状的菜地?请你上来指着说。

师:菜地的边测量后就可以知道它的长度,你们为什么想知道这个数据呢?(求菜地的面积)

2.发现数学问题

师:要求种植小葱的菜地大小(指着平行四边形菜地说)实际上就是要解决什么问题?(实际就是要求平行四边形的面积。)

师:回忆我们学过了哪些图形的面积计算?长方形的面积公式是什么?正方形呢?

师:这些是我们已知的知识。课前热身时我们通过"数长方形里面有几个面积单位,就得到长方形的面积"这个方法,能帮我们计算剩下未知的图形面积吗?

【设计意图:从菜地的形状顺势迁移到图形的面积计算,将现实问题转化为数学问题。通过引导回忆长、正方形面积的推导过程就是数面积单位的个数而得到计算公式的,从而加深了学生已有的量感观念,即对面积单位测量的本质内涵的理解,为后续把未知图形转化成已知的目标图形激活目标意识的经验。】

(三)求解建构

1.操作感知

我们要知道"小葱菜地"的大小,实际上就是要求这个平行四边形的面积。那怎样求平行四边形的面积呢?今天就让我们一起来探究吧(出示平行四边形图)。

(1)探究活动。

任务一:怎样求平行四边形的面积呢?请选择你认为合适的学具(透明格子图、剪刀、三角尺、平行四边形若干)进行操作。并把你的思考过程和同桌同学交流。

小组交流:①你把平行四边形转化成什么图形?你是怎么操作的?②如何知道平行四边形的面积?③在这过程中什么不变?

预设学生的作品层次如下。

水平0:无法求出　　　　　　　水平1:点数法

水平2:▭ 一种方法　　　水平3:▭ ▭ 多种方法

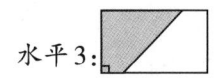

(2)互动交流。

①展示如上学生作品,按照水平层次交流。

生1:将平行四边形放在透明格子图下面,先数整格,再把不足一格的拼起来数(水平1-1)。

生2:我也是用数格子的方法,但是这些不满1格的,可以全部移到一起数(水平1-2)。

师:嗯,他们都是用数格子的办法。不过同样是数格子,方法也有不同。下一个谁再来汇报?

生3:我是将平行四边形剪成一个三角形和一个梯形,拼成长方形,然后数出它的面积(水平2)。

生4:我将平行四边形剪成两个梯形,也可以拼成长方形,得到它的面积(水平3-1)。

生5:还可以这样剪,也可以拼成长方形,用"长×宽"就可以求出它的面积(水平3-2)。

②重点交流:这些不同的操作方法,有什么共同之处吗?(都是把平行四边形转化成长方形)

追问:数格法也是把平行四边形转化成长方形来数吗?你是怎么做的?

2.直观验证

师:对于刚才同学们的操作方法,有疑问要问吗?

师:真没疑问吗?那我来问了。你们确定转化后的图形一定是长方形吗?怎么确定呢?

(生停顿,教师等待)

生1(直观感知):一看就知道是长方形呀。把转化后的图形摆在格子图上就可以看到是一个长方形。

生2:沿着格子剪,就可以把平行四边形转化成长方形。

师:只用看的能行吗?你们一定有办法说服老师和同学的对吧?

提醒:平行四边形和长方形有什么区别?(长方形四个角都是直角)那要怎么剪?

3.严谨推理

生:借用格子图的直角,或者三角板的直角,就可以剪下一个直角三角形和一个直角梯形,然后拼成长方形。

明确本质:直角所在的这条边是平行四边形的什么?(高)

推理:沿着高的这三个角都是直角,那第四角也一定是直角吗?

生:四边形的内角和是360°,减去3个直角,最后这个角也一定是直角。

小结方法:所以怎么剪就能保证一定可以转化成长方形?(沿高剪)

4.思维抽象

(未达到水平3)方法引导:平行四边形有几条高?(无数条)那把平行四边形转化成长方形可以有几种剪法?(无数种)

5.概括小结

转化意识的产生:让我们回到探究的开始,你们是怎么想到把平行四边形转化为长方形的?

生:我们还不会求平行四边形的面积,但我们知道长方形的面积计算公式,所以就想尝试把平行四边形转化成长方形来解决问题。

(提炼:通过将未知转化为已知,来解决未知的问题)

小结:所以以后我们求未知图形面积时,就可以把它转化成已知图形来求解。

【设计意图:在探究平行四边形面积的过程中形成转化意识。以图形内在联系为线索,思考学过面积计算的目标图形有哪些,先以学习平行四边形为例,在学习平行四边形面积之前,学生只学习了长方形和正方形的面积计算,因此学生自然会想办法把平行四边形转化为长方形或正方形,产生转化的意识,并在割、补、拼的操作过程中发展了空间观念。其中验证说理的过程就是发展推理意识的过程。想到了方法去转化平行四边形,那这个转化是有根有据的吗?对整个转化的过程进行梳理是学生思维的发展,在这个过程中学生通过讨论,从"不知"到"知了",从"有困难"到"成功解决",从"没道理"到"有道理"。学生经历解决问题整个过程,积累活动的经验,同时也在体验数学问题的探究性和挑战性中,获得成功的喜悦。】

(四)分析解释

1.迁移情境

师:那么接下来三角形和梯形的面积计算也是未知的,你想怎么研究?

(若转化意识不明确)引导:你想把它转化成什么已知的图形?

2.类比分析

师:转化之前你有什么小提示给到同学们?

生:转化前要先想清楚要转化成什么图形,该怎么操作,然后再动手。

任务二:尝试转化三角形、梯形并求出它们的面积。

任务要求如下。

①想一想:怎么转化?

②验一验:是否转化成功?

③说一说:你们小组内有几种方法?

汇报交流预设如下。

剪拼法:将三角形或梯形剪拼成长方形;将三角形或梯形剪拼成平行四边形。

倍拼法:将两个完全相同的直角三角形或直角梯形通过倍拼法转化成长方形;将两个完全相同的三角形或直角梯形通过倍拼法转化成平行四边形。

3.符号化结论

师:同学们你们的转化都成功了吗?分享一下成功的秘诀。

生(转化成长方形):把三角形和梯形转化成长方形就要产生直角,直角三角形只要剪一次,其他的三角形至少需要剪两次,才能有四个直角。

生(转化成平行四边形):转化成平行四边形就要找到对边平行,可以用两个完全一样的三角形倍拼,也可以在三角形内找一条平行线……

小结:想把未知图形转化成已知图形,就要找到它们之间的联系。方法有多种。

【设计意图:通过对平行四边形转化成长方形的研究,学生初步形成了转化的意识,设计将后续要学习的三角形和梯形转化为目标图形的进阶应用,使转化模型一般化,有助于学生进一步有意识地将未知图形转化为已知图形,学生在把现有图形转化为目标图形的过程中,体会转化思想,丰富转化经验,尝试小结转化方法。】

(五)运用解决

1.巩固运用

练习1:下面哪些图形的面积和图①一样大?说说你的想法。

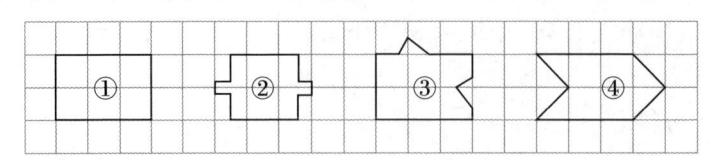

生:通过图形的转化就可以一眼看出图③、图④都和图①一样大。

练习2:在方格纸中,每个小方格的边长表示1 cm。请画出3个面积都是12 cm² 的不同图形。

2.拓展延伸

师:我们今天研究的内容是图形的转化,通过转化成已知图形来解决未知图形的面积。其实转化思想不仅能帮助我们解决图形问题,在小学阶段我们还在哪里也运用过转化思想呢?

回顾:在小数乘法中,我们也用到了转化(把小数乘法转化成整数乘法来解决)……

拓展:转化思想的运用非常广泛,我们下一单元要学习的植树问题,也蕴含着转化思想。甚至是我们二年级学过的语文课文,也用到了转化。谁能来说一说?

生:把大象的重量转化成石堆的重量,就可以通过分批称石头的重量得到大象的重量。

……(图略)

3.回顾反思

师:回顾这节课的学习,你有什么收获?可以从知识掌握、学习方法以及策略使用上说说你的反思。

【设计意图:通过不同类化的拓展,以转化思想为线索,联系数与形,进行数学综合实践应用,跨学科知识应用,打开数学思想的多重应用。将抽象的数学概念和模型应用于解决现实生活中的具体问题,不仅可以增强数学的应用价值,而且促进跨学科的合作,为解决复杂问题提供强有力的工具。】

附:后测评价

1.后测题设计

"图形的转化"后测练习

班级：　　　　姓名：

1.这个图形的面积是多少？

（平行四边形图，标注1 cm网格，20 cm）

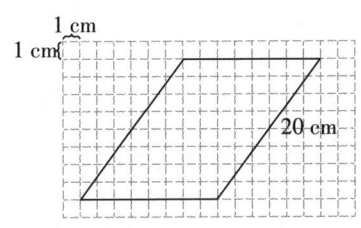

乐乐是这样做的：$8 \times 10 = 80 (cm^2)$

(1)你觉得乐乐是怎么想的？

(2)你同意乐乐的做法吗？为什么？

2.这个图形的面积是多少？用尽可能多的方法计算该图形的面积。

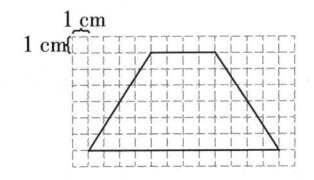

（梯形图，标注1 cm网格）

2.后测评价框架及分析

（1）后测评价框架。

后测题一的评价框架如下。

水平划分	包含的内容要素	具体描述	百分比
水平0	不会转化	写不出来。	0
水平1	有初步转化意识没有转化方法	借助数格子计算面积。	5.9%
水平2	能把现有图形转化成目标图形	成功把平行四边形转化成长方形，算出正确面积。	5.9%
水平3	不仅能转化，而且能对现有图形和目标图形进行比较	能找到平行四边形和转化后长方形之间的联系，计算出面积，正确说理。	88.2%

后测题二的评价框架如下。

水平划分	包含的内容要素	具体描述	百分比
水平0	不会转化	写不出来。	5.9%
水平1	能把现有图形转化成目标图形	成功把梯形转化成长方形或平行四边形计算出面积,或借助格子数出梯形面积。	25.5%
水平2	能对现有图形和目标图形进行比较	能找到梯形和转化后图形之间的联系,正确计算面积。	17.6%
水平3	能用多种转化方法解决问题	能用2种及以上的方法计算梯形面积。	51.0%

（2）后测分析。

表格数据说明以下几点：

针对第一个问题,学生作答包括三种情况：5.9%借助数格子计算面积；5.9%成功把平行四边形转化成长方形；88.2%成功转化并能找到平行四边形和转化后长方形之间的联系,计算面积,正确说理。

针对第二个问题,有5.9%的学生未作答,已作答学生包括三种情况：25.5%的学生借助格子数出梯形面积,或成功把梯形转化成长方形或平行四边形计算出面积；17.6%的学生能找到梯形和转化后图形之间的联系,正确计算面积；51.0%学生用2种及以上的方法解答。

可以得出：学生在给出"邻边×邻边"的说理背景下,基本能借助本节课知识指出方法错误,并且能完整说明正确计算平行四边形面积的方法。学生在前测中反映出的图形转化意识不明确得以突破,学生形成了转化意识,掌握了转化方法,能够较为正确地对比转化前后的联系并计算面积,可见本课教学是有实效性的。

五 教后反思

"图形的转化"是单元的"准备课",借助方格纸,体验"数方格"法在探究图形面积中的应用,理解"出入相补"割补法,实现图形间的转化,进一步体会面积测量的本质。课时设计重视思考、回忆学习经验,经历知识生成过程,发现转化是学习数学知识的重要思想,建构完整的"转化"模型,从转化意识的产生到转化思想的形成,活用旧知,解决新知疑惑。

教学中通过"活动串"的形式,也就是围绕核心任务,将静态的知识转化为动态的探索性过程,将学生"卷入"学习活动,促使他们深度思考、深度对话、深度理解。

1. 连续经验——现实问题数学化

以贴近学生劳动经验的菜地为大情境,将现实菜地大小的问题,转化成求解图形面积的数学模型。通过用数学的眼光来分析和解决现实问题,能够更深入理解问题的本质,找到这一系列问题有效的解决方法。同时,数学化也使学生面对复杂情境能够更加准确和清晰地描述问题,有助于更好地沟通和交流。

2. 关联模型——数学内部结构化

学生通过动手操作,拼、剪、折等方式,真实感受平面图形转化过程,具备图形分析能力,辨析图形前后变化情况,感受图形的性质,在真实活动中发展空间观念,通过验证说理,做有理有据地发展推理意识。以探究活动一"你能求出平行四边形的面积吗?"为例,转化思想的形成有三个层次。

转化意识的产生:在学习平行四边形面积之前,学生只学习了长方形和正方形的面积计算,因此学生自然会想办法把平行四边形转化为长方形或正方形,产生转化的意识,并在割、补、拼的操作过程中发展了空间观念。

转化方法的形成:想到了方法去转化平行四边形,那这个转化是有根有据的吗?对整个转化的过程进行梳理是学生思维的发展,在这个过程中学生通过讨论,从"不知"到"知了",从"有困难"到"成功解决",从"没道理"到"有道理"。学生经历解决问题整个过程,积累活动的经验,同时也在体验数学问题的探究性和挑战性中,获得成功的喜悦。

转化策略的初探:探讨多种转化方法,更喜欢哪一种?这些转化方法有什么相同的目的?学生从无意识到有意识地觉察自己的探究过程,初步体验对转化方法的优化。

学生在把现有图形转化为目标图形的过程中,体会转化思想,丰富转化经验,尝试小结转化方法,构建了完整的转化模型。

3. 循环结构——数学内容现实化

转化在本课时进行了两次循环,一是同类化的三角形和梯形面积的探究,将转化模型在平面图形面积计算中一般化,并提出新的转化模型,开启下一课时的学习;二是不同类化的拓展,以转化思想为线索,联系数与形,进行数学综合实践应用,跨学科知识应用,打开数学思想的多重应用。将抽象的数学概念和模型应用于解决现实生活中的具体问题,不仅可以增强数学的应用价值,而且促进跨学科的合作,为解决复杂问题提供强有力的工具。这样简明快的实践,让数学不再是束之高阁的深奥学科,而是成为了解释和改变世界的实用工具。

第四节 "百分数的意义"教学案例

人教版六年级上册第六单元的"百分数的意义"隶属于"统计与概率"领域中"数据的收集、整理和表达"主题。"数据的收集、整理与表达"的教学重点是在解决真实情境的真实问题的过程中,让学生初步感受现实生活中存在大量数据,其中蕴含着有价值的信息,利用统计图表和统计量可以呈现和刻画这些信息,形成初步的数据意识和应用意识,理解生活中的随机现象,逐步养成用数据说话的习惯。

"百分数"过去被编排在"数与代数"领域,本次修订将它移到"统计与概率"领域,和"平均数"一样作为一个统计量引入,使得"统计与概率"领域的教学更加丰富。

百分数主要用于描述一种关系或进行比较,这里的比较既可以发生在部分与整体之间,也可以发生在不相交的两个量之间。因此,把百分数称为百分率或百分比更能凸显表示两个量之间的倍数关系。"两个量"既可以是确定数据,也可以是随机数据。其中,用百分数描述两个确定数据之间的倍数关系可以称为百分数的"数学意义",用百分数描述随机数据之间的倍数关系则是百分数的"统计意义"。

因此,修订后,百分数意义的理解不是"替换",而是"丰富"。

百分数的学习不是在传递如何把结果转化为分数的孤立规则,而是要把百分数与更广泛地理解数学思想或者自身的经验联系起来。因此正确认识百分数的意义,感受百分数在生活中广泛的重要作用,对学生充分经历数据的整理与表达,并根据数据作出推断,充分感悟统计的本质,进一步提高统计思维水平,发展数据意识,形成应用意识都有着重要的作用。

一 学理分析

1. 内容要求

结合具体情境,探索百分数的意义,能解决与百分数有关的简单实际问题,感受百分数的统计意义;在简单的实际情境中,应用统计图表或百分数,形成数据意识和初步的应用意识。

2.学业要求

能在真实情境中理解百分数的统计意义,解决与百分数有关的简单问题。能在认识及应用统计图表和百分数的过程中,形成数据意识,发展应用意识。

3.学业质量标准

知道数据的统计意义,能对一些随机现象发生的可能性大小作定性描述,形成数据意识和推理意识。

4.单元内容结构化分析

(1)单元内容概述。

本册的内容主要包括:认识百分数的意义和读、写方法;在解决实际问题的过程中,教学百分数与分数、小数的互化方法;用百分数解决相关的实际问题。本册的教学重点是利用知识的迁移,认识百分数的意义及一般性应用。(图6-14)

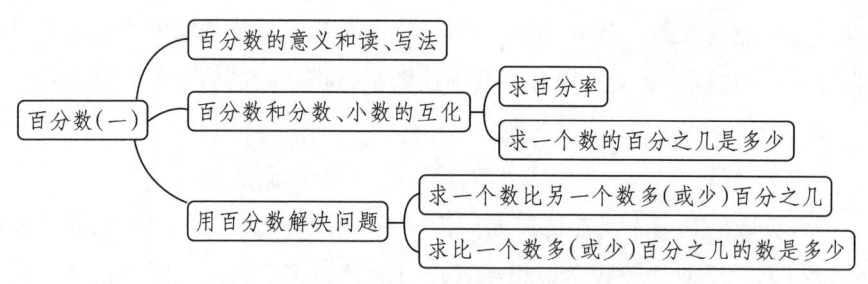

图6-14 "百分数的意义"单元主要内容

(2)前后知识关联。

从百分数传统数学意义的角度来说,百分数是在学生学过整数、小数,特别是分数的意义和应用的基础上进行学习的,是学习下册中折扣、成数、税率、利率等百分数在生活上一些特殊领域的应用的基础。而百分数统计意义的学习则是在学生学习了数据分类、统计表、条形统计图、折线统计图、平均数等知识的基础上进行的,学生已经积累了一定的数据分类、数据收集、整理与表达的经验。(图6-15)

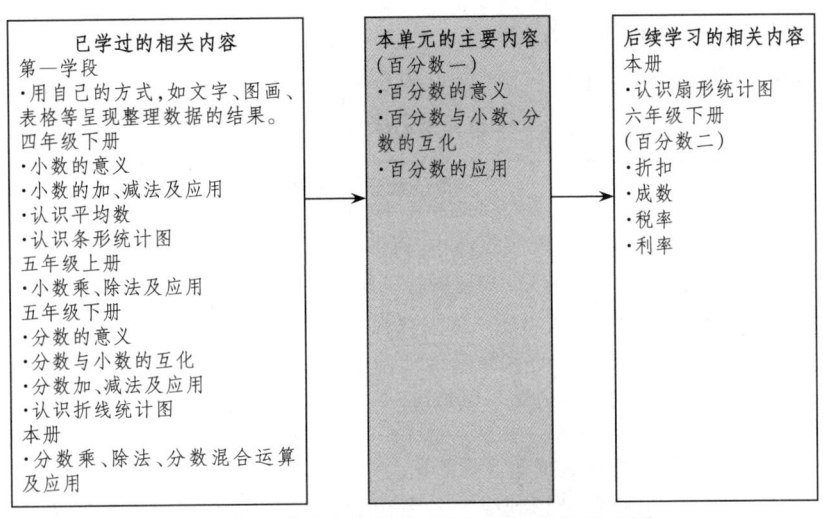

```
已学过的相关内容              本单元的主要内容           后续学习的相关内容
第一学段                     (百分数一)                本册
·用自己的方式,如文字、图画、   ·百分数的意义             ·认识扇形统计图
 表格等呈现整理数据的结果。    ·百分数与小数、分          六年级下册
四年级下册                    数的互化                  (百分数二)
·小数的意义                   ·百分数的应用             ·折扣
·小数的加、减法及应用                                   ·成数
·认识平均数                                             ·税率
·认识条形统计图                                         ·利率
五年级上册
·小数乘、除法及应用
五年级下册
·分数的意义
·分数与小数的互化
·分数加、减法及应用
·认识折线统计图
本册
·分数乘、除法、分数混合运算
 及应用
```

图 6-15 "百分数的意义"单元前后知识关联

5.比较不同版本教材(清晰课程形态)

(1)内容编排。

对比人教版和北师大版教材,都将"百分数"作为独立的单元,在内容编排顺序上也基本一致,都是先学习百分数的意义,然后学习百分数与分数、小数的互化,接下来是有关百分数的实际问题,生活中的百分数等。

人教版教材是从生活中常见的百分数入手认识百分数的意义,在此基础上学习百分率。北师大版教材则是从罚点球的情景学生感悟百分数的生成并认识百分数的意义,在此基础上学习百分率以及小数、分数与百分数的转化。

(2)单元目标。

人教版和北师大版教材单元目标对比,详见表6-6。

表6-6 人教版和北师大版教材单元目标对比

人教版单元目标	北师大版单元目标
1.理解百分数的意义,会正确地读、写百分数,会运用百分数表述生活中的一些数学现象。 2.掌握小数、分数和百分数之间互化的方法。 3.在理解、分析数量关系的基础上,正确解决有关百分数的实际问题。 4.学会把分数的有关知识和技能迁移到百分数,体会类比的数学思想。	1.经历从实际情境中抽象出百分数的过程,体会引入百分数的必要性,理解百分数的意义(包括描述两个确定数据之间倍数关系的"数学意义"以及描述随机数据之间倍数关系的"统计意义"),发展数据意识。 2.在解决实际问题的过程中,会正确读、写百分数,能运用百分数表示生活中的一些事物,会进行百分数与小数、分数之间的互化。 3.结合现实情境去解决有关百分数的简单实际问题(包括利用方程解决有关的问题),发展应用意识,感受数学在现实生活中的价值。 4.养成独立思考,勇于质疑的学习习惯。

6.单元核心素养及主要内涵

本单元核心素养及主要内涵,详见表6-7。

表6-7 本单元核心素养及主要内涵

数学知识	核心素养及主要内涵
百分数的意义和读、写法	数据意识:知道在现实生活中,有许多问题应当先做调查研究,收集数据,感悟数据蕴含的信息;知道同样的事情每次收集到的数据可能不同,而只要有足够的数据就可能从中发现规律。 应用意识:能够认识到现实生活中蕴含着大量的与数量和图形有关的问题,可以用数学的方法予以解决。
百分数和分数、小数的互化	数据意识:感悟数据蕴含的信息。 模型意识:能够认识到现实生活中大量的问题都与数学有关,有意识地用数学的概念与方法予以解释。
用百分数解决问题	数据意识:感悟数据蕴含的信息。 模型意识:能够认识到现实生活中大量的问题都与数学有关,有意识地用数学的概念与方法予以解释。

7.课时核心目标及其具体表现

(1)课时核心目标:

理解百分数的意义。

(2)核心目标具体表现:

①能结合具体情境,在比较两个数量之间的倍数关系时能体会到百分数产生的必要性;

②能说出具体情境中百分数的数学意义,即一个量占另一个量的百分之几;

③能说出百分数和分数的异同,并能作出解释;

④能利用百分数描述现实世界中的随机现象,并作出判断,体会其具有的统计意义。

二 学情调研

1.前测题设计

前测题一:教练准备从下列三名队员中派出一名罚点球。以下是他们平时训练罚点球的成绩。

编号	罚中次数
3号队员	18
6号队员	8
10号队员	21

(1)你能从表格中选出罚球最准的运动员吗？为什么？

(2)怎样才能选出罚球最准的运动员？把你的想法写出来。

前测题二：在日常生活中，你听说过百分数吗？尝试着写一个并解释一下这个百分数表示的意思。

2.前测评价框架及分析

(1)前测评价框架。

前测题一的评价框架如下。

水平划分	包含的内容要素	具体描述	百分比
水平0	无	写不出来。	0%
水平1	直观识别水平	直接比较罚中次数。	12.7%
水平2	描述概念水平	关注到要做出决策需考虑罚中次数和罚球总数，且假设罚球总数一样，直接比较罚中次数的大小。	49.1%
水平3	解释概括水平	关注到要做出决策需考虑罚中次数和罚球总数间的倍数关系，且能用自己的语言清晰地描述比较的过程。(如通过假设罚球总数一样，比较罚中次数占罚球总数的几分之几来解决问题)	30.9%
		关注到要做出决策需考虑罚中次数和罚球总数间的倍数关系，且能用自己的语言全面地描述比较的过程。(如通过假设罚球总数一样或不一样时，比较罚中次数占罚球总数的几分之几来解决问题。且能将分数进行解释，如通分后的分母是50时，每50个投中多少个等)	7.3%

前测题二的评价框架如下。

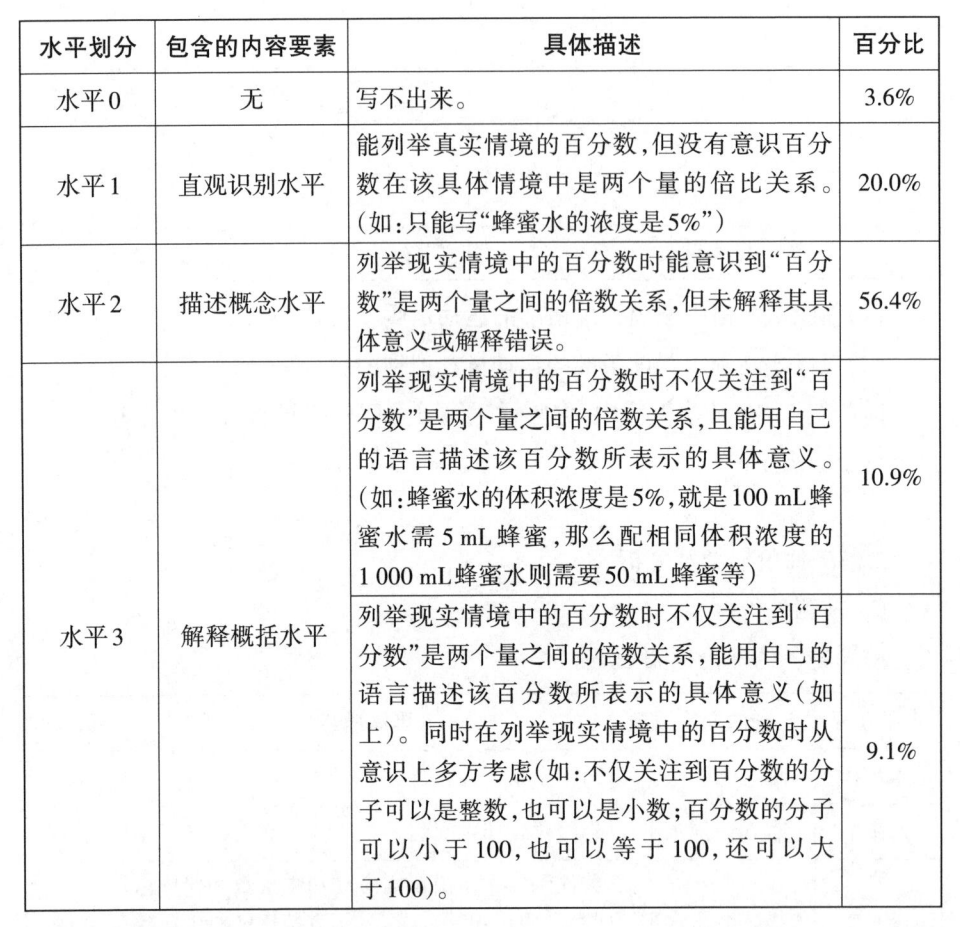

水平划分	包含的内容要素	具体描述	百分比
水平0	无	写不出来。	3.6%
水平1	直观识别水平	能列举真实情境的百分数,但没有意识百分数在该具体情境中是两个量的倍比关系。(如:只能写"蜂蜜水的浓度是5%")	20.0%
水平2	描述概念水平	列举现实情境中的百分数时能意识到"百分数"是两个量之间的倍数关系,但未解释其具体意义或解释错误。	56.4%
水平3	解释概括水平	列举现实情境中的百分数时不仅关注到"百分数"是两个量之间的倍数关系,且能用自己的语言描述该百分数所表示的具体意义。(如:蜂蜜水的体积浓度是5%,就是100 mL蜂蜜水需5 mL蜂蜜,那么配相同体积浓度的1 000 mL蜂蜜水则需要50 mL蜂蜜等)	10.9%
水平3	解释概括水平	列举现实情境中的百分数时不仅关注到"百分数"是两个量之间的倍数关系,能用自己的语言描述该百分数所表示的具体意义(如上)。同时在列举现实情境中的百分数时从意识上多方考虑(如:不仅关注到百分数的分子可以是整数,也可以是小数;百分数的分子可以小于100,也可以等于100,还可以大于100)。	9.1%

(2)前测分析。

表格数据说明以下几点。

针对第一个问题,学生全部作答,12.7%的学生做决策时只考虑一个数量,其余学生都关注到做决策和推断时需要考虑两个数量,包括两种情况:49.1%的学生假设投篮总数一样时,直接比投中次数的大小,38.2%的学生想到了需要比较投中次数和投篮总数的倍数关系。

针对第二个问题,有3.6%的学生未作答,已作答学生包括两种情况:20.0%的学生不清楚或没有想到百分数是两个数的倍数关系,56.4%的学生知道百分数描述的是两个数量的倍数关系;大部分同学关注的是表示部分与总体关系的百分数,只有20.0%的同学关注表示两个独立量之间关系的百分数。

可以得出:学生了解百分数在生活中有着广泛应用,对部分与总数间的百分数有所了解,对两个独立量之间的百分数缺乏了解;对百分数表示两个数量的倍数关系有所了解,但对百分数所蕴含的随机性即百分数的统计意义了解微乎其微。可见学生的已有经验与"百分数"的数学本质(既能表示确定数据的倍数关系,也能表示随机数据的倍数关系)之间存在不小的差距。因此本单元应重点关注学生对百分数意义的自主构建、深刻感悟、全面理解。

三 学习路径分析

要帮助学生理解百分数的统计意义,教学的关键是要运用好能体现随机性的学习素材。对比2011年版课程标准指导下的人教版和北师大版两版教材,北师大版教材中罚点球的现实情境比人教版列举的生活中常见的百分数更能体现百分数产生的动态过程以及随机数据之间的倍数关系,更有利于帮助学生感悟百分数的统计意义,因此本案例更倾向于北师大版的编排:重在让学生感悟运用百分数衡量两个量之间相对大小的必要性、理解百分数的含义以及初步感悟百分数的统计意义。(图6-16)

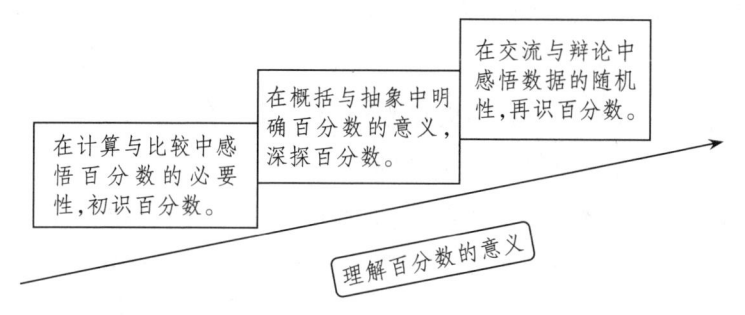

图6-16 "百分数的意义"学习路径(递进式)

四 教学过程

(一)厘定问题

1.创设问题情境

师生交流如下。

上午和同学们聊过了,咱们班有( )个同学对吧?(板书)也知道喜欢打篮球的有( )个了。还知道虽然有的不喜欢打篮球,但喜欢看篮球比赛有( )个。(板书相应数据)

师:聊了这些后,猜猜接下来老师想问什么问题?(或者你能想到什么问题?)(学生自由发挥:提出分数除法计算的问题;猜测"你们篮球打得好不好?""跟别人打过比赛吗?""水平高不高?""打赢过没?"——教师现场回应)

师:想赢得比赛,需要什么?(战术、球技或水平高、心理素质强、配合好、体力好等)你怎么理解"水平高"?(投中次数多,投篮准,命中率高)

我们学校六年级准备举行"定点投篮"比赛,每个班一名选手参赛。六年级1班暂时有三个选手报名,成绩如下表。要选一个投篮水平高的选手代表班级比赛,你会选几号?为什么?

姓 名	投中次数
1号	9
2号	4
3号	11

要求:独立思考,再交流。

反馈交流如下。

生1:3号,因为3号投中的次数最多。

生2:我也选3号。

师:选择3号的请举手,都是因为3号投中最多吗?还有不同看法的吗?

预设一:都是一样的理由;没有不同看法。

预设二:如果他们投球总数是一样的情况下,我就直接选投中次数大的。

预设三:我觉得不好判断,因为不知道投球总数是否一样。

2.厘清现实问题

教师可相机引导,如下。

师:选3号的同学,你依据什么?只依据"投中次数"为"11"这个最大的数据作出判断的,对吗?对此,同学们怎么看?怎么想?(只有一个数据不好判断)

师:有同学补充说明"当投球总数一样时",直接选投中次数大的3号。这又说明什么?(说明选择3号必须还有一个前提,那就是3个人投的总次数一样;说明还需要一个数据才好判断或确定)

师:那么回答不好判断的同学,说明他们的想法怎样?(考虑得很好;比较周全,说明还需要信息或数据)

师:也就是说仅给出"投中次数"这个信息,我们是无法解决问题的。那么你还需要什么信息才能作出准确判断?(还需要知道投球总数)

师:刚才,从"定点投篮"比赛中,我们提出了一个怎样的问题?("怎样才是水平高的选手")要解决这样的问题,需要哪几个信息?("投中次数"和"投球总数")。

师:给出"投球总数"这个信息,你认为可以怎么给?(投球总数可以一样,也可以不一样)生活中的确有这两种情况吗?说说看。(定点投篮可以规定投球总数一样,但实际打比赛时,每个选手投球的次数不确定,投中的次数也可能不一样。罚球也分两分球和三分球,还有投中后加罚一次投篮的情况。)

(二)假设识别

1.识别数学问题

师:如果"投球总数一样",你会给出什么数据?给出10呢?给出100好吗?(数据太小是不对的,因为投中次数不可能比投球总数多。太大不合适,说明没有投中的多,水平不高。)

师:好,给出20合适吗?这种情况我们怎么选?看来选3号大家都认同了。你怎么那么快就能判断出来?是看出来的吗?(板书:减法、除法)能解释意思吗?(投中的次数和总次数相比较。相差数少的也就是投中多的,水平就高;投中次数占投球总数的几分之几,谁大,谁的水平就高。)

师:看起来这两种方法都有道理。

(1)表征关系。

师:我们继续来研究,当投球总数不一样时我们又应该选择几号?

任务一:观察下表,你会选几号?请你用算式说明你的想法,并写出你最终选择的选手。

选手	投中次数	投球总数
1号	9	20
2号	4	10
3号	11	25

(2)交流互动。

作品展示如下。(拍照收集不同作品)

生1:比相差。

作品一：

20-9=11　　　　　　10-4=6　　　　　　25-11=14

因为6<11<14,所以我选2号。

生1：相差数指的是投不中的次数,投不中的次数越少,水平就越高。所以选2号。

师：这是他的想法。你们呢？先来看另外一个同学的作品(作品二)。

生2：比占比(命中率)。

作品二：

$9÷20=\frac{9}{20}=\frac{45}{100}$　　　　$4÷10=\frac{4}{10}=\frac{40}{100}$　　　　$11÷25=\frac{11}{25}=\frac{44}{100}$

因为$\frac{45}{100}>\frac{44}{100}>\frac{40}{100}$,所以我选1号。

生2：我先算出投中次数占总次数的几分之几,占比大的水平就高。所以我选1号。

师：看到两个同学的作品,你们有什么想法？你们两个先发表,坚持自己的,还是要改变？(如果改变,就说明理由。如果坚持,就接下面的活动)

生3：我也用除法,但是我把结果写成了小数,0.45>0.44>0.40,说明1号同学成绩比较好。我也选1号。(作品三)

作品三：

$9÷20=\frac{9}{20}=0.45$　　　　$4÷10=\frac{4}{10}=0.40$　　　　$11÷25=\frac{44}{100}=0.44$

因为0.45>0.44>0.40,所以我选1号。

生4：我有不同的方法。

作品四：

直接把投球总数通分为100,然后再把投中次数相应扩大倍数,回归总数一样的前提,比投中次数的方法。

变为：45——100　　　　40——100　　　　44——100

生5：作品四和作品二差不多,但是直接写出分数结果,少了一个列式的过程。(到时可以提问：你这个是分数结果对吗？这个结果是怎么来的？引出"9÷20"来。然后提问：这是什么意思？)

师：这位同学的方法其实跟谁一样？用的是什么方法？是的,只是过程中有些不同,一会儿我们再看。

师：先看下这个同学的作品(作品一),用的什么方法？(减法)谁跟他是一样的想法？

师：大部分同学是支持除法的，那减法不行吗？行不行都得讲道理，以理服人才是真理解、真本领。嗯，只要能举个例子说明他没有道理就证明他的方法并不对。

师：小组可以先交流。

预设一：不能用减法，举个例子，投7个中1个，跟投10个中4个，相差数都是6个，但显然，两个人的水平是不一样的。

预设二：不能用减法，因为投球总数不同，比相差数不准确。如果要用减法，必须把总数变为相同，比如，2号的也看成总数20个，投中变为8个，那么算相差数是12个，而1号的相差数11个，11<12，还是1号比2号水平高。

预设三：如果把三个投球总数都变为一样的话，那么就得通分为100，这样，三个队员的投中次数就分别为45，40，44，比较相差数的话，就是55<56<60，还是选择1号。

2.抽象数学问题

师：这几个同学说得怎样？你们听懂了吗？还有什么疑问？

预设一：我明白了，要看谁的水平高，就是要求投中次数占投球总数的几分之几。用除法计算。如果在投球总数一样的情况下，用相差数比较也行。

预设二：也就是说投球总数不一样的情况下，只能用除法计算。

师：说得真好。通过分析你们已经懂得了要解决"谁的水平高"这个问题是在求什么。（"投中次数占投球总数的几分之几"）用除法来计算。

(三)求解建构

1.运算推演

师：那除法计算的结果到底表示什么意思？与"水平高"有怎样的关系？谁能结合算式具体说说？

任务二：结合情境，思考每个算式结果的含义，它表示的是哪两个数量之间的什么关系？

反馈引导：$9 \div 20 = \dfrac{9}{20} = \dfrac{45}{100}$，$\dfrac{9}{20}$ 表示什么意思呢？（投球20个，投中了9个；投中次数是投球总数的 $\dfrac{9}{20}$；投中次数是投球总数的 $\dfrac{45}{100}$）

重点说理：$\frac{9}{20}$，$\frac{45}{100}$都表示1号选手投中次数与投球总次数的倍数关系（板书：倍数关系）。

质疑：0.45，0.40，0.44这三个小数能够代表投中次数与投球总次数的倍数关系吗？（从这个结果上不容易看出两个量之间的关系，但实际上它们都可以转化分母是100的分数）

2.初建模型

（1）思考。

那这两个数据，哪个最能代表"投篮水平"？

引出：$\frac{45}{100}$，$\frac{40}{100}$，$\frac{44}{100}$这些分母为100的分数，更能代表投篮"命中率"即投篮水平。因为便于比较，不需看分母，只需比较分子。而且有一个共同的标准，相当于都把投球总数看作100，只需看投中次数就能确定。

（相机引出像$\frac{45}{100}$这样的"倍数关系"，数学上称为"命中率"）

师：$\frac{45}{100}$是1号选手的命中率，那么2号、3号选手的命中率是多少？表示什么？

（2）理解。

命中率$\frac{45}{100}$，对于这个分母100你怎么理解？是罚球总次数一定是100次吗？（不一定，在这里是20次中9次，也可以理解为100次中45次，200次中90次等）

师：看来用分母为100的分数更能代表"命中率"。那分母100一定是具体确定的数吗？命中率就可以确定用分母为100的分数来表示了吗？

（3）建模。

百分数的产生。

师：现在，又报名了4号选手。

（出示表格）

选手	投中次数	投球总数
4号	19	40

任务三：你能把这4位选手的命中率排排队吗？命中率最高的是哪一位？

你能用分母为100的分数表示出来吗?

师:4号选手命中率最高。这是我们班同学的作品,你觉得可以吗?(用$\frac{47.5}{100}$与其他的分数比较)

(可以比较出来。但是形式上不可以,因为分数的分子不能有小数;思路没错,但不能这样表示)

师:思路没问题,但又不能写成分数的形式,那你有什么办法?(允许学生表述自己的看法)数学家们创造出了一种新的分数的记录方式,你知道叫什么吗?生活中你们也经常见到过的,是的,就是"百分数"。(板书:百分数)

(4)认识百分数。

师:把$\frac{47.5}{100}$记为47.5%(强调百分号的写法)。表示什么意思?(百分号表示分母为100,分子为47.5,表示投中次数占投球总数的百分之几。)

①百分数的写法和读法。

请你把其他分母为100的分数写成百分数。

(45%,40%,44%,47.5%)

师:同桌互查。

引导思考和理解:观察这些百分数的分子,你发现了什么?(可以是整数,可以是小数)

②理解百分数的意义:这几个百分数表示谁和谁的倍数关系?表示什么意思?(特别体会47.5%介于47%和48%之间)(出示课件)

③体会百分数的价值:命中率既能用分数表示,也能用百分数表示,通常我们写成百分数。

师:如果又来了一个5号选手,你能一眼看出谁的命中率最高吗? 你是怎么比的?(只比较百分号前面的数)

(出示表格)

选手	投中次数	投球总数	命中率
5号	5	10	50%

师:通过这个过程,你有什么感受? 谁来说说。

师:是呀,百分数便于比较,能快速帮助我们作出决策。

(5)感悟百分数的统计意义。

师:如果让5号选手再投一球,他的命中率还会是50%吗?

生：再投1个肯定不是。比如，5号再投1个，投进了，命中率就会提高，如果没投进，他的投篮命中率就会下降。(课件出示：6÷11，5÷11)

师：那5号选手的命中率不一定会是50%，不一定得第一，那选择他还有意义吗？也就是说，我们做了这些统计有意义吗？(有意义：普遍意义，参考意义，不保证不变但波动不会太大，等等)

追问：怎样才能确定这个命中率能代表5号的投篮水平呢？不急，再相互讨论下。(需要多投几次、投篮的次数更多些，才能看出他的水平)

(学生说不出来的话，师引导：如果5号选手投了一个球，中了一个球，我们能说他的命中率是100%吗？)

(出示5号选手的投球情况)

投中次数	投球总数	命中率
5	10	50%
24	50	48%
102	200	51%
250	500	50%

师：现在，你能说出5号的投篮命中率大约是多少吗？你能看出5号队员的投篮水平了吗？再让5号投100个球，他一定会投进50个球吗？(课件)

生：能，命中率大约是50%。

师：继续说(继续投，命中率不一定是50%，但应该是在50%左右)

师：说明了什么？(投篮水平取决于命中率，命中率会随着数据的改变而改变，但是会比较稳定。)

师：是的，重复测量同一选手的数据，这样的数据我们称为随机数据。随机数据越来越接近一个值，这就叫稳定性。就是说当只比赛一次的时候，可能会有偶然性，多次比赛后，我们会发现它很有可能会在一个范围内。数据越多越稳定。

(四)分析解释

1.迁移情境

师：同学们，刚才我们研究的命中率都是投中个数和投球总数的倍数关系，表示投中个数是投球总数的百分之几。课前大家也搜集了一些百分数，说一说你收集的百分数是谁和谁的倍数关系？表示什么？（师板书）请大家跟同桌互相说一说。

（教师也收集一些素材，如：近视率、合格率、酒精含量、利率、成活率等）

2.本质分析

明晰百分数的数学意义。

师：刚才同学们举的这些例子，情境都不一样，表达的含义也不同，但是这些百分数有没有相同的地方？都表示了什么？（小组讨论）

生：谁占谁的百分之几。

师：一个数是另一个数的百分之几。（板书）（补充课题：百分数的意义）

师：正因为百分数表示两个量相比较的结果，所以百分数又叫作百分比或百分率。

3.符号化结论

师：比较下百分数（指向板书），现在你对百分数又有什么不一样的感受吗？（可引导：100元花了10元，花的就是它的$\frac{1}{10}$，也就是10%，10%表达的是什么？和命中率50%有什么不同？）

可引导学生自由表达对百分数的理解。

总结：我们感受到了百分数不仅是两个确定数据之间（如女生和男生人数的百分比）的倍数关系，而且是两个随机数据（如命中率）之间的关系（板书："确定"和"随机"）。很显然，今天我们对百分数又有了更深的认识。

(五)运用解决

1.巩固运用

师：现在来尝试做一道练习（如下）。

> 这两个分数都能改成80%（百分数）吗？
> 一根绳子，长$\frac{80}{100}$m，用去了它的$\frac{80}{100}$。

师小结：这样看来，百分数和分数虽然只有一字之差，但是区别还是很大的。（百分数表示的是两个量之间的倍数关系，不能表示具体的量。分数除了表示两个量之间的倍数关系外,还可以表示具体的量。)

2.拓展延伸

(1)下面的问题,你觉得应该填哪一个百分数呢?

> 选择合适的百分数填在括号里。
> 80%　100%　120%
> 爸爸今年的工资是去年的(　　)。

(学生结合实际运用对分数的理解进行表达,结果有多种。)

(2)你们知道百分数是怎么来的吗?一起看下视频:百分数的起源。时间关系,有兴趣的同学可以课后继续研究。

3.回顾反思

师:回顾这节课的学习,你有什么收获?可以从知识掌握、学习方法以及策略使用上说说你的反思。

附:后测评价

1.后测题设计

后测题一:下面的分数能改写成"50%"吗?请说明原因。

> 一袋食盐的质量是$\frac{50}{100}$ kg,用去了它的$\frac{50}{100}$。

后测题二:飞碟射击是奥运会射击比赛项目之一。按比赛规则,击中碟靶被称作"中靶"。淘气共射击20次,命中9次,命中率为45%。奇思命中率为50%,你建议由他代替淘气参加比赛吗?写出你的理由。

2.后测评价框架及分析

(1)后测评价框架。

后测题一的评价框架如下。

水平划分	包含的内容要素	具体描述	百分比
水平0	无	写不出来。	3.6%

续表

水平划分	包含的内容要素	具体描述	百分比
水平1	直观识别水平	认为百分数就是分母为100的分数,直接将分数改写成百分数。	7.2%
水平2	描述概念水平	能正确改写,但无法清晰表达。	20.0%
水平3	解释概括水平	能正确改写,能清晰、完整概括百分数和分数的异同,且能据此进行解释。	69.2%

后测题二的评价框架如下。

水平划分	包含的内容要素	具体描述	百分比
水平0	无	写不出来。	0%
水平1	直观识别水平	通过直接比较百分数的大小进行判断,从而确定奇思参赛。	10.9%
水平2	描述概念水平	关注到要比较百分数,需考虑射击总数和命中数。(如:虽然暂时奇思的命中率较高,但有可能射击总数比淘气少。在两者射击总数一样多的情况下,才能比较命中率。)	45.5%
水平3	解释概括水平	能多角度分析数据,并通过数据随机性的思考进行说理。(如:虽然暂时奇思的命中率较高,但有可能射击总数比淘气少。这次的命中率稍微高一点,但下次就不一定了。因为虽然现在奇思的命中率高,但若射击次数太少了,就不能代表他的整体水平。射击次数越多,命中率才越能代表他的整体水平。)	34.5%
		能多角度分析数据,并通过对数据随机性的思考进行说理(如上),且知道该数据只能说明获胜可能性较大,并不绝对。	9.1%

(2)后测分析。

表格数据说明以下几点。

第一个问题考查的是学生对百分数传统数学意义的掌握,有3.6%的学生未作答,7.2%的学生答错,其余89.2%的学生对百分数表示两个量之间的倍数关系这一基本概念较为明晰。

第二个问题是一道开放题,考查的是对百分数统计意义的理解,共有约43.6%的学生已经初步拥有了数据随机性统计的思想。

可以得出：学生对百分数表示两个数量的倍数关系掌握很好，而对于2022年版课标将百分数的内容调整到"统计与概率"领域，并增加理解它的统计意义的要求，对学生来说具有不小的难度，需要教师在今后的教学中不断通过加强获取数据、从数据中提取信息、辩证批判地论证结论可靠性等过程中逐步渗透，以期培养学生的数据意识和批判的科学精神。

五 教后反思

本课教学实施课例在片区优质课评选中进行过展示，也得到了评委的一致好评。这次作为著书案例，再次从"三化"教学的视角重新审视，作出了一定的修订，现反思如下。

1.良好的交流氛围营造主动求知的积极情感

教学一开始，创设了"定点投篮，该怎样选择水平高的选手"这一真实情境，但一开始并不急于将两个信息直接告知，而是在轻松的交流中逐步深入，从学生尝试表达"对投篮水平高的认识"，到"一个信息无法确定谁的水平高"，进而明确只有给出"投球总数"和"投中次数"才能解决"哪个选手的水平高"这一问题的过程，学生不是被动参与，而是积极主动思考，实现了从现实问题抽象为数学问题的数学化学习过程，重要的是让学生体会和感悟所要学习的新知内容如果是他们自己发现并提出来的，那么油然而生的成就感，最容易激发学生主动求知的情感，有利于培养学生面对情境主动思考的意识和能力。

2.任务式实践活动促进数学知识内部结构化

对于"百分数的意义"这一课为何将其调整到"统计与概率"领域中来，笔者认为应该是为了更加凸显其具有的统计意义。也因此，本课教学力求从"百分数是如何产生的"入手，让学生能够体会到其中的必要性，也为逐步深化理解百分数的统计意义做铺垫。怎样才能真正体会到？教学方式由原来传统的师生互动调整为任务式的学科实践活动，围绕着"哪个选手的水平高即命中率是多少"的问题，通过多个任务的完成，反馈不同层次学生的作品，促进思维的不断进阶。比如，让学生在演算中明晰减法的不合理性后，采用除法计算结果，并从用分数、小数表示到用百分数表示的进程中，不仅理解了这三者之间的关系以及百分数自身内部各部分(即"百分号和百分号前面的数")所表示的含义和关系,更重要的是认识到了百分数意义的进阶关系结构。不仅具有数学意义,即"百分数表示两个确定数据之间的倍数关系",还具有统计意义,即"百分数也表示两个随机数据之间的倍数关系",且重在引导学生对随机现象的感悟和体会以及判断。这样,百分数的意义不断从情境中逐渐剥离开来,最终上升到能让学生更为全面地认识和理解;使百分数的结构板块更加有逻辑,学习思路更加清晰。并在多元表征和表达中呈现了"运算、比较、说理、表达、概括、迁移"等一系列学习的方法结构,自然也符合学生"直观—程序—抽象—形式"的思维特点。

3.循环运用拓展实现数学内容现实化目标达成

本课教学依然重视对"不同情境、本质相同"的一类百分数现实生活原型的关联,效果不错。让学生交流自己带来的百分数以及自己和小组同学的交流表达中,不仅可以激活他们已有的经验,更是对知识网络的建构、结构和重构;同时拓展其对百分数意义模型的新的认知。它不仅是意义本身,还是百分数自身的分子与分母的大小关系,亦即百分数可以比"1"大,比"1"小,还可以相等。使学生真正对百分数意义的理解上升到更为普适性的层面。

当然,本课教学所要达成的核心素养目标,要在一个课时中去完全感悟、体会和理解估计是有一定难度的,要以学生实际情况而定,但不管怎样,从理念上该课依据"三化"教学需要的三个阶段进行设计和实施,总体效果还是很不错的。

参考文献

[1]张亚梅,陈曦.解读乔纳森的问题解决观[J].中国教育技术装备,2009(12):66-67.

[2]林勤.物理教学中良构问题的劣构化——再谈学生高阶思维能力的培养[J].物理教学探讨,2020,38(9):55-60.

[3]JONASSEN D H.基于良构和劣构问题求解的教学设计模式(下)[J].钟志贤,谢榕琴,编译.电化教育研究,2003(11):61-66.

[4]吴向东.良构问题、劣构问题及其转化策略[J].湖北教育(科学课),2013(6):96-99.

[5]史宁中.数学基本思想18讲[M].北京:北京师范大学出版社,2016.

[6]黄建锋.大学生碎片化学习研究[J].成人教育,2018(10):80-83.

[7]张克永,李宇佳,杨雪.网络碎片化学习中的认知障碍问题研究[J].现代教育技术,2015,25(2):88-94.

[8]郑毓信."整体性教学"与"结构化教学"——中学视角下的"数学教学的关键"(4)[J].中国数学教育,2022(Z1):3-5.

[9]张齐华."思维可视化"视域下小学数学课堂之重建[J].江苏教育,2017(25):48-50.

[10]余文森.以核心素养为导向:建立与义务教育新课标相适应的新型教学[J].中国教育学刊,2022(5):17-22.

[11]中华人民共和国教育部.义务教育数学课程标准(2022年版)[M].北京:北京师范大学出版社,2022.

[12]余文森.论学科核心素养形成的机制[J].课程·教材·教法,2018,38(1):4-11.

[13]赵继源.从街道数学到学校数学——对"构建现实数学"的反思[J].中国教育学刊,2006(12):56-58.

[14]周立栋.数学模型思想及其渗透教学[J].上海教育科研,2015(10):64-66.

[15]吴青.创设有效情境培养学生的数学建模能力[J].教学与管理,2017(26):42-44.

[16]吴青.数学建模过程中的抽象化原则[J].教学与管理,2017(8):27-28.

[17]屈改婷.延安市小学数学教学生活化研究[D].延安:延安大学,2016.

[18]何军.发挥图形语言在数学教学中的作用[J].教学与管理,2011(19):44-47.

[19]魏金英.数学化及其在三角形中的应用研究[D].西安:陕西师范大学,2012.

[20]赵绪昌.构建现实主义的"数学化"[J].数学教学通讯(中等教育),2015(30):2-4.

[21]李冬芳,徐国明.为儿童数学学习打开了一扇理性精神之窗——谈"图形与几何"教学中的纵向数学化[J].小学教学研究,2018(25):73-76.

[22]林丽珍.基于学生数学现实 提升计算认知水平——以北师大版数学四年级上册《三位数乘以两位数》一课为例[J].福建教育学院学报,2018(6):64-65.

[23]付云菲.弗赖登塔尔的数学教育思想研究[D].呼和浩特:内蒙古师范大学,2013.

[24]冯育花.弗赖登塔尔数学教育思想的应用研究——在"情境—问题"教学模式中应用的探索[D].昆明:云南师范大学,2006.

[25]戴尔·H.申克.学习理论(第六版)[M].何一希,钱冬梅,古海波,译.南京:江苏教育出版社,2012.

[26]黄志成.西方教育思想的轨迹——国际教育思潮纵览[M].上海:华东师范大学出版社,2008.

[27]徐斌艳."现实数学教育"中基于情境性问题的教学模式分析[J].外国教育资料,2000(4):28-33.

[28]陈碧芬,张维忠,唐恒钧."数学教学回归生活":回顾与反思[J].全球教育展望,2012,41(1):86-92.

[29]张玲,宋乃庆,蔡金法.问题提出中数学交流的模式构建与案例解析[J].数学教育学报,2019,28(8):37-41.

[30]吴玉国.小学数学结构化学习的实践研究[M].南京:江苏凤凰教育出版社,2021.

[31]孔凡哲.有关模型思想若干问题的分析与解读[J].中学数学教学参考,2015(Z5):4-7.

[32]王永春.小学数学与数学思想方法[M].上海:华东师范大学出版社,2014.

[33]孙思雨,孔企平."量感"的内涵及培养策略[J].小学数学教师,2021(Z1):44-47.

[34]美国数学及其应用联合会,美国工业与应用数学学会.数学建模教学与评估指南[M].梁贯成,赖明治,乔中华,等编译.上海:上海大学出版社,2017.

[35]罗仁地.人工智能要考虑到溯因推理[J].姚洲,译.长江学术,2023(4):109-113.

[36]蔡金法,许天来.数学问题提出的例子、类型和内涵[J].小学数学(数学版),2019(Z1):34-40.

[37]张浩,吴秀娟,王静.深度学习的目标与评价体系构建[J].中国电化教育,2014(7):51-55.

[38]梁宁建.当代认知心理学[M].上海:上海教育出版社,2003.

[39]张艳霞,龙开奋,张奠宙.数学教学原则研究[J].数学教育学报,2007,16(2):24-27.

[40]赵科林.生活问题与数学问题的双向转化机制及其应用研究[D].成都:四川师范大学,2020.

[41]何莎,龙猛,王圣昌.经历数学化过程,促进量感发展——以"走向颁奖台"一课为例[J].小学数学教师,2022(4):23-27.

[42]魏光明.小学数学起点型核心知识的育人价值、学习路径与教学策略[J].课程·教材·教法,2023,43(6):112-118.

[43]徐明旭.从数学语言到数学模型:小学数学的思维进阶路径[J].教育理论与实践,2023,43(11):51-54.

[44]宗骞.让知识"结构化"生长——以小学数学《数的认识总复习》一课为例[J].基础教育课程,2023(4):36-43.

[45]PALMER S E.Fundamental aspects of cognitive representation[M]//Cognition and categorization.London:Routledge,1978:259-303.

[46]唐剑岚.数学多元表征学习的认知模型及教学研究[D].南京:南京师范大学,2008.

[47]HIEBERT J,CAPENTER T P.Learning and teaching with understanding[J].Handbook of research on mathematics teaching and leaning.1992:65-97.

[48]何雯.多元表征与变式教学整合下的初中二次函数教学设计研究[D].晋中:太原师范学院,2023.

[49]谢列勃连尼科夫.论"语言与思维"问题(思维是否永远有语言外壳?)[J].朱立人,译.语言学动态,1979(3):7-13.

[50]陈云.思维可视化:小学生数学思维发展的实践研究[J].教育学术月刊,2023(1):71-78.

[51]陆军.化学教学中学生科学风险认知及其能力的培养[J].课程·教材·教法,2016,36(1):104-109.

[52]陈宗成.初中物理概念建构思维可视化策略——以浮力概念的建构为例[J].教学与管理,2019(31):72-75.

[53]陈宗成.论思维地图与初中物理概念形成的可视化表征[J].中学物理教学参考,2014,43(12):62-65.

[54]陈琼,翁凯庆.试论数学学习中的理解学习[J].数学教育学报,2003,12(1):17-19.

[55]章勤琼,陈肖颖.小学数学模型意识的内涵、表现与教学——兼论核心素养的表现性目标[J].课程·教材·教法,2024,44(1):106-113.

[56]王嵘,章建跃,宋莉莉,等.高中数学核心概念教材编写的国际比较——以函数为例[J].课程·教材·教法,2013,33(6):51-56.

[57]郭洪瑞,张紫红,崔允漷.试论核心素养导向的综合学习[J].全球教育展望,2022,51(5):36-48.

[58]刘徽.真实性问题情境的设计研究[J].全球教育展望,2021,50(11):26-44.

[59]倪高升.中国大学生元认知策略的运用和英语学习[D].西安:陕西师范大学,2006.

[60]周文叶,毛玮洁.表现性评价:促进素养养成[J].全球教育展望,2022,51(5):94-105.

[61]郭学锐.真实情境:让学生学会自主创设[J].基础教育课程,2022(24):29-36.

[62]郑旭东,王美倩,饶景阳.论具身学习及其设计:基于具身认知的视角[J].电化教育研究,2019(1):25-32.

[63]裘陆勤,章勤琼.基于学习路径分析的"多边形的面积"单元整体教学——如何真正形成转化思想[J].教学月刊(小学版),2023(9):60-64.

后记

笔者从教三十多年来，追求专业成长，一直在路上。从成为省学科带头人、市专家型教师后，原以为专业学习到顶，可以稍有停歇了，没承想再迈一步，成为了厦门市卓越教师培育对象。那一刻，自豪而又骄傲，那是2020年7月的事。同年12月，卓越教师培育对象启动仪式举行，我憧憬而又忐忑。直到2022年3月，才真正开启卓越教师培育对象培训之旅，此时我兴奋而又不安。兴奋的是——由西南大学顶级教授团队领衔厦门卓越，何其有幸！不安的是——需要完成高标准、高要求、高质量、高水平的任务，其中重要任务之一——完成教学主张相关专著的撰写。

回想《"三化"教学：我的小学数学教学主张》这一专著的撰写，其实经历了一个曲折的凝练过程。从2022年3月开始，明确卓越教师培育的培训要求有教学主张提炼和专著撰写等任务之后，很长一段时间内，梳理和凝练始终锁定在多年研究的"数学建模"上。足足用了一年多的时间，才于2023年7月，在重庆西南大学陈婷教授和伙伴们的建议下修订并确立了"三化"教学主张。为此，撰写书稿，成了后面这一年卓越追求的全部重心，并占据了我所有的业余时间。白天忙工作，晚上"爬格子"，周末还是"爬格子"。本书从"三化"教学的形成与发展、理论与内涵、模型与策略、教学案例等六个章节展开著述，为此"搭框架，定章节，思逻辑，选内容，读文献，写文稿"，一心专注主张与书稿，虽则忙碌，却也充实。

实际上，十几年来坚持研究弗赖登塔尔的横向、纵向"数学化"及"数学建模"课题，为梳理提炼"三化"教学主张，构建"三阶五环八步"教学操作模式确实奠定了坚实的实践基础。正是基于对数学化（包含横向和纵向）以及数学建模的理解，才深深感受到学习数学的价值和意义：不是在于你能否计算和解决几道数学难题，也不是在于你能否成为数学专家或数学家，而在于日后走上工作岗位，从事或不一定从事与数学相关的人学会看到现实生活中的问题时，能够"关联到所学的数学知识（模型）并明白为什么可以解决，以及如何解决。"换句话说:在于你是否具有运用数学知识解决问题的意识以及思维方式,即"不仅学会数学地思维,更应该是通过数学学会思维"。

"三化"教学强调学生理解和掌握的数学知识,不仅要在生活中可见、可用,还要好用。曹才翰教授认为,只有当学生获得了结构化的知识时,才能对知识形成深刻的、真正的理解。而真正理解的知识还要在迁移和运用中才能够具有素养,亦即将在一种情境下获得的知识运用到不同的情境中去解决一类的问题,这样的知识就是有素养的知识。这就是"三化"教学主张从"现实—数学—现实"的意义所在。

理想是丰满的,现实是骨感的。基于对"三化"教学主张意义的理解,我们展开了"现实问题数学化""数学内部结构化""数学内容现实化"三个阶段的概念界定、确立理由、传承创新、观点阐释、操作模式等梳理解析,并着重在教学环节及策略上推进过程,确立了"五个环节"(即"厘定问题、假设识别、求解建构、分析评估、运用解决")、"八步思维路径"(多重情境、现实抽象、化繁为简、推理论证、符号演绎、符号具象、模型拓展、元认知反思),并进行具体论述。事实上,这是基于我本人对已有十几年课题研究和承担领衔的区级和市级名师工作室项目实践研究的基础之上进行梳理和提炼而成的文稿,并在教授导师的指导框架下完成,在最后一个章节提供了和小伙伴们一同研究的案例。印象深刻的是案例"两步混合运算"教学中学生运用知识自主编题的练习环节,我们惊讶于二年级的学生竟然能够熟练地运用不同的生活情境对混合运算顺序进行说理,不仅流利、清晰而且简洁。这让我们更加坚定数学知识只有在现实情境中才能赋予它真实的意义。这也是我们力图想在这一本书中表达的"数学来源于生活又回归生活"的观点。同样地,我们在"比的意义"这一课中,力求呈现数学知识的结构化过程,结果不仅看到了"比"的进阶关系结构:"是长与宽的关系"—"是乘法(或除法)关系"—"比的前项和后项表示份数而不是具体量"—"比表示的是两个量之间的倍数关系";而且,也呈现了"观察、假设、表征、表达、概括"一系列学习的方法结构,更是符合学生从"直观—程序—抽象—形式"的思维特点。

当然,鉴于个人理论水平和文笔功底尚属浅薄加之时间所限,本书所要表达的一些观点很有可能并不到位、明晰或深刻,甚至可能有些浅显,有待后续作为厦门市第三届名师工作室领衔人的我带领团队成员一起在实践研究中进一步深化。这里还需要说明的是,本书引用了本人曾经在期刊发表过或之前著书中的部分文章或文稿,以及自己亲自指导过的部分案例。

反思本书的撰稿经历和走过的成长历程,要感恩和感谢曾经帮助、指导、支持和陪伴我的贵人(影响自己专业成长的"重要他人")。包冠宇老师,一个通过自学拿到中专文凭,能够辅导高中学生物理化学习的小学数学老师,知识面之广博,令人佩服。他认为课堂教学要有自己的风格,一定要有适合的教育理论(思想)的支撑,并且他的不吝赐教推动我向做一个有思想的教师迈进。王永老师,是我在"省学科带头人培养对象"(2005—2008年)学习时的指导组组长,他推崇荷兰教育家弗赖登塔尔"数学化"思想,使我受益匪浅,让我明白了"要敢于去实践"的道理。孔凡哲教授,曾经担任国家基础教育实验中心副主任,东北师范大学教师教育研究院副院长、博导,东北师范大学南湖实验学校校长,现任中南民族大学教育学院院长,闻名全国的专家。他的一句名言让我印象深刻:一般教师教结果,优秀教师教过程,卓越教师启迪学生终生受用的智慧,于是,我在心底里埋下了"做一个有思想的卓越教师"的种子。吴玉国校长,南京市五老村小学教育集团总校长、书记,正高级教师,江苏省特级教师,江苏省人民教育家培养工程培养对象,江苏省名校长工作室主持人等,也是我参与区级领航工程的实践导师,更是一直致力于"结构化学习"研究的领衔人。本主张"三化"之一的"结构化"正是源自这一研究方向的成果。

而今,在卓越培育路上的我,依然在不断奋进中,这是一种艰难困苦,但同样幸福无比的感觉。因为,搭上这班车,才让我看到了一路更美的风景:并非那种外显的可感,更多的是内心的悟道。这得益于罗生全院长、范涌峰教授、陈婷教授等西南大学教授们的亲自指导和培育。受他们先进教育思想的浸润、熏陶和启迪,我将不断成熟和成长。也特别感谢市教育局、教科院领导们为卓越教师搭建了一个更高更大的舞台、更远更长的平台,持续推动厦门教育不断攀升。还要感谢我团队的小伙伴们的支持和帮助,特别是刘匹男、刘惠君、高月娟等提供了共同研究的教学课例,让这本书的架构以及内容更为完整和充实。

成为一名名师不易,成为一名名副其实的名师更不易。名副其实,关键在于不仅仅要有思想,有主张,说得出去,喊得响亮;更重要的是要有胸襟,有情怀,立足实践,做出成效,持续不断,带动一片。我们将在市教育局、教科院的领导和支持下,借由领衔厦门市第三届名师工作室的机会,以"基于大概念的'三化'教学研究与实践"为课题,寻找数学各领域及单元知识内容中的"大概念或大主题",并梳理其知识脉络,形成知识图谱,进而聚焦至大概念教学知识内容组织和呈现方式;继续开展四大领域的大概念下的大单元中的节点课研究,以此验证完善"三化"教学"三阶五环八步"教学模式;构建实施策略,在未来一年内找到"三化"教学指导实践的关键;形成教学案例,用未来探索出"三化"教学指导教育实验课例集,并量化分析结论。力图实现学生数学核心素养真正在课堂中落地,亦即学生的学习从知识学习向素养养成的真正转变。

  为了成为一名名副其实的卓越教师,我们将持之以恒,坚持不懈。